LANGENSCHEIDTS

Grundwortschatz Portugiesisch

Ein nach Sachgebieten geordnetes
Lernwörterbuch mit Satzbeispielen

Völlige Neuentwicklung 1998

von

Elóide Kilp

LANGENSCHEIDT
BERLIN · MÜNCHEN · WIEN · ZÜRICH · NEW YORK

Autor: Elóide Kilp
Redaktion: Manuela Beisswenger, Mônica Krausz

Auflage:	5.	4.	3.	2.	1.	Letzte Zahlen
Jahr:	02	01	2000	1999	98	maßgeblich

Druck: Graph. Betriebe Langenscheidt, Berchtesgaden/Obb.
Printed in Germany · ISBN 3-468-20270-9

Inhalt

Zum Grundwortschatz Portugiesisch

Bewährte Konzeption

Eine Fremdsprache erlernt man am besten, indem man zunächst einen Grundwortschatz erwirbt und diesen dann nach und nach erweitert. Diese Tatsache ist heute bei allen, die sich wissenschaftlich und praktisch mit dem Fremdsprachenerwerb befassen, anerkannt und spiegelt sich auch in den Forderungen der Lehrpläne und der Wortschatzauswahl moderner Lehrwerke. Langenscheidts Grundwortschatz Portugiesisch hält sich wie alle Grundwortschätze von Langenscheidt an eine bewährte Konzeption, die es Anfängern wie Fortgeschrittenen leichter macht, einen Grundwortschatz zu erwerben bzw. zu wiederholen und zu vertiefen:

- Anordnung der Wörter nicht alphabetisch, sondern nach Themenbereichen und Fachgebieten
- jedes Stichwort mit Lautschrift, auch bei mehrteiligen Ausdrücken
- für jedes Wort mindestens ein Beispielsatz mit Übersetzung ins Deutsche
- bei den Beispielsätzen nach Möglichkeit Beschränkung auf den – vorliegenden – Grundwortschatz, jedoch unter Vermeidung von Künstlichkeit
- Für diesen Grundwortschatz wurden rund 3000 besonders wichtige portugiesische Wörter mit insgesamt 4000 Grundbedeutungen ausgewählt. Zahlreiche Stichwörter wurden um die brasilianische Variante ergänzt.
- Diese 4000 Grundbedeutungen wurden in zwei Wichtigkeitsstufen unterteilt, die im Buch mit «1–2000» bzw. «2001–4000» markiert sind. So können die Benutzer sich durch systematisches Lernen zunächst einen Minimalwortschatz aneignen und diesen dann aufstocken.
- keine Ausrichtung auf bestimmte Lehrwerke oder spezielle Altersgruppen

Benutzerfreundlicher Aufbau

Die Wortschatzauswahl wurde nach Kriterien wie Häufigkeit, Aktualität und Gebrauchswert getroffen. Dabei wurde eine große Zahl von Quellen genutzt: Worthäufigkeitsuntersuchungen der portugiesischen Sprache, wichtige Lehrwerke für die Erwachsenenbildung, das «Nível Limiar do Português» des Europa-Rates sowie das Zertifikat Portugiesisch des deutschen Volkshochschulverbandes.

Die Satzbeispiele wurden so gewählt, dass sie die Bedeutung möglichst eindeutig auch ohne Hilfe der deutschen Übersetzung vermitteln, die Wörter in typischen Zusammenhängen (Kollokationen) präsentieren, den jeweiligen Themenbereichen gerecht werden und durch die Auswahl der Beispiele die Benutzer interessieren und zur Weiterarbeit motivieren.

„Langenscheidts Grundwortschatz Portugiesisch" ist nicht alphabetisch aufgebaut, da ein Lernen von Wörtern nach dem Alphabet wenig sinnvoll ist. Die Ähnlichkeit in der Schreibung bei der alphabetischen Reihenfolge führt zu Verwechslungen, das Wort bleibt mangels Assoziationen nur schwer im Gedächtnis; ein alphabetischer Aufbau steht der später in einer bestimmten Situation *thematisch* richtigen Anwendung entgegen. Das Lernen von Grundwörtern in Sachgebieten ist leichter und didaktisch effektiver. Die inhaltliche Nähe und Verwandtschaft der Grundwörter stiftet Assoziationen. Es entspricht auch einer alten Lehrerfahrung, dass die Einbettung des Einzelwortes in den sinnvollen Zusammenhang eines Sachgebietes besser im Gedächtnis haftet.
Wir geben deshalb dem Lernen nach Sachgebieten den Vorzug. „Langenscheidts Grundwortschatz Portugiesisch" ist nach Sachkategorien und Themenkreisen eingeteilt. Die Systematik und Gliederung dieser Sachgebiete wird im Inhaltsverzeichnis dargestellt (vgl. S. III ff.).

Das Lernen mit dem Grundwortschatz

Eine angemessene Lerntechnik ist die Voraussetzung für den Lernerfolg. Wir möchten Ihnen dazu einige Anregungen geben:

1. Nutzen Sie den Vorteil der Gliederung nach Sachgebieten! Arbeiten Sie nicht Seiten, sondern Sachgebiete durch (z.B. 1.6.1 „Technik")! Zwischen den Wörtern eines Sachgebietes bestehen Assoziationen. Die Sachgebiete spiegeln inhaltliche Zusammenhänge wider. Auch die Sachgebietsbezeichnungen sind bereits Merkhilfen. Es ist experimentell erwiesen, dass die Behaltensleistung dadurch erhöht wird.
2. Sie können sich in jedem Sachgebiet zuerst die Wörter der Wichtigkeitsstufe 1–2000 aneignen. Zu einem späteren Zeitpunkt nehmen Sie dann die der Wichtigkeitsstufe 2001–4000 durch.
3. Arbeiten Sie *einzelne* Sachgebiete durch. Vielleicht zuerst die ihnen „sympathischen", dann die anderen. Vergessen Sie aber nicht, sich nach und nach *alle* Sachgebiete anzueignen.
4. Systematisieren Sie den Ablauf des Lernvorgangs! Lernen Sie portionsweise!

   Lesen Sie ein Kästchen (fettgedrucktes Stichwort und Anwendungsbeispiel) und prägen Sie sich die Wortgleichung ein. Gehen Sie mehrere Kästchen auf diese Weise durch und decken Sie dann von diesem „Block" die linke Spalte ab. Sprechen Sie sich nun das verdeckte Stichwort laut vor – wenn Sie wollen, auch das Anwendungsbeispiel. Kontrollieren Sie sich durch Aufdecken der linken Spalte. Arbeiten Sie so den „Block" durch. Nicht beherrschte Wörter werden am Rand gekennzeichnet – vielleicht durch ein Kreuzchen - und nochmals gesondert gelernt. Abschließend nochmalige Kontrolle (Sprechen und Schreiben) des ganzen „Blocks".

5. Lernvarianten: Rechte (statt linke) Spalte abdecken und entsprechend wie unter 4 beschrieben arbeiten. Nur Anwendungsbeispiele lernen, um vom Zusammenhang her die Bedeutung eines Wortes im Gedächtnis zu fixieren oder den Grundwortschatz „umzuwälzen".
6. Sie können auch über ein einzelnes Wort, das Sie im alphabetischen Register nachschlagen, zum Sachgebiet kommen und so in einem sinnvollen Zusammenhang lernen.
7. Lernen Sie täglich (mit Pausen!) ein bestimmtes Pensum. In einigen Wochen beherrschen Sie dann einen systematisch aufgebauten Grundwortschatz – den Wortschatz, auf den es ankommt. Vergessen Sie nicht, diesen in gewissen zeitlichen Abständen zu wiederholen und zu überprüfen.
8. „Langenscheidts Grundwortschatz Portugiesisch" ist lehrbuchunabhängig. Trotzdem eignet er sich auch zur Aktivierung, Wiederholung und Systematisierung des Wortschatzes im Unterricht, z. B.
   - zur Bereitstellung des entsprechenden Wortschatzes vor kommunikativen Übungen oder durch Durchnahme bestimmter Texte;
   - zur Wortfeldarbeit nach der Durcharbeitung eines bestimmten Textes, der wesentliche Teile dieses Wortfeldes enthielt;
   - zur Erschließung und zum Aufbau eines Sachgebiets vom Einzelwort aus (über das Register).

1. THEMENBEZOGENE BEGRIFFE

1.1 Der Mensch

1.1.1 KÖRPER UND WESEN

1.1.1.1 KÖRPER

(Siehe auch ARZT UND KRANKENHAUS 1.2.8)

«1–2000»

barriga [ba'ʀiɣɐ] *f* João comeu tanto que ficou com dor de barriga.	**Bauch** *m* João hat so viel gegessen, dass er Bauchschmerzen bekommen hat.
boca ['bokɐ] *f* Ela tem uma boca pequena.	**Mund** *m* Sie hat einen kleinen Mund.
braço ['brasu] *m* Ao cair da bicicleta, o menino partiu o braço.	**Arm** *m* Als der Junge vom Fahrrad fiel, brach er sich den Arm.
cabeça [kɐ'βesɐ] *f* Ele não tem nada na cabeça.	**Kopf** *m* Er hat nichts im Kopf.
cabelo [kɐ'βelu] *m* Ele tem cabelos curtos.	**(Kopf-)Haar** *n* Er hat kurze Haare.
cara ['karɐ] *f* Que cara é esta?	**Gesicht** *n* Was machst du für ein Gesicht?
coração [kurɐ'sɐ̃w] *m* Não posso andar depressa porque sofro do coração.	**Herz** *n* Ich kann nicht schnell gehen, weil ich herzkrank bin.
corpo ['korpu] *m* Depois do acidente, Pedro sentia dores em todo o corpo.	**Körper** *m* Nach dem Unfall hatte Pedro Schmerzen am ganzen Körper.
dedo ['deδu] *m* Não apontes as pessoas com o dedo!	**Finger** *m* Zeige nicht mit dem Finger auf die Leute!
dente ['dẽtə] *m* Manuel escova os dentes regularmente.	**Zahn** *m* Manuel putzt sich regelmäßig die Zähne.
estômago [iʃ'tomɐɣu] *m* Ontem foi feita uma radiografia do meu estômago.	**Magen** *m* Gestern wurde eine Röntgenaufnahme von meinem Magen gemacht.

garganta [gɐr'gɐ̃tɐ] *f* Estou constipado e tenho dor de garganta.	**Hals** (innerer Hals) *m* Ich bin erkältet und habe Halsschmerzen.
língua ['lĩgwɐ] *f* A sopa estava tão quente que queimei a língua.	**Zunge** *f* Die Suppe war so heiß, dass ich mir die Zunge verbrannt habe.
mão [mɐ̃w] *f* Está muito frio. Estou com as mãos geladas.	**Hand** *f* Es ist sehr kalt. Ich habe eiskalte Hände.
nariz [nɐ'riʃ] *m* Podes dar-me um lenço, meu nariz está a sangrar.	**Nase** *f* Kannst du mir ein Taschentuch geben, ich habe Nasenbluten.
olho ['oʎu] *m* Teresa tem olhos azuis.	**Auge** *n* Teresa hat blaue Augen.
pé [pɛ] *m* O senhor pisou no meu pé!	**Fuß** *m* Sie sind auf meinen Fuß getreten!
peito ['pejtu] *m* De tanto tossir, sinto dores no peito.	**Brust** *f* Vor lauter Husten habe ich Brustschmerzen.
pele ['pɛlə] *f* Este creme é para pele sensível.	**Haut** *f* Diese Creme ist für empfindliche Haut.
perna ['pɛrnɐ] *f* Ao sair do autocarro, a senhora de idade caiu e magoou a perna.	**Bein** *n* Als die alte Dame aus dem Bus stieg, fiel sie und verletzte sich am Bein.
pescoço [pəʃ'kosu] *m* Ela tem um pescoço delgado.	**Hals** (äußerer Hals) *m* Sie hat einen schlanken Hals.
rosto ['ʀoʃtu] *m* Esta menina tem um rosto lindo.	**Gesicht** *n* Dieses Mädchen hat ein hübsches Gesicht.
sangue ['sɐ̃gə] *m* O doente está muito fraco porque perdeu muito sangue.	**Blut** *n* Der Kranke ist sehr schwach, weil er viel Blut verloren hat.

«2001–4000»

cérebro ['sɛrəβru] *m* O cérebro comanda as funções dos órgãos.	**Gehirn** *n* Das Gehirn steuert die Funktionen der Organe.

costas ['kɔʃtɐʃ] *f/pl.*
Podes dar-me uma massagem às costas?

Rücken *m*
Kannst du mir den Rücken massieren?

---

costela [kuʃtəlɐ] *f*
Ele fra(c)turou duas costelas.

Rippe *f*
Er hat zwei Rippen gebrochen.

---

cotovelo [kutu'velu] *m*
Não apóies os cotovelos sobre a mesa durante as refeições.

Ell(en)bogen *m*
Stütz dich bei Tisch nicht auf die Ellenbogen.

---

dedo do pé ['deδu du pɛ] *m*
Estes sapatos são pequenos demais. Apertam-me os dedos.

Zehe *f*
Diese Schuhe sind zu klein. Sie drücken mich an den Zehen.

---

face ['fasə] *f*
O inse(c)to picou-lhe na face esquerda.

Wange *f*, **Backe** *f*
Das Insekt stach ihn in die linke Wange.

---

joelho ['ʒweʎu] *m*
Os jogadores de futebol frequentemente têm problemas com os joelhos.

Knie *n*
Die Fußballspieler haben oft Probleme mit den Knien.

---

lábio ['laβju] *m*
Ela tem uma pequena ferida no lábio inferior.

Lippe *f*
Sie hat eine kleine Wunde an der Unterlippe.

---

membro ['mẽbru] *m*
Ele ficou paralítico dos membros inferiores.

Glied *n*
Er ist an den unteren Gliedmaßen gelähmt.

---

músculo ['muʃkulu] *m*
O atleta tem músculos fortes.

Muskel *m*
Der Athlet hat starke Muskeln.

---

nervo ['nervu] *m*
Ela é doente dos nervos.

Nerv *m*
Sie ist nervenkrank.

---

ombro [õbru] *m*
O boxeador tem ombros largos.

Schulter *f*
Der Boxer hat breite Schultern.

---

orelha [o'reʎɐ] *f*
Os elefantes têm orelhas enormes.

Ohr (äußeres Ohr) *n*
Elefanten haben enorm große Ohren.

---

osso ['osu] *m*
Ela está muito magra! É só pele e osso!

Knochen *m*
Sie ist sehr mager. Sie ist nur Haut und Knochen.

---

ouvido [o'viδu] *m*
Ela disse-lhe algo no ouvido.

Ohr (inneres Ohr) *n*
Sie sagte ihm etwas ins Ohr.

---

punho ['puɲu] *m*
Manuel agrediu o guarda com o punho cerrado.

Faust *f*
Manuel hat den Polizisten mit der Faust angegriffen.

queixo ['kejʃu] *m* Dom Quixote tinha um queixo pontiagudo.	**Kinn** *n* Don Quixote hatte ein spitzes Kinn.
testa ['tɛʃtɐ] *f* Estás com febre? Tua testa está quente!	**Stirn** *f* Hast du Fieber? Deine Stirn ist heiß!
traseiro [trɐ'zejru] *m* Ele levou um pontapé no traseiro.	**Hintern** *m* Er hat einen Fußtritt in den Hintern bekommen.
unha ['uɲɐ] *f* Preciso de cortar as unhas.	**(Finger-, Zehen-)Nagel** *m* Ich muss mir die Nägel schneiden.
ventre ['vẽtrə] *m* A mãe carrega o seu filho no ventre por nove meses.	**Leib** *m* Die Mutter trägt ihr Kind neun Monate im Leib.

1.1.1.2 AUSSEHEN

«1–2000»

alto ['ałtu], **-a** *adj.* O rapaz é mais alto que o seu pai.	**groß** Der Junge ist größer als sein Vater.
aspecto [ɐʃ'pɛtu] *m* O ladrão tinha um aspecto horrível.	**Aussehen** *n* Der Dieb hatte ein schreckliches Aussehen.
assemelhar-se (a) [ɐsəmi'ʎar-sə] *v.* Paulo assemelha-se ao pai.	**ähneln** Paulo ähnelt seinem Vater.
baixo ['bajʃu], **-a** *adj.* Paula era a mais baixa da turma.	**klein** Paula war die Kleinste der Klasse.
bonito [bu'nitu], **-a** *adj.* As mulheres gostam de usar roupas bonitas.	**schön** Die Frauen tragen gern schöne Kleider.
feio ['feju], **-a** *adj.* A blusa é feia.	**hässlich** Die Bluse ist hässlich.
giro ['ʒiru], **-a** *adj. F* Que rapariga gira! *Bras.* **lindo, -a** ['lĩdu, -ɐ] *adj.* Que moça linda!	**hübsch, süß, nett** So ein hübsches Mädchen!

gordo ['gɔrδu], **-a** *adj.* José pesa 105 quilos. Ele está muito gordo.	**dick** José wiegt 105 kg. Er ist zu dick.
lindo ['lĩdu], **-a** *adj.* Mariazinha é uma menina linda.	**schön, hübsch** Mariazinha ist ein hübsches Mädchen.
magro ['maɣru], **-a** *adj.* O homem era magro e alto.	**mager** Der Mann war mager und groß.

«2001–4000»

aparência [ɐpɐ'rẽsjɐ] *f* Maria Luísa tem boa aparência.	**Aussehen** *n* Maria Luísa sieht gut aus.
atraente [ɐtrɐ'ẽtə] *adj.* Tom é um homem atraente.	**attraktiv** Tom ist ein attraktiver Mann.
barba ['barbɐ] *f* A barba do rabino é comprida.	**Bart** *m* Der Bart des Rabbiners ist lang.
beleza [bə'lezɐ] *f* Os turistas ficam encantados com a beleza do Algarve.	**Schönheit** *f* Die Touristen sind beeindruckt von der Schönheit der Algarve.
emagrecer [imɐgrə'ser] *v.* Se fizeres um regime, poderás emagrecer.	**abnehmen** Wenn du eine Diät machst, kannst du abnehmen.
encantador [ẽkẽta'δor], **-a** *adj.* Esta mulher é bela e encantadora.	**anmutig, bezaubernd** Diese Frau ist schön und bezaubernd.
engordar [ẽgur'dar] *v.* Que horror! Engordei cinco quilos.	**dick werden, zunehmen** Wie schrecklich! Ich habe fünf Kilogramm zugenommen.
esbelto [iʃ'βεɫtu], **-a** *adj.* Muitos homens gostam de mulheres esbeltas.	**schlank, dünn** Viele Männer mögen schlanke Frauen.
graça ['grasɐ] *f* Os movimentos desta bailarina são cheios de graça.	**Anmut** *f*, **Grazie** *f* Die Bewegungen dieser Tänzerin sind voller Anmut.
penteado [pẽ'tjaδu] *m* O penteado de Carmen é a última moda.	**Frisur** *f* Carmens Frisur ist die neueste Mode.

1.1.1.3 GEIST UND VERSTAND

«1–2000»

atenção [ɐtẽ'sɐ̃w] *f* As crianças precisam da atenção dos pais.	**Aufmerksamkeit** *f* Die Kinder brauchen die Aufmerksamkeit der Eltern.
burro ['buʀu], **-a** *adj.* Ele é muito burro! Não compreende nada.	**dumm** Er ist sehr dumm! Er versteht gar nichts.
compreender [kõprjẽ'der] *v.* O aluno não compreendeu o exercício.	**verstehen** Der Schüler hat die Übung nicht verstanden.
cuidar (de) [kwi'ðar] *v.* Quem vai cuidar do bebé?	**aufpassen** (auf) Wer wird auf das Baby aufpassen?
dar-se conta (de) [darsə 'kõtɐ] *v.* A mulher deu-se conta de que falávamos dela.	**sich klar werden** (über)**, bemerken** Die Frau bemerkte, dass wir über sie sprachen.
erro ['ɛʀu] *m* Desculpe-me! Cometi um erro.	**Irrtum** *m*, **Fehler** *m* Entschuldigen Sie! Ich habe einen Fehler begangen.
esquecer [iʃkə'ser] *v.* O empresário esqueceu sua agenda.	**vergessen** Der Geschäftsmann hat seinen Terminkalender vergessen.
esquecer-se (de) [iʃkə'sersə] *v.* A secretária esqueceu-se de tudo.	**vergessen** Die Sekretärin hat alles vergessen.
espírito [iʃ'piritu] *m* O espírito é a parte imaterial do ser humano.	**Geist** *m* Der Geist ist der körperlose Teil des menschlichen Seins.
ideia [i'dejɐ] *f* Vamos viajar! – Que ó(p)tima ideia!	**Idee** *f*, **Einfall** *m*, **Gedanke** *m* Verreisen wir doch! – Das ist eine ausgezeichnete Idee.
impressão [ĩprə'sɐ̃w] *f* Tivemos uma boa impressão do nosso novo chefe.	**Eindruck** *m* Wir hatten einen guten Eindruck von unserem neuen Chef.

inteligente [ĩtəli'ʒẽtə] *adj.*
Este aluno é muito inteligente. Tirou a melhor nota da classe.

intelligent, klug
Dieser Schüler ist sehr intelligent. Er hat die beste Zensur der Klasse bekommen.

---

interessante [ĩtərə'sẽtə] *adj.*
Este livro sobre a literatura portuguesa é muito interessante.

interessant
Dieses Buch über die portugiesische Literatur ist sehr interessant.

---

interessar-se (por) [ĩtərə'sɐrsə] *v.*
Os jovens de hoje não se interessam pela política a(c)tual.

sich interessieren (für)
Die heutige Jugend interessiert sich nicht für die gegenwärtige Politik.

---

juízo ['ʒwizu] *m*
Ele perdeu o juízo.

Verstand *m*, **Urteilskraft** *f*
Er hat den Verstand verloren.

---

lembrar-se (de) [lẽ'brarsə] *v.*
Lembras-te de Mário?

sich erinnern (an etwas, an jdn)
Erinnerst du dich an Mário?

---

louco ['loku], **-a** *adj.*
Ela só diz disparates, é completamente louca.

verrückt, wahnsinnig, irr
Sie sagt nur Unsinn, sie ist völlig verrückt.

---

notar [nu'tar] *v.*
Notaste alguma mudança em nossa casa?

bemerken, wahrnehmen
Hast du eine Veränderung in unserem Haus bemerkt?

---

pensar (em) [pẽ'sar] *v.*
Em que estás a pensar?

denken (an)
Woran denkst du?

---

razão [ʀɐ'zɐ̃w] *f*
A razão diferencia os homens dos animais.

Vernunft *f*, **Verstand** *m*
Die Vernunft unterscheidet den Menschen von den Tieren.

---

refle(c)tir [ʀəflɛ'tir] *v.*
Precisamos de refle(c)tir mais sobre a nossa maneira de viver.

überlegen, nachdenken (über)
Wir müssen über unsere Art zu leben mehr nachdenken.

«2001–4000»

ajuizado [ɐʒwi'zaδu], **-a** *adj.*
Depois de casar-se, tornou-se mais ajuizado.

vernünftig
Nachdem er geheiratet hatte, wurde er vernünftiger.

---

asneira [aʒ'neirɐ] *f*
Acho que cometemos uma grande asneira.

Dummheit *f*
Ich glaube, dass wir eine große Dummheit begangen haben.

decidir(-se) [dəsə'ðir(sə)] *v.*	**beschließen, entscheiden**
Apesar da chuva forte, a família decidiu viajar.	Trotz des starken Regens beschloss die Familie zu verreisen.
Decidiu-se a fazer o teste.	Er entschied sich, den Test zu machen.
enganar-se [ẽgɐ'narsə] *v.*	**sich irren, sich täuschen**
O senhor enganou-se, este não é o meu livro.	Sie haben sich geirrt, dies ist nicht mein Buch.
esperto [iʃ'pɛrtu], **-a** *adj.*	**schlau**
Ele não sabe nem ler nem escrever, mas é muito esperto.	Er kann weder lesen noch schreiben, aber er ist sehr schlau.
fantasia [fɐ̃tɐ'ziɐ] *f*	**Phantasie** *f*
Através de tarefas criativas, as crianças desenvolvem a sua fantasia.	Durch kreative Aufgaben entwickeln die Kinder ihre Phantasie.
génio ['ʒənju] *m*	**Genie** *n*
O professor de física é um génio.	Der Physiklehrer ist ein Genie.
habilidoso [ɐβəli'ðozu], **-a** *adj.*	**geschickt, gewandt**
Alguns ladrões são muito habilidosos.	Manche Diebe sind sehr geschickt.
imaginar [imɐʒi'nar] *v.*	**sich vorstellen**
Não consigo imaginar coisa melhor!	Ich kann mir nichts Besseres vorstellen.
inteligência [ĩtəli'ʒẽsjɐ] *f*	**Intelligenz** *f*, **Verstand** *m*
A inteligência do homem é superior à dos animais.	Die Intelligenz des Menschen ist der der Tiere überlegen.
interesse [ĩtər'ɛsə] *m*	**Interesse** *n*
O assunto da peça não despertou o menor interesse dos espectadores.	Das Thema des Theaterstücks hat nicht das geringste Interesse bei den Zuschauern geweckt.
loucura [lo'kurɐ] *f*	**Wahn(sinn)** *m*, **Verrücktheit** *f*
Chove torrencialmente: é loucura sairmos agora.	Es regnet in Strömen: Es ist ein Wahnsinn, jetzt wegzugehen.
A sua loucura impossibilita-o de ter uma vida normal.	Seine Verrücktheit hindert ihn, ein normales Leben zu führen.

mal-entendido [malẽtẽ'diδu] *m*	**Missverständnis** *n*
Deve haver um mal-entendido. Eu nunca morei em Lisboa.	Das muss ein Missverständnis sein. Ich habe nie in Lissabon gelebt.
memória [mə'mɔrjɐ] *f*	**Gedächtnis** *n*
Tenho uma péssima memória!	Ich habe ein schlechtes Gedächtnis.
pensamento [pẽsɐ'mẽtu] *m*	**Gedanke** *m*
Os pensamentos são livres.	Die Gedanken sind frei.
prever [prə'ver] *v.*	**vorhersehen**
O ministro tinha previsto a nova crise económica.	Der Minister hatte die neue Wirtschaftskrise vorhergesehen.
recordar-se (de) [ʀəkur'δarsə] *v.*	**sich erinnern** (an)
O velho recorda-se da sua infância.	Der Alte erinnert sich an seine Kindheit.

1.1.1.4 CHARAKTER

«1–2000»

alegre [ɐ'lɛgrə] *adj.*	**fröhlich, lustig**
Ele hoje está muito alegre.	Er ist heute sehr fröhlich.
amável [ɐ'mavɛɫ] *adj.*	**freundlich, liebenswürdig, nett**
Achei teus pais muito amáveis.	Ich fand deine Eltern sehr liebenswürdig.
antipático [ɐ̃ti'patiku], **-a** *adj.*	**unsympathisch**
O chefe de pessoal é antipático.	Der Personalchef ist unsympathisch.
bom [bõ], **boa** ['boɐ] *adj.*	**gut(mütig)**
Se todos homens fossem bons, não haveria ódio.	Wenn alle Menschen gutmütig wären, würde es keinen Hass geben.
calmo ['kaɫmu], **-a** *adj.*	**ruhig, still**
Ele parece ser muito calmo.	Er scheint sehr ruhig zu sein.
carácter [kɐ'ratər] *m*	**Charakter** *m*, **Gemüt** *n*
É um homem de carácter sincero.	Er ist ein Mann mit aufrechtem Charakter.

coragem [ku'raʒẽj] *f* Eu não tive coragem de dizer -lhe a verdade.	**Mut** *m* Ich hatte nicht den Mut, Ihnen die Wahrheit zu sagen.
cuidadoso [kujðɐ'ðozu], **-a** *adj.* Vasco da Gama foi um navegante cuidadoso.	**vorsichtig, umsichtig** Vasco da Gama war ein vorsichtiger Seefahrer.
curioso [ku'rjozu], **-a** *adj.* A minha amiga é terrivelmente curiosa.	**neugierig** Meine Freundin ist schrecklich neugierig.
defeito [də'fejtu] *m* O seu único defeito é a avareza.	**Fehler** *m* Sein einziger Fehler ist sein Geiz.
fiel ['fjɛɫ] *adj.* O meu cão é muito fiel.	**zuverlässig, treu** Mein Hund ist sehr treu.
mau [maw], **má** [ma] *adj.* Há pessoas boas e más.	**schlecht, böse, schlimm** Es gibt gute und schlechte Menschen.
qualidade [kwɐli'ðaðə] *f* O Mário tem muitas boas qualidades.	**Eigenschaft** *f*, **Fähigkeit** *f* Mário hat viele gute Eigenschaften.
sério ['sɛrju], **-a** *adj.* O Sr. Banha é uma pessoa séria.	**ernst, ernsthaft, seriös** Herr Banha ist ein ernster Mensch.
simpático [sĩ'patiku], **-a** *adj.* Tu és muito simpático.	**sympathisch** Du bist sehr sympathisch.
sinceridade [sĩsəri'ðaðə] *f* Não duvido da sua sinceridade.	**Aufrichtigkeit** *f*, **Ehrlichkeit** *f* Ich zweifle nicht an Ihrer Aufrichtigkeit.
sincero [sĩ'sɛru], **-a** *adj.* Eu vou ser sincero: não gosto dele.	**aufrichtig, ehrlich** Ehrlich gesagt: Ich mag ihn nicht.

«2001–4000»

avarento [ɐvɐ'rẽtu], **-a** *adj.* O meu chefe é muito avarento.	**geizig** Mein Chef ist sehr geizig.
corre(c)to [ku'ʀetu], **-a** *adj.* O Sr. Dr. Silveira é um profissional muito corre(c)to.	**korrekt, richtig** Herr Dr. Silveira ist ein sehr korrekter Fachmann.

covarde [ku'varde] *adj.* Foi covarde demais para voltar e desculpar-se.	**feige** Er war zu feige, um zurückzukommen und sich zu entschuldigen.
cruel [krwɛɫ] *adj.* Que assalto cruel!	**grausam** Welch grausamer Überfall!
cuidado [kuj' δaδu] *m* Tenha cuidado ao lavar estes copos.	**Achtung** *f*, **Sorgfalt** *f* Geben Sie Acht, wenn Sie diese Gläser spülen.
curiosidade [kurjuzi'δaδə] *f* Não pude conter a minha curiosidade.	**Neugier** *f* Ich konnte meine Neugier nicht verbergen.
encantador [ẽkɐ̃tɐ'δor], **-a** *adj.* A sua filha é encantadora.	**reizend, bezaubernd** Ihre Tochter ist reizend.
enérgico [i'nɛrʒiku], **-a** *adj.* O professor de José é bem enérgico.	**streng** Der Lehrer von José ist ziemlich streng.
generoso [ʒənə'rozu], **-a** *adj.* A minha avó é muito generosa.	**großzügig** Meine Oma ist sehr großzügig.
grosseiro [gru'sejru], **-a** *adj.* O empregado atendeu-nos muito mal. É grosseiro!	**grob, flegelhaft, unhöflich** Der Kellner hat uns schlecht bedient. Er ist unhöflich.
meigo ['mejɣu], **-a** *adj.* Ele é muito meigo com a mulher.	**sanft, zärtlich** Er ist sehr zärtlich zu seiner Frau.
meiguice [mej'ɣisə] *f* A sua meiguice e beleza eram incomparáveis.	**Sanftmut** *f*, **Zärtlichkeit** *f*, **Zutraulichkeit** *f* Ihre Sanftmut und ihre Schönheit waren unvergleichlich.
modesto [mu'δɛʃtu], **-a** *adj.* Paulo é uma pessoa muito modesta.	**bescheiden** Paulo ist sehr bescheiden.
orgulho [or'guʎu] *m* Toda mãe tem orgulho de seus filhos.	**Stolz** *m*, **Hochmut** *m* Jede Mutter ist stolz auf ihre Kinder.
orgulhoso [orgu'ʎozu], **-a** *adj.* Ele é muito orgulhoso. Por isso não se desculpará.	**stolz** Er ist sehr stolz. Deshalb wird er sich nicht entschuldigen.
paciência [pɐ'sjẽsjɐ] *f* Infelizmente nem todos têm paciência.	**Geduld** *f* Leider haben nicht alle Geduld.

preguiçoso [prəgi'sozu], **-a** *adj.* Se não fosses tão preguiçoso, terias mais êxito na escola.	**faul** Wenn du nicht so faul wärest, hättest du mehr Erfolg in der Schule.
tímido ['timiδu], **-a** *adj.* É uma pena que ele seja tão tímido.	**schüchtern** Schade, dass er so schüchtern ist.
trabalhador [trɐbɐʎɐ'δor], **-a** *adj.* A filha da minha vizinha é muito trabalhadora. Trabalha todo o dia sem parar.	**fleißig** Die Tochter meiner Nachbarin ist sehr fleißig. Sie arbeitet den ganzen Tag ohne Pause.
vício ['visju] *m* Muitas pessoas têm o vício de fumar.	**Laster** *n* Viele Menschen sind dem Laster des Rauchens verfallen.
violento [vju'lẽtu], **-a** *adj.* O homem está armado e é violento.	**gewalttätig** Der Mann ist bewaffnet und gewalttätig.
virtude [vir'tuδə] *f* A coragem é uma virtude.	**Tugend** *f* Mut ist eine Tugend.
vivo ['vivu], **-a** *adj.* O meu gatinho é muito vivo, está a brincar o dia todo. Cuidado! Aquele homem é muito vivo.	**lebhaft, clever** Mein Kätzchen ist sehr lebhaft, es spielt den ganzen Tag. Vorsicht! Dieser Mann ist clever.
vontade [võ'taδə] *f* Tenho vontade de sair hoje.	**Wille** *m*, **Lust** *f* Ich habe Lust, heute auszugehen.

1.1.1.5 POSITIVE UND NEUTRALE GEFÜHLE

«1–2000»

admirar [ɐdmi'rar] *v.* Admiramos muito este a(c)tor.	**bestaunen, bewundern** Wir bewundern diesen Schauspieler sehr.
admirar-se [ɐdmi'rarsə] *v.* Admira-me muito o esplendor das igrejas portuguesas.	**staunen, sich wundern** (über) Ich staune sehr über die Pracht der portugiesischen Kirchen.
alegre [ɐ'lɛgrə] *adj.* Ela sempre está muito alegre.	**froh, fröhlich, heiter, vergnügt** Sie ist immer sehr fröhlich.

alegria [ɐlə'griɐ] *f* O nascimento de nosso filho foi uma grande alegria.	**Freude** *f*, **Fröhlichkeit** *f* Die Geburt unseres Kindes war eine große Freude.
amar [ɐ'mar] *v.* Amo-te!	**lieben** Ich liebe dich.
amor [ɐ'mor] *m* Ela é o grande amor da vida dele.	**Liebe** *f* Sie ist die große Liebe seines Lebens.
esperar [iʃpə'rar] *v.* O pai esperava que o seu filho tivesse boas notas na escola.	**hoffen** Der Vater hoffte, dass sein Sohn gute Noten in der Schule hätte.
feliz [fə'liʃ] *adj.* Feliz Ano Novo! José estava feliz.	**glücklich, froh** Glückliches neues Jahr! José war glücklich.
impressão [ĩprə'sɐ̃w] *f* Tenho a impressão de que eles não vêm mais.	**Gefühl** *n*, **Eindruck** *m* Ich habe das Gefühl, dass sie nicht mehr kommen werden.
prazer [prɐ'zer] *m* Foi um prazer conhecê-lo!	**Vergnügen** *n*, **Freude** *f* Es war mir ein Vergnügen Sie kennen zu lernen.
rir ['ʀir] *v.* De que estás a rir?	**lachen** Worüber lachst du?
sentimento [sẽti'mẽtu] *m* Ele não tem sentimentos.	**Gefühl** *n* Er hat kein Gefühl.
sorte ['sɔrtə] *f* Boa sorte!	**Glück** *n* Viel Glück!
surpresa [sur'prezɐ] *f* Oh! Maria! Que surpresa!	**Überraschung** *f* Ach! Maria! So eine Überraschung!
ter vontade (de) [ter võ'taδə] *v.* Não tenho vontade de sair hoje.	**Lust haben** Ich habe keine Lust heute auszugehen.

«2001–4000»

acalmar-se [ɐkaɫ'marsə] *v.* Depois da visita do médico, ele acalmou-se.	**(sich) beruhigen** Nach dem Besuch des Arztes beruhigte er sich.

admiração [ɐdmirɐ'sɐ̃w] *f* Temos uma grande admiração pela Paula.	**Bewunderung** *f* Wir hegen eine große Bewunderung für Paula.
apaixonado [ɐpajʃu'naδu], **-a** *adj.* Peter está apaixonado pela Maria.	**verliebt** Peter ist in Maria verliebt.
brincar [brĩ'kar] *v.* Todo o tempo ele está a brincar.	**scherzen, Spaß machen** Die ganze Zeit macht er Späße.
calma ['kałmɐ] *f* Com calma e paciência pode-se resolver qualquer problema.	**Ruhe** *f*, **Stille** *f* Mit Ruhe und Geduld kann man jedes Problem lösen.
carinho [kɐ'riɲu] *m* As crianças precisam do carinho dos pais.	**Zuneigung** *f*, **Zärtlichkeit** *f* Kinder brauchen die Zuneigung der Eltern.
contente [kõ'tẽtə] *adj.* Hoje estou contente com o meu trabalho.	**fröhlich, zufrieden** Heute bin ich mit meiner Arbeit zufrieden.
entusiasmado [ẽtuzjaʒ'maδu], **-a** *adj.* Manuel está entusiasmado com o trabalho.	**begeistert** Manuel ist begeistert von der Arbeit.
entusiasmo [ẽtuzjaʒ'mu] *m* O seu entusiasmo por viagens era conhecido.	**Begeisterung** *f* Seine Begeisterung für das Reisen war bekannt.
esperança [iʃpɛ'rɐ̃sɐ] *f* A esperança é a última que morre.	**Hoffnung** *f* Die Hoffnung ist das Letzte, das stirbt.
humor [u'mor] *m* Ele está de mau humor hoje?	**Laune** *f*, **Stimmung** *f* Hat er heute schlechte Laune?
indiferente [ĩdifə'rẽtə] *adj.* Ele é-me indiferente.	**egal, gleichgültig** Er ist mir egal.
o(p)timismo [ɔti'miʒmu] *m* O teu o(p)timismo é invejável.	**Optimismus** *m*, **Zuversicht** *f* Dein Optimismus ist beneidenswert.
o(p)timista [ɔti'miʃtɐ] *adj.* Devias ser mais optimista em relação ao emprego novo.	**zuversichtlich, optimistisch** Du solltest zuversichtlicher in Bezug auf die neue Arbeitsstelle sein.

paixão [paj'ʃɐ̃w] *f* A música foi a grande paixão de Paulo.	**Leidenschaft** *f* Die Musik war Paulos große Leidenschaft.
pena ['penɐ] *f* O homem teve pena dos meninos de rua.	**Mitleid** *n* Der Mann hatte Mitleid mit den Straßenkindern.
sorriso [su'ʀizu] *m* A resposta foi um sorriso.	**Lächeln** *n* Die Antwort war ein Lächeln.
satisfação [sɐtiʃfɐ'sɐ̃w] *f* É uma grande satisfação estar aqui.	**Zufriedenheit** *f*, **Freude** *f* Es ist eine große Freude hier zu sein.
sentir [sẽ'tir] *v.* Não me perguntes o que estou a sentir neste momento. Sinto uma dor no peito.	**empfinden, verspüren** Frage mich nicht, was ich in diesem Augenblick empfinde. Ich verspüre einen Schmerz in der Brust.
sentir-se [sẽ'tirsə] *v.* Como te sentes agora?	**sich fühlen** Wie fühlst du dich jetzt?
sorrir [su'ʀir] *v.* Quem é aquele homem ali, que está a sorrir para mim?	**lächeln** Wer ist der Mann dort, der mich anlächelt?
surpreender [surprjẽ'der] *v.* Nada mais pode surpreender -me.	**überraschen** Mich kann nichts mehr überraschen.

1.1.1.6 NEGATIVE EMPFINDUNGEN

«1–2000»

aborrecer-se [ɐbuʀə'sersə] *v.* Aqui nos aborrecemos. Porque não saímos?	**sich langweilen** Hier langweilen wir uns. Warum gehen wir nicht aus?
chorar [ʃu'rar] *v.* Não chores mais, já passou.	**weinen** Weine nicht mehr, es ist doch schon vorbei.
confuso [kõfu'su], **-a** *adj.* Ele está completamente confuso desde que recebeu a má notícia.	**verwirrt, ratlos** Er ist total verwirrt, seitdem er die schlechte Nachricht erhalten hat.

estar farto (de) [iʃ'tar 'fartu] *v.*
Estou farto de levantar todos os dias às seis horas.
es satt haben
Ich habe es satt, jeden Tag um sechs Uhr aufzustehen.

incomodar [ĩkumu'dar] *v.*
Este ruído incomoda-lhe?
– Não, não me incomoda.
stören, belästigen
Stört Sie dieser Lärm?
– Nein, er stört mich nicht.

infeliz [ĩfə'liʃ] *adj.*
Ela está infeliz no seu novo apartamento.
unglücklich
Sie fühlt sich unglücklich in ihrem neuen Apartment.

medo ['meδu] *m*
Tenho medo de sair sozinho à noite.
Angst *f*, **Furcht** *f*
Ich habe Angst, nachts alleine auszugehen.

nervoso [nər'vozu], **-a** *adj.*
Ela ficou nervosa com a notícia.
nervös
Sie wurde nervös bei der Nachricht.

pessimismo ['pəsə'miʒmu] *m*
O pessimismo só dificultou o seu sucesso.
Pessimismus *m*
Der Pessimismus hat deinen Erfolg nur verhindert.

pessimista ['pəsə'miʃtɐ] *adj.*
Não deverias ser tão pessimista!
pessimistisch
Du solltest nicht so pessimistisch sein!

preocupação [prjokupa'sɐ̃w] *f*
Minha única preocupação é a saúde da minha família.
Sorge *f*
Meine einzige Sorge ist die Gesundheit meiner Familie.

preocupado [prjoku'paδu], **-a** *adj.*
O meu marido ainda não chegou. Estou preocupada com o seu atraso.
beunruhigt, besorgt
Mein Mann ist noch nicht da. Ich bin beunruhigt über seine Verspätung.

preocupar [prjoku'par] *v.*
O ferimento do jogador de futebol preocupa o técnico.
beunruhigen, sorgen
Die Verletzung des Fußballspielers beunruhigt den Trainer.

raiva ['ʀajvɐ] *f*
Fiquei com tanta raiva que rasguei a carta.
Wut *f*, **Zorn** *m*
Ich hatte so eine Wut, dass ich den Brief zerrissen habe.

sentir [sẽ'tir] *v.*
Sinto muito, querida, mas não posso ficar.
bedauern, Leid tun
Tut mir Leid, Liebling, aber ich kann nicht bleiben.

triste ['triʃtə] *adj.*
Esta história é muito triste.
traurig
Diese Geschichte ist sehr traurig.

tristeza [triʃ'tezɐ] *f* A sua tristeza comoveu-me.	**Traurigkeit** *f* Ihre Traurigkeit hat mich gerührt.
zangado [zɐ̃'gaδu], **-a** *adj.* O meu marido está zangado comigo.	(jdm) **böse sein** Mein Mann ist mir böse.
zangar-se (com) [zɐ̃'garsə] *v.* A Sofia zangou-se com o namorado.	**sich ärgern** Sofia hat sich über ihren Freund geärgert.

«2001–4000»

ciumento [sju'mẽtu], **-a** *adj.* O marido de Antonieta é muito ciumento.	**eifersüchtig** Der Ehemann von Antonieta ist sehr eifersüchtig.
desapontado [dəzɐpõ'taδu], **-a** *adj.* O meu melhor amigo não me visitou. Estou desapontado com ele.	**enttäuscht** Mein bester Freund hat mich nicht besucht. Ich bin enttäuscht von ihm.
desesperado [dəʒəʃpə'raδu], **-a** *adj.* Eu estou desesperado porque perdi a minha chave.	**verzweifelt** Ich bin verzweifelt, weil ich meinen Schlüssel verloren habe.
desgosto [dəʒ'ɣoʃtu] *m* Depois da morte do marido, a jovem viúva morreu de desgosto.	**Kummer** *m* Nach dem Tod des Ehemanns starb die junge Witwe vor Kummer.
envergonhar-se [ẽvərɣu'ɲarsə] *v.* O aluno envergonhou-se porque não sabia a resposta.	**sich schämen** Der Schüler schämte sich, weil er die Antwort nicht wusste.
furioso ['fu'rjozu], **-a** *adj.* O chefe ficou furioso com a incompetência da nova secretária.	**wütend, zornig** Der Chef wurde über die Unfähigkeit der neuen Sekretärin wütend.
horrorizar-se [u'ʀori'zarsə] *v.* A multidão horrorizou-se com a cena de pancadaria.	**entsetzt sein** Die Menschenmenge war entsetzt über die Schlägerei.

inquietação [ĩkjɛtɐ'sɐ̃w] *f*	**Unruhe** *f*
Sinto uma inquietação dentro de mim.	Ich fühle eine innere Unruhe.
A inquietação das crianças dificultou o trabalho em equipa.	Die Unruhe der Kinder hat die Gruppenarbeit behindert.
insatisfeito [ĩsɐtiʃ'fejtu], **-a** *adj.*	**unzufrieden**
Os funcionários estavam insatisfeitos com os salários.	Die Angestellten waren mit den Löhnen unzufrieden.
inveja [ĩvɛʒɐ] *f*	**Neid** *m*
Ela tem inveja de mim.	Sie ist neidisch auf mich.
irritar-se [iʀi'tarsə] *v.*	**nervös werden, sich aufregen**
Porque ela irritou-se tanto?	Warum hat sie sich so aufgeregt?
lágrima ['lagrimɐ] *f*	**Träne** *f*
Ao escutar a notícia, os olhos dela encheram-se de lágrimas.	Als sie die Nachricht hörte, kamen ihr die Tränen.
lamentar [lɐmẽ'tar] *v.*	**bedauern**
Lamentamos muito, mas não podemos ajudar-lhe neste caso.	Wir bedauern es sehr, aber wir können Ihnen in diesem Fall nicht helfen.
mal-humorado [małumu'radu], **-a** *adj.*	**schlecht gelaunt sein, übel gelaunt sein**
Até às nove da manhã ela sempre está mal-humorada.	Morgens bis neun Uhr ist sie immer schlecht gelaunt.
nojo ['noʒu] *m*	**Ekel** *m*, **Widerwille** *m*
A mesa estava tão suja que teve nojo.	Der Tisch war so schmutzig, dass er Ekel empfand.
ódio ['ɔdju] *m*	**Hass** *m*
Eu tenho-lhe ódio!	Ich habe Hass auf ihn.
preocupar-se [prjoku'parsə] *v.*	**sich beunruhigen, sich Sorgen machen**
Não te preocupes. Tudo vai dar certo.	Mach dir keine Sorgen. Alles wird gut.
temer [tə'mer] *v.*	**fürchten**
Eu temo que o motor não funcione mais.	Ich fürchte, dass der Motor nicht mehr funktioniert.

1.1.1.7 GESUNDHEIT UND KRANKHEIT
(Siehe auch ARZT UND KRANKENHAUS 1.2.8)

«1–2000»

adoecer [ɐdwə'ser] *v.* Ele adoeceu de repente.	**krank werden** Er ist plötzlich krank geworden.
cansado [kɐ̃'saδu], **-a** *adj.* Sinto-me fraco e cansado.	**müde, erschöpft** Ich fühle mich schwach und erschöpft.
constipação [kõʃtipɐ'sɐ̃w] *f* Apanhei uma constipação. *Bras.* **resfriado** [ʀesfri'adu] *m* Peguei um resfriado.	**Schnupfen** *m*, **Erkältung** *f* Ich habe eine Erkältung bekommen.
constipar-se [kõʃti'parsə] *v.* Veste o casaco senão constipas-te. A Maria já está constipada. *Bras.* **resfriar-se** [ʀesfri'arsi] *v.*	**sich erkälten** Zieh dir die Jacke an, sonst erkältest du dich. Maria ist schon erkältet.
curar [ku'rar] *v.* O médico cura o doente.	**gesund werden, heilen** Der Arzt heilt den Kranken.
doença ['dwẽsɐ] *f* Que doença é que ela tem?	**Krankheit** *f* Welche Krankheit hat sie denn?
doente ['dwẽtə] *adj.* Ele está doente desde sábado.	**krank** Er ist seit Samstag krank.
doer [dwer] *v.* Onde lhe dói?	**wehtun, schmerzen** Wo tut es Ihnen weh?
dor [dor] *f* Tome este comprimido, assim a dor passará.	**Schmerz** *m* Nehmen Sie diese Tablette, dann wird der Schmerz weggehen.
estar bem [iʃ'tar bɐ̃j] *v.* Como estás? – Estou bem, obrigado.	**gehen: es geht mir gut** Wie geht es dir? – Mir geht es gut, danke.
estar mal [iʃ'tar mał] *v.* Como estás? – Estou mal. Não consigo respirar bem.	**gehen: es geht mir schlecht** Wie geht es dir? – Mir geht es schlecht. Ich kann nicht gut atmen.
febre ['fɛbrə] *f* Acho que tenho febre.	**Fieber** *n* Ich glaube, dass ich Fieber habe.

força ['forsɐ] *f* Ele tem muita força.	**Kraft** *f*, **Stärke** *f* Er hat viel Kraft.
forte ['fɔrtə] *adj.* Ele é muito forte.	**stark, kräftig** Er ist sehr stark.
fraco ['fraku], **-a** *adj.* O paciente saiu do hospital hoje, mas ainda está um bocado fraco.	**schwach** Der Patient hat heute das Krankenhaus verlassen, ist aber noch ein bisschen schwach.
magoar(-se) [mɐ'gwar(sə)] *v.* Ao jogar futebol, o menino caiu e magoou o seu pé. *Bras.* **machucar(-se)** [maʃu'kar(-si)] *v.*	**sich verletzen, sich wehtun** Beim Fußballspielen fiel der Junge hin und verletzte sich am Fuß.
mal-estar [małəʃ'tar] *m* Quando ando de avião, sempre sinto mal-estar.	**Übelkeit** *f*, **Unwohlsein** *n* Wenn ich fliege, habe ich immer so eine Übelkeit.
partir [pɐr'tir] *v.* Partiste o braço?	**sich** (etwas) **brechen** Hast du dir den Arm gebrochen?
são [sɐ̃w], **sã** [sɐ̃] *adj.* O senhor está completamente são!	**gesund sein** Sie sind völlig gesund.
saúde [sɐ'uδə] *f* A saúde de meus filhos é-me mais importante.	**Gesundheit** *f* Die Gesundheit meiner Kinder ist mir wichtiger.
sentir-se mal [sẽ'tirsə mał] *v.* Senhor doutor, sinto-me mal.	**sich schlecht fühlen** Herr Doktor, ich fühle mich schlecht.
ter dor [ter dor] *v.* Tenho dores em todo o corpo!	**Schmerzen haben** Ich habe Schmerzen am ganzen Körper.

«2001–4000»

acidente [ɐsi'δẽtə] *m* Eles tiveram um acidente de carro.	**Unfall** *m* Sie hatten einen Autounfall.
apendicite [ɐpẽdi'sitə] *f* O menino está com apendicite e precisa de ser operado imediamente.	**Blinddarmentzündung** *f* Der Junge hat eine Blinddarmentzündung und muss dringend operiert werden.

cancro ['kẽkru] *m* O cancro é uma doença grave. *Bras.* **câncer** ['kãser] *m*	**Krebs** *m* Krebs ist eine ernste Krankheit.
cansaço [kẽ'sasu] *m* Depois do almoço sempre sinto cansaço.	**Müdigkeit** *f*, **Ermüdung** *f* Nach dem Mittagessen fühle ich mich immer müde.
cego ['sɛɣu], **-a** *adj.* Paulo é cego.	**blind** Paulo ist blind.
consciência [kõ'ʃsjẽsjɐ] *f* Ele perdeu a consciência.	**Bewusstsein** *n* Er hat das Bewusstsein verloren.
desmaiar [dəʒmɐ'jar] *v.* Depois de sentir tonturas, desmaiou.	**ohnmächtig werden** Nachdem sie sich schwindlig fühlte, wurde sie ohnmächtig.
diarreia [djɐ'ʀejɐ] *f* Lave as frutas antes de comê-las senão pode ficar com diarreia.	**Durchfall** *m* Waschen Sie die Früchte, bevor Sie sie essen, sonst können Sie Durchfall bekommen.
ferida [fə'riδɐ] *f* Não tenho nenhuma ferida.	**Verletzung** *f*, **Wunde** *f* Ich habe keine Verletzung.
ferido [fə'riδu], **-a** *adj.* Alguém ficou ferido?	**verletzt** Wurde jemand verletzt?
ferir-se [fə'rirsə] *v.* Ele feriu-se com um vidro.	**sich verletzen** Er hat sich am Glas verletzt.
gripe ['gripə] *f* O meu filho está com gripe e febre alta.	**Grippe** *f* Mein Sohn hat Grippe und hohes Fieber.
indigestão [ĩdiʒəʃ'tɐw] *f* Depois do almoço teve uma indigestão e teve de ir ao médico.	**Magenverstimmung** *f* Nach dem Essen hatte er eine Magenverstimmung und musste zum Arzt gehen.
infecção [ĩfɛ'sẽw] *f* Esta infecção é muito grave.	**Infektion** *f* Diese Infektion ist sehr gefährlich.
lágrima ['lagrimɐ] *f* Ela chorou desesperamente, mas depois percebeu que suas lágrimas eram em vão.	**Träne** *f* Sie weinte unheimlich viel, aber dann bemerkte sie, dass ihre Tränen umsonst waren.
melhorar [miʎu'rar] *v.* O ferimento já melhorou.	**sich bessern, gesund werden** Die Wunde hat sich schon gebessert.

mudo ['muδu], **-a** *adj.* Este homem não fala nada, ele é mudo.	**stumm** Dieser Mann spricht gar nichts, er ist stumm.
queimadura [kejmɐ'δurɐ] *f* Tenho uma queimadura na mão.	**Verbrennung** *f* Ich habe eine Verbrennung an der Hand.
sangrar [sɐ̃'grar] *v.* A ferida sangra muito.	**bluten** Die Wunde blutet stark.
sofrer [su'frer] *v.* Não posso ver animais a sofrer.	**leiden** (an) Ich kann Tiere nicht leiden sehen.
surdo ['surδu], **-a** *adj.* O avô dele é surdo.	**schwerhörig, taub** Sein Großvater ist taub.
tossir [tu'sir] *v.* Ela esteve a tossir o dia todo.	**husten** Sie hat den ganzen Tag gehustet.

1.1.1.8 LEBEN UND TOD

«1–2000»

aniversário [ɐnivər'sarju] *m* Amanhã Mariane está de aniversário.	**Geburtstag** *m* Morgen hat Mariane Geburtstag.
jovem ['ʒɔvẽj] *adj.* Ele ainda é muito jovem para dirigir o camião.	**jung** Er ist noch zu jung, um Lastwagen zu fahren.
morrer [mu'ʀer] *v.* Morreram treze pessoas no acidente.	**sterben, umkommen, ums Leben kommen** Bei dem Unfall kamen dreizehn Leute ums Leben.
morte ['mɔrtə] *f* Depois da morte do seu marido, ela não casou mais.	**Tod** *m* Nach dem Tod ihres Mannes heiratete sie nicht wieder.
nascer [nɐʃ'ser] *v.* Nasci em 1962.	**geboren werden** Ich bin 1962 geboren (worden).
nascimento [nɐʃsi'mẽtu] *m* O nascimento de meu filho demorou.	**Geburt** *f* Die Geburt meines Sohnes hat lange gedauert.
ter ... anos [ter ... 'ɐnus] *v.* Eu tenho 23 anos.	**Jahre alt sein** Ich bin 23 Jahre alt.

velho ['vɛʎu], **-a** *adj.* Vivo numa casa velha.	**alt** Ich wohne in einem alten Haus.
vida ['viδɐ] *f* No campo tem-se uma vida tranquila.	**Leben** *n* Auf dem Land hat man ein ruhiges Leben.
viver [vi'ver] *v.* Eu vivo aqui há muito tempo.	**leben** Ich lebe hier schon lange.

«2001–4000»

adulto [ɐ'δuɫtu] *m* Adultos, dois comprimidos por dia.	**Erwachsener** *m* Erwachsene, zwei Tabletten am Tag.
crescer [krəʃ'ser] *v.* Como as crianças crescem!	**groß (größer) werden, wachsen** Wie die Kinder größer werden!
enterro [ẽ'tɛʀu] *m* Eu não gosto de enterros.	**Begräbnis** *n*, **Beerdigung** *f* Ich mag keine Beerdigungen.
idade [i'δaδə] *f* Que idade tem?	**Alter** *n* Wie alt sind Sie?
infância [ĩ'fẽsjɐ] *f* A minha infância foi feliz.	**Kindheit** *f* Meine Kindheit war glücklich.
juventude [ʒuvẽ'tuδə] *f* A juventude de hoje é mais livre.	**Jugend** *f* Die Jugend von heute ist freier.
matar [mɐ'tar] *v.* Ela matou por ciúme.	**töten, umbringen** Sie tötete aus Eifersucht.
morto ['mɔrtu] *m* No acidente houve treze mortos.	**Tote** *m* Bei dem Unfall gab es dreizehn Tote.
reforma [ʀə'fɔrmɐ] *f* Ele recebe a reforma aos 65 anos. *Bras.* **aposentadoria** [apozẽtadu'ria] *f*	**Ruhestand** *m* Er geht mit 65 Jahren in den Ruhestand.
reformar-se [ʀə'fɔr'marsə] *v.* Devido a um grave problema de saúde, o meu marido reformou-se mais cedo. *Bras.* **aposentar-se** [apozẽ'tarsi] *v.*	**in Rente gehen, (sich) zur Ruhe setzen** Wegen einer schweren Krankheit ist mein Mann früher in Rente gegangen.

sepultar [səpuɫtar] *v.* O poeta vai ser sepultado na sua cidade natal.	**begraben** Der Dichter wird in seiner Heimatstadt begraben.
vivo ['vivu], **-a** *adj.* Apesar da água poluída, os peixes estão vivos.	**lebend, am Leben** Trotz des verschmutzten Wassers sind die Fische noch am Leben.

1.1.2 AKTIVITÄTEN

1.1.2.1 SINNESWAHRNEHMUNGEN UND KÖRPERFUNKTIONEN

«1–2000»

apalpar [ɐpaɫ'par] *v.* Não apalpe as frutas!	**greifen, anfassen, betasten** Nicht die Früchte anfassen!
cheirar [ʃej'rar] *v.* Esta comida cheira tão bem. O que é?	**riechen** Dieses Essen riecht so gut. Was ist es?
dormir [dur'mir] *v.* O bebé está a dormir.	**schlafen** Das Baby schläft.
escutar [iʃku'tar] *v.* Quando tens tempo para escutar-me?	**zuhören** Wann hast du Zeit mir zuzuhören?
estar com calor [iʃ'tar kõ kɐ'lor] *v.* Estou com calor.	(jdm) **warm (*oder* heiß) sein** Mir ist heiß.
estar com frio [iʃ'tar kõ 'friw] *v.* Estou com frio.	(jdm) **kühl (*oder* kalt) sein** Mir ist kalt.
gosto ['goʃtu] *m* O leite de Portugal tem um gosto diferente. É mais saboroso.	**Geschmack** *m* Die Milch in Portugal hat einen anderen Geschmack. Sie ist schmackhafter.
olhar [o'ʎar] *v.* Ela olhou para mim e sorriu.	**(an)sehen, (an)schauen, (an)gucken** Sie schaute mich an und lächelte.
ouvir [o'vir] *v.* Não ouvi o que ele disse.	**hören** Ich habe nicht gehört, was er gesagt hat.

sentido [sẽ'tiδu] *m* Um dos cinco sentidos é a visão.	**Sinn** *m* Einer der fünf Sinne ist das Sehvermögen.
sentir(-se) [sẽ'tir(sə)] *v.* Como te sentes agora? – Sinto-me fraca e com tonturas.	**fühlen, spüren** Wie fühlst du dich jetzt? – Ich fühle mich schwach und schwindlig.
tocar [to'kar] *v.* Favor não tocar!	**berühren, anfassen** Bitte nicht berühren!
ver [ver] *v.* Não vi o carro que vinha da esquerda.	**sehen** Ich sah das Auto nicht, das von links kam.
visão [vi'zɐ̃w] *f* Tenho um problema de visão.	**Sehen** *n*, **Sehvermögen** *n* Ich habe einen Sehfehler.

«2001–4000»

acordar [ɐkur'dar] *v.* Normalmente eu acordo às 6 horas.	**aufwachen** Normalerweise wache ich um 6 Uhr auf.
acordar-se [ɐkur'δarsə] *v.* Acorde-me às 8 horas, por favor.	**(auf)wecken** Bitte wecken Sie mich um 8 Uhr.
adormecer [ɐδurmə'ser] *v.* O bebé adormeceu nos braços da sua mãe.	**einschlafen** Das Baby schlief in den Armen seiner Mutter ein.
barulhento [bɐru'ʎẽtu], **-a** *adj.* A senhora não está contente com o hotel? – Não, o meu quarto é muito barulhento.	**laut** Sind Sie nicht zufrieden mit dem Hotel? – Nein, mein Zimmer ist sehr laut.
cheiro ['ʃejru] *m* Gosto do cheiro do teu perfume.	**Geruch** *m* Ich mag den Geruch deines Parfüms.
olhar [o'ʎar] *m* Um olhar foi bastante.	**Blick** *m* Ein Blick genügte.
ouvido [o'viδu] *m* O meu filho tem um ouvido aguçado.	**Gehör** *n* Mein Sohn hat ein sehr feines Gehör.
respiração [ʀəʃpirɐ'sɐ̃w] *f* Ele parou a respiração.	**Atem** *m* Er hielt den Atem an.

respirar [ʀəʃpi'rar] *v.* Respire fundo!	**(ein)atmen** Atmen Sie tief ein!
ruído ['ʀwiδu] *m* Tu não ouviste o ruído?	**Lärm** *m* Hast du den Lärm nicht gehört?
sonhar [su'ɲar] *v.* A noite passada sonhei mal.	**träumen** Die vergangene Nacht habe ich schlecht geträumt.
sonho ['soɲu] *m* Dorme bem e bons sonhos!	**Traum** *m* Schlaf gut und schöne Träume!
sono ['sonu] *m* Não tive sono esta noite.	**Schlaf** *m* Ich habe diese Nacht keinen Schlaf gefunden.
sossegado [susə'ɣaδu], **-a** *adj.* Este hotel é muito sossegado.	**ruhig, still** Dieses Hotel ist sehr ruhig.
suar ['swar] *v.* Que horror! Com este calor só estou a suar.	**schwitzen** Wie schrecklich! Bei dieser Hitze schwitze ich nur.
ta(c)to ['tatu] *m* O ta(c)to é um dos cinco sentidos.	**Tastsinn** *m* Der Tastsinn ist einer der fünf Sinne.
ter sono [ter 'sonu] *v.* Preciso de parar. Tenho muito sono.	**schläfrig, müde sein** Ich muss anhalten. Ich bin sehr müde.

1.1.2.2 KÖRPERPFLEGE UND SAUBERKEIT

«1–2000»

creme ['krɛmə] *m* Eu queria comprar um creme para as mãos.	**Creme** *f* Ich möchte eine Handcreme kaufen.
duche ['duʃə] *m* Vou tomar um duche. *Bras.* **ducha** ['duʃa] *f*	**Dusche** *f* Ich werde eine Dusche nehmen.
escova de dente [iʃ'kɔvɐ də 'dẽtə] *f* Eu queria uma escova de dente dura.	**Zahnbürste** *f* Ich möchte eine harte Zahnbürste.

lavar(-se) [lɐ'var(sə)] *v.*	**(sich) waschen**
Meninos, vão já lavar as mãos.	Kinder, wascht euch sofort die Hände!
Ele já se lavou.	Er hat sich schon gewaschen.
limpar [lĩ'par] *v.*	**reinigen, sauber machen, putzen**
Já limpaste a mesa?	Hast du schon den Tisch gereinigt?
limpo ['lĩpu], **-a** *adj.*	**sauber, geputzt**
Está tudo limpo.	Es ist alles sauber.
quarto de banho ['bɐɲu] *m*	**Bad(ezimmer)** *n*
Onde é o quarto de banho? – À esquerda.	Wo ist das Bad? – Links.
Bras. **banheiro** [bɐ'ɲejru] *m*	
sabonete [sɐβu'netə] *m*	**Seife** *f*
O sabonete está no quarto de banho.	Die Seife ist im Badezimmer.
sujo ['suʒu], **-a** *adj.*	**schmutzig**
Onde está tua roupa suja? Vou lavá-la.	Wo ist deine schmutzige Wäsche? Ich werde sie waschen.
toalha de rosto ['twaʎɐ də 'ʀoʃtu] *f*	**Handtuch** *n*
As toalhas de rosto também estão no quarto de banho.	Die Handtücher sind auch im Badezimmer.
tomar banho [tu'mar 'bɐɲu] *v.*	**baden**
Vamos tomar banho à praia?	Gehen wir zum Strand baden?

«2001–4000»

aspirador [ɐʃpirɐ'ðor] *m*	**Staubsauger** *m*
O novo aspirador funciona bem.	Der neue Staubsauger funktioniert gut.
barbear-se [barb'jarsə] *v.*	**sich rasieren**
Não posso barbear-me, pois a ficha da casa de banho não funciona.	Ich kann mich nicht rasieren, denn die Steckdose im Badezimmer funktioniert nicht.
cabeleireiro [kɐβəlej'rejru] *m*	**Frisiersalon** *m*, **Friseur** *m*
Onde é o salaõ de cabeleireiro?	Wo ist der Frisiersalon?
O cabeleireiro cortou o cabelo curto demais.	Der Friseur hat die Haare viel zu kurz geschnitten.

cortar o cabelo [kur'tar u kɐ'βelu] *v.* Vou cortar o cabelo ao cabeleireiro.	**sich die Haare schneiden lassen** Ich werde mir die Haare im Frisiersalon schneiden lassen.
escova [iʃ'kɔvɐ] *f* Penteio-me com a escova.	**Bürste** *f* Ich kämme mich mit der Bürste.
lavadora [lɐvɐ'ðorɐ] *f* A lavadora não está a funcionar.	**Waschmaschine** *f* Die Waschmaschine funktioniert nicht.
lavandaria [lɐvɐ̃dɐ'riɐ] *f* Preciso de ir à lavandaria, porque todas as minhas roupas estão sujas. *Bras.* **lavanderia** [lavãde'ria] *f*	**Wäscherei** *f*, **Reinigung** *f* Ich muss zur Wäscherei gehen, weil meine ganze Kleidung schmutzig ist.
lixo ['liʃu] *m* Nas ruas há muito lixo.	**Müll** *m* Auf den Straßen gibt es viel Müll.
mancha ['mɐ̃ʃɐ] *f* Ali está uma mancha na tua calça.	**Fleck** *m* Dort ist ein Fleck auf deiner Hose.
maquilar-se [mɐki'larsə] *v.* A Carolina tem o custume de maquilar-se todos os dias.	**sich schminken** Carolina hat die Gewohnheit, sich jeden Tag zu schminken.
máquina de barbear ['makinɐ də barβ'jar] *f* A máquina de barbear tem um acumulador. *Bras.* **barbeador** [barbia'dor] *m*	**Rasierapparat** *m* Der Rasierapparat hat einen Akku(mulator).
pasta de dente ['paʃtɐ də 'dẽtə] *f* Viste a minha pasta de dente?	**Zahnpasta** *f* Hast du meine Zahnpasta gesehen?
pentear(-se) [pẽ'tjar(sə)] *v.* Ela está a pentear o cabelo o tempo todo.	**(sich) kämmen, sich frisieren** Sie kämmt sich die ganze Zeit die Haare.
pó [pɔ] *m* Amanhã eu preciso de limpar o pó.	**Staub** *m* Morgen muss ich Staub wischen.
secar [sə'kar] *v.* A roupa ainda não secou.	**abwischen; (ab)trocknen** Die Wäsche ist noch nicht getrocknet.

sujar [su'ʒar] *v.* Ao brincar, as crianças sujaram as suas roupas.	**schmutzig machen** Die Kinder haben beim Spielen ihre Kleidung schmutzig gemacht.
tomar um duche [tu'mar ũ 'duʃə] *v.* Estou a tomar um gostoso duche. *Bras.* **tomar uma ducha** [to'mar 'uma 'duʃa] *v.*	**(sich) duschen** Ich nehme gerade eine angenehme Dusche.
varrer [vɐ'ʀer] *v.* Eu varro o chão e tu limpas o pó.	**fegen, kehren** Ich fege den Fußboden und du wischst Staub.
vassoura [vɐ'sorɐ] *f* A vassoura está na garagem.	**Besen** *m* Der Besen ist in der Garage.

1.1.2.3 TUN (ALLGEMEIN)

«1–2000»

atrever-se [ɐtrə'versə] *v.* Não me atrevo a dizê-lo.	**wagen** Ich wage es nicht, es dir zu sagen.
conseguir [kõsə'gir] *v.* Não consigo abrir esta mala.	**es schaffen, es fertig bringen** Ich schaffe es nicht, diesen Koffer zu öffnen.
costume [kuʃ'tumə] *m* Cada povo tem seus costumes próprios.	**Gewohnheit** *f* Jedes Volk hat seine eigenen Gewohnheiten.
decidir [dəsə'δir] *v.* Ele decidiu não fazer nada.	**beschließen, entscheiden** Er beschloss, nichts zu tun.
decidir-se (por) [dəsə'δirsə] *v.* Decidiu-se por outra alternativa.	**sich entschließen** (für) Er hat sich für die andere Alternative entschlossen.
defender-se [defẽ'dersə] *v.* Não te preocupes! Eu sei defender-me.	**sich zu helfen wissen, zurechtkommen** Mach dir keine Sorgen! Ich weiß mir zu helfen.
difícil [də'ficiɫ] *adj.* Este exercício é difícil!	**schwer, schwierig** Diese Übung ist schwierig.

esforço [iʃ'forsu] *m*	Anstrengung *f*, Mühe *f*
Ele fez um grande esforço, mesmo assim não conseguiu.	Er machte sich große Mühe, trotzdem schaffte er es nicht.
fácil ['fasiɫ] *adj.*	**leicht**
O outro exercício é muito fácil.	Die andere Übung ist sehr leicht.
fazer [fɐ'zer] *v.*	**machen, tun**
Deixe! Eu faço isso amanhã.	Lass das! Das mache ich morgen.
hesitar [izi'tar] *v.*	**zögern**
Eu não hesitarei, quando tiver uma possibilidade de ir para Portugal.	Ich werde nicht zögern, wenn es eine Möglichkeit gibt, nach Portugal zu gehen.
intenção [ĩtẽ'sɐ̃w] *f*	**Absicht** *f*
Ele vem com boas intenções.	Er kommt mit guten Absichten.
ocupar-se (com) [oku'parsə] *v.*	**sich beschäftigen, sich befassen** (mit)
Eu não tenho tempo para ocupar-me com outras coisas.	Ich habe keine Zeit, mich mit anderen Dingen zu beschäftigen.
poder [pu'ðer] *v.*	**können**
Não posso ficar.	Ich kann nicht bleiben.
preparar [prəpɐ'rar] *v.*	**vorbereiten**
Já preparei tudo para amanhã.	Ich habe schon alles für morgen vorbereitet.
tentar [tẽ'tar] *v.*	**versuchen**
Eu tentei, mas não fui capaz.	Ich habe es versucht, aber ich konnte es nicht.

«2001–4000»

acostumar-se (com) [ɐkuʃtu'marsə] *v.*	**sich gewöhnen** (an)
Eu preciso de acostumar-me com o meu novo trabalho.	Ich muss mich an meine neue Arbeit gewöhnen.
a(c)ção ['asɐ̃w] *f*	**Handlung** *f*, **Tat** *f*
Ela fez uma boa a(c)ção.	Sie beging eine gute Tat.
Este filme não tem a(c)ção.	Dieser Film hat keine Handlung.
a(c)tivo [a'tivu], **-a** *adj.*	**aktiv, rührig**
Ele é uma pessoa muito a(c)tiva.	Er ist ein sehr aktiver Mensch.

a(c)tividade [atəvi'δaδə] *f*	**Tätigkeit** *f*, **Aktivität** *f*
O curso oferece muitas a(c)tividades.	Der Kurs bietet viele Aktivitäten.
cansativo [kẽsɐ'tivu], **-a** *adj.*	**anstrengend, mühsam, beschwerlich**
O meu novo trabalho é muito cansativo.	Meine neue Arbeit ist sehr anstrengend.
decisão [dəsi'zɐ̃w] *f*	**Entschluss** *m*, **Entscheidung** *f*
A decisão será hoje.	Die Entscheidung wird heute getroffen.
esforçar-se [iʃfur'sarsə] *v.*	**sich anstrengen, sich bemühen**
O atleta esforçou-se e ganhou.	Der Athlet hat sich angestrengt und gewonnen.
exagerar [izɐʒə'rar] *v.*	**übertreiben**
Agora tu exageras!	Jetzt übertreibst du!
obra ['ɔbrɐ] *f*	**Werk** *n*
Há muitas obras de arte em Portugal.	Es gibt viele Kunstwerke in Portugal.
ocupação [okupɐ'sɐ̃w] *f*	**Beschäftigung** *f*
Tenho uma nova ocupação para minhas férias.	Ich habe eine neue Beschäftigung für meine Ferien.
prática ['pratikɐ] *f*	**Praxis** *f*, **Übung** *f*
A teoria é diferente da prática.	Die Theorie ist anders als die Praxis.
Ele não tem prática.	Er hat keine Übung.
praticar [prati'kar] *v.*	**treiben, üben**
A senhora pratica desporto?	Treiben Sie Sport?
Preciso de praticar mais o idioma inglês.	Ich muss mehr Englisch üben.
preparação [prəpɐrɐ'sɐ̃w] *f*	**Vorbereitung** *f*, **Bearbeitung** *f*
Nós precisamos de fazer preparações para esta festa.	Wir müssen Vorbereitungen für dieses Fest treffen.
A preparação dos documentos foi rápida.	Die Bearbeitung der Unterlagen erfolgte schnell.
preparativo [prəpɐrɐ'tivu] *m*	**Vorkehrung** *f*, **Vorbereitung** *f*
Como estão os preparativos para a festa?	Wie laufen die Vorbereitungen für das Fest?
proje(c)to [pru'ʒɛtu] *m*	**Plan** *m*, **Vorhaben** *n*
Este é um proje(c)to perigoso.	Dies ist ein gefährlicher Plan.
propor [pru'por] *v.*	**vorschlagen**
Eu proponho uma outra solução.	Ich schlage eine andere Lösung vor.

realizar [ʀjɐli'zar] *v.*	**verwirklichen, durchführen**
Realizemos o nosso proje(c)to! Ele é bom!	Verwirklichen wir unseren Plan! Er ist gut.
resolver [ʀəzoɫ'ver] *v.*	**lösen**
Na maioria dos casos a secretária é que resolve os problemas para o seu chefe.	In den meisten Fällen löst die Sekretärin die Probleme für ihren Chef.
tentativa [tẽtɐ'tivɐ] *f*	**Versuch** *m*, **Probe** *f*
Vale a pena uma tentativa.	Es ist einen Versuch wert.
trabalho [trɐ'baʎu] *m*	**Werk** *n*, **Arbeit** *f*
Aqui tem bastante trabalho.	Hier gibt es genug Arbeit.
tratar (de) [trɐ'tar] *v.*	**versuchen**
Trate de resolver seus problemas!	Versuchen Sie Ihre Probleme zu lösen!

1.1.2.4 SICHBEWEGEN UND VERWEILEN

«1–2000»

andar [ɐ̃'dar] *v.*	**gehen, laufen**
Andamos o dia todo na cidade.	Wir laufen (schon) den ganzen Tag durch die Stadt.
apanhar [ɐpɐ'ɲar] *v.*	**nehmen**
Apanho sempre o autocarro das nove horas.	Ich nehme immer den Bus um neun Uhr.
cair [kɐ'ir] *v.*	**fallen**
Caiu muita neve na Alemanha.	Es fiel viel Schnee in Deutschland.
chegar [ʃə'gar] *v.*	**ankommen**
O comboio chega a Lisboa às 15 horas.	Der Zug kommt um 15 Uhr in Lissabon an.
correr [ku'ʀer] *v.*	**laufen, rennen**
Corres comigo? Preciso de ficar em forma.	Läufst du mit mir? Ich muss in Form bleiben.
desembarcar [dəzẽbɐr'kar] *v.*	**aussteigen**
Aqui nós desembarcamos!	Hier steigen wir aus!

descer [dəz'ser] *v.*	**hinuntergehen, -steigen, -fahren; aussteigen**
Preciso de descer para fechar a porta.	Ich muss hinuntergehen, um die Tür zu schließen.
Desço na próxima paragem.	Ich steige an der nächsten Haltestelle aus.
embarcar [ẽbɐr'kar] *v.*	**einsteigen**
Os passageiros embarcaram no comboio às seis horas.	Die Passagiere stiegen um sechs Uhr in den Zug ein.
entrar [ẽ'trar] *v.*	**hineingehen, hereinkommen, eintreten**
Posso entrar?	Darf ich hereinkommen?
esperar [iʃpə'rar] *v.*	**warten** (auf), **erwarten**
Espera! Deixe-me dizer mais uma coisa.	Warte! Lass mich noch etwas sagen.
Nós esperamos visitas.	Wir erwarten Besuch.
ficar [fi'kar] *v.*	**bleiben, befinden**
Que chuva! É melhor ficar em casa.	So ein Regen! Es ist besser, zu Hause zu bleiben.
O restaurante "Sol e Mar" fica no centro?	Befindet sich das Restaurant „Sol e Mar" im (Stadt-)Zentrum?
ir [ir] *v.*	**gehen, fahren, fliegen**
Eu quero ir para Lisboa.	Ich möchte nach Lissabon fahren.
ir(-se) embora [ir(sə) ẽbɔrɐ] *v.*	**weg-, fortgehen**
A que horas vais embora? – Vou-me já.	Um wie viel Uhr gehst du? – Ich gehe sofort.
ir para casa [ir parɐ 'kasɐ] *v.*	**nach Hause gehen; heim-, zurückkehren**
Vamos para casa!	Gehen wir nach Hause!
levantar-se [ləvẽ'tarsə] *v.*	**aufstehen**
Levanta-te, que já é tarde.	Steh auf, es ist schon spät!
mudar (de) [mu'dar] *v.*	**umsteigen, umziehen**
Na próxima estação nós precisamos de mudar de comboio.	Auf dem nächsten Bahnhof müssen wir umsteigen.
Já mudaram para casa nova?	Sind Sie schon umgezogen?
passar [pɐ'sar] *v.*	**(vorbei)gehen, -kommen**
O meu vizinho passou por mim e não me cumprimentou.	Mein Nachbar ging an mir vorbei, ohne mich zu grüßen.
passo ['pasu] *m*	**Schritt** *m*
Mais um passo para frente.	Noch einen Schritt voran.

regressar [ʀəgrə'sar] *v.* Quando é que regressas da Alemanha?	**zurückkehren** Wann kehrst du aus Deutschland zurück?
sair [sɐ'ir] *v.* Vamos sair hoje à noite?	**(hin)ausgehen; ab-, wegfahren** Gehen wir heute Abend aus?
seguir [sə'gir] *v.* Ela seguiu-me até à próxima estação do comboio.	(jdm) **folgen** Sie folgte mir bis zum nächsten Bahnhof.
sentar-se [sẽ'tarsə] *v.* Posso sentar-me neste lugar?	**sich setzen, Platz nehmen** Kann ich mich auf diesen Platz setzen?
subir [su'bir] *v.* Eu vou subir a torre para ver.	**hinaufgehen, -steigen, -fahren** Ich werde den Turm hinaufsteigen, um zu schauen.
vir [vir] *v.* Vou lá em baixo e venho já.	**kommen** Ich gehe hinunter und komme gleich wieder.
voltar [vɔɫ'tar] *v.* A que horas voltas?	**zurückkommen** Um wie viel Uhr kommst du zurück?

«2001–4000»

apressar-se [ɐprə'sarsə] *v.* Eu vou apressar-me para estar lá pontualmente.	**sich beeilen** Ich werde mich beeilen, um pünktlich dort zu sein.
afastar-se [ɐfɐʃ'tarsə] *v.* Não te afastes de mim! Pode ser perigoso aqui.	**sich entfernen** (von) Entferne dich nicht von mir! Das könnte hier gefährlich sein.
alcançar [aɫkɐ̃'sar] *v.* Finalmente alcançamos a margem do rio.	**erreichen, herankommen** Endlich haben wir das Flussufer erreicht.
aproximar-se [ɐprɔsi'marsə] *v.* O tigre aproximou-se muito devagar.	**sich nähern, herankommen, zugehen** (auf) Der Tiger näherte sich sehr langsam.
avançar [ɐvɐ̃'sar] *v.* Avançámos bastante com o pro(c)jeto.	**vorankommen, vorwärts gehen** Wir sind mit dem Projekt sehr vorangekommen.

chegar [ʃəˈɣar] (a) *v.*	**gelangen** (zu)
Cheguei a ser rico com meu próprio trabalho.	Ich gelangte durch meine eigene Arbeit zu Reichtum.
deitar-se [dejˈtarsə] *v.*	**sich hinlegen, schlafen gehen, ins Bett gehen**
Quando eu estou com sono, eu vou deitar-me.	Wenn ich müde bin, (dann) lege ich mich hin.
deslocar-se (para) [dəʒluˈkarsə] *v.*	**sich begeben**
Os jogadores deslocaram-se para o campo de futebol.	Die Spieler begaben sich auf den Fußballplatz.
dirigir-se (a) [diriˈʒirsə] *v.*	**sich wenden** (an); **zugehen** (auf)
Dirija-se ao sr. Silveira. Ele poderá ajudar-lhe.	Wenden Sie sich an Herrn Silveira. Er kann Ihnen helfen.
Os turistas dirigiram-se às ruínas.	Die Touristen gingen auf die Ruinen zu.
escorregar [iʃkuʀəˈɣar] *v.*	**(aus)rutschen, (aus)gleiten**
Cuidado para não escorregar. O chão está muito liso.	Vorsicht, dass du nicht ausrutschst! Der Boden ist sehr glatt.
estar deitado [iʃˈtar deiˈtaδu] *v.*	(im Bett) **liegen**
Estive deitado ontem todo dia por causa da gripe!	Ich lag gestern den ganzen Tag wegen Grippe im Bett.
estar sentado [iʃˈtar sẽˈtaδu] *v.*	**sitzen**
O professor está sentado.	Der Lehrer sitzt.
estar de pé [iʃˈtar də pɛ] *v.*	**stehen**
Os alunos estão de pé.	Die Schüler stehen.
inclinar-se [ĩˈklnɐrsə] *v.*	**sich niederbeugen, sich neigen**
O Papa inclina-se para as crianças.	Der Papst beugt sich zu den Kindern herab.
mover-se [muˈversə] *v.*	**sich bewegen, sich rühren**
Não posso mover-me por causa do cansaço.	Ich kann mich vor Erschöpfung nicht mehr rühren.
parar [pɐˈrar] *v.*	**stehen bleiben**
Pare aqui e espere!	Bleiben Sie hier stehen und warten Sie!

passear [pɐ'sjar] *v.* Vamos passear um pouco.	**spazieren gehen** Lass uns ein wenig spazieren gehen.
safar-se [sɐ'farsə] *v.* Foi para o Brasil e safou-se das dívidas.	**davonlaufen, sich davonmachen** Er ging nach Brasilien und lief den Schulden davon.
sentar-se [sẽ'tarsə] *v.* Senta-te na poltrona confortável!	**sich hinsetzen** Setz dich in den bequemen Sessel!
retirar-se [ʀəti'rarsə] *v.* Como a diretora não se sentia bem, retirou-se da reunião.	**zurückziehen, weggehen** Da die Direktorin sich nicht wohl fühlte, hat sie sich von der Besprechung zurückgezogen.
tremer [tre'mer] *v.* Eu tremo de frio no Inverno.	**zittern** Ich zittere im Winter vor Kälte.
tropeçar [trupə'sar] *v.* Ao descer a escada, tropeçou e caiu.	**stolpern** Als er die Treppe hinunterging, stolperte er und fiel hin.

1.1.2.5 BEWEGEN VON DINGEN UND LEBEWESEN

«1–2000»

afastar [ɐfɐʃ'tar] *v.* Afaste esta cadeira da parede, por favor.	**entfernen** Entfernen Sie bitte den Stuhl von der Wand.
apanhar [ɐpɐ'ɲar] *v.* Apanha a revista que caiu.	**aufheben, (er)greifen** Heb die Zeitschrift auf, die heruntergefallen ist!
arrumar [ɐʀu'mar] *v.* Mais uma coisa, arruma o teu quarto.	**aufräumen** Noch etwas, räume dein Zimmer auf!
atirar [ɐti'rar] *v.* Anda! Atira a bola.	**werfen** Los! Wirf den Ball!
buscar [buʃ'kar] *v.* Eu vou buscar os turistas no aeroporto.	**(ab)holen** Ich werde die Touristen vom Flughafen abholen.

carregar [kɐʀə'ɣar] *v.*	**be-, verladen, tragen**
Não há ninguém que carregue o camião.	Es gibt niemanden, der den Lastwagen belädt.
Podias carregar este pacote para mim, por favor?	Könntest du mir bitte dieses Paket tragen?
deitar [dej'tar] *v.*	**legen, niederlegen, (weg)werfen** F
Deite as cartas sobre a mesa.	Legen Sie die Briefe auf den Tisch.
Não deite lixo para o chão.	Werfen Sie keinen Müll auf den Boden!
Bras. **pôr** [por] *v.*	
empurrar [ẽpu'ʀar] *v.*	**schieben, stoßen, drücken**
No letreiro da porta está escrito: "Empurre".	Auf dem Schild an der Tür steht: „Drücken".
enviar [ẽ'vjar] *v.*	**(ab)schicken, senden**
Ele enviou 40 cartas aos seus amigos.	Er hat 40 Briefe an seine Freunde geschickt.
guardar [gwɐr'ðar] *v.*	**aufbewahren, beaufsichtigen**
Ela guardou todas as cartas.	Sie hat alle Briefe aufbewahrt.
levar [lə'var] *v.*	**mitnehmen, (weg)bringen**
Eu levo-te ao comboio.	Ich bringe dich zum Zug.
O ladrão levou todas as jóias.	Der Dieb hat den ganzen Schmuck mitgenommen.
levar para cima [lə'var pɐrɐ 'simɐ] *v.*	**hinaufbringen, hinauftragen**
Eu levo as malas para cima.	Ich trage die Koffer hinauf.
mandar [mɐ̃'dar] *v.*	**(ver)schicken, senden**
A minha prima mandou-nos uma carta da Argentina.	Meine Kusine hat uns einen Brief aus Argentinien geschickt.
meter [mə'ter] *v.*	**stecken, tun**
Mete já as roupas na mala.	Tu sofort die Kleidung in den Koffer.
Bras. **pôr** [por] *v.*	
pôr [por] *v.*	**setzen, legen, stellen**
Põe o bolo em cima da mesa.	Stell den Kuchen auf den Tisch!
puxar [pu'ʃar] *v.*	**ziehen, anziehen**
Puxe o pára-sol para a frente, por favor.	Ziehen Sie bitte den Sonnenschirm nach vorne.
trazer [trɐ'zer] *v.*	**(mit)bringen**
Traga-me um café, por favor.	Bringen Sie mir bitte einen Kaffee.

trazer para baixo [trɐ'zer pɐrɐ 'bajʃu] *v.* Eu vou trazer as malas para baixo.	**hinunterbringen, herunterholen** Ich bringe die Koffer hinunter.

«2001–4000»

agitar [ɐʒi'tar] *v.* Antes de utilizar o frasco, agite -o bem.	**bewegen, schütteln** Schütteln Sie die Dose gut, bevor Sie sie öffnen.
apertar [ɐpər'tar] *v.* Rápido! Aperta a campainha!	**drücken** Schnell! Drück auf die Klingel!
aproximar-se (de) [ɐprɔsi'marsə] *v.* O barco aproximou-se rapidamente do porto.	**heranrücken, näher rücken, (sich) nähern** Das Boot näherte sich schnell dem Hafen.
arrancar [ɐʀɐ̃'kar] *v.* O dentista arrancou o dente ruim.	**herausreißen, -ziehen** Der Arzt hat den schlechten Zahn (heraus)gezogen.
baixar [baj'ʃar] *v.* A temperatura baixou.	**herunterlassen, senken, sinken** Die Temperatur ist gesunken.
colocar [kulu'kar] *v.* Eu vou colocar as frutas em cima da mesa.	**legen, stellen** Ich werde das Obst auf den Tisch legen.
derrubar [dəʀu'βar] *v.* Cuidado para não derrubar o vaso.	**umwerfen, umstoßen** Pass auf, dass du die Vase nicht umstößt!
devolver [dəvoɫ'ver] *v.* Eu vou devolver o livro amanhã.	**zurückbringen, -geben** Ich werde das Buch morgen zurückbringen.
guiar [gjar] *v.* Ele guiou os turistas à gruta desconhecida.	**führen, leiten** Er führte die Touristen zu der unbekannten Höhle.
lançar [lɐ̃'sar] *v.* O pescador lançou a rede.	**(aus)werfen, schleudern** Der Fischer hat das Netz ausgeworfen.
largar [lɐr'ɣar] *v.* Não largues o vaso, é de vidro.	**fallen lassen, loslassen** Lass die Vase nicht fallen, sie ist aus Glas!

levantar [ləvɐ̃'tar] *v.*	**(auf-), (hoch)heben**
Consegues levantar a mala? Está pesada!	Kannst du den Koffer heben? Er ist schwer.
levar para fora [lə'var pɐrɐ 'fɔrɐ] *v.*	**herausbringen, -tragen**
Ele levou o lixo para fora.	Er brachte den Abfall nach draußen.
mexer [mə'ʃer] *v.*	**schütteln, bewegen**
Mexa sempre antes de abrir.	Immer vor dem Öffnen schütteln.
mover [mu'ver] *v.*	**bewegen**
O homem não se move mais.	Der Mann bewegt sich nicht mehr.
pendurar [pẽdu'rar] *v.*	**aufhängen**
Ele pendurou o novo candeeiro.	Er hängte die neue Lampe auf.
puxar (para fora) [pu'ʃar (pɐrɐ 'fɔrɐ)] *v.*	**(heraus)ziehen**
Primeiro nós precisamos puxar os parafusos para fora.	Zuerst müssen wir die Schrauben herausziehen.
Não puxes tanto!	Zieh nicht so!
sacudir [sɐku'δir] *v.*	**schütteln, rütteln**
Sacudir não adianta nada.	Schütteln nützt nichts.
soltar [soɫ'tar] *v.*	**lösen, loslassen**
Primeiro solte os parafusos.	Zuerst die Schrauben lösen!
transportar [trɐ̃ʃpur'tar] *v.*	**befördern**
Ele transportou tudo com seu pequeno carro.	Er beförderte alles mit seinem kleinen Auto.
trazer (para dentro) [trɐ'zer (pɐrɐ 'dẽtru)] *v.*	**(hinein)bringen** (*irr.* 32)
Pode trazer minhas malas para dentro?	Können Sie meine Koffer hineinbringen?
virar [vi'rar] *v.*	**abbiegen, (um)drehen**
Vire à direita na próxima rua.	Biegen Sie an der nächsten Straße rechts ab.
Vire o tapete para que seque.	Drehen Sie den Teppich um, damit er trocknet.

1.1.2.6 GEBEN UND NEHMEN

«1–2000»

aceitar [ɐsej'tar] *v.* No hotel não aceitam este cartão de crédito.	**annehmen** Im Hotel nehmen sie die Kreditkarte nicht an.
dar [dar] *v.* Dá-me o livro?	**geben** Gibst du mir das Buch?
devolver [dəvoɫ'ver] *v.* Devolva-me o meu livro, faz favor.	**zurückgeben** Geben Sie mir bitte mein Buch zurück.
doar [dwar] *v.* Ele doou muito dinheiro para a igreja.	**spenden, schenken** Er hat der Kirche viel Geld gespendet.
emprestar [ẽprəʃ'tar] *v.* Emprestas-me o teu carro?	**(ver)leihen** Leihst du mir dein Auto?
entregar [ẽtrə'ɣar] *v.* Eu já entreguei o meu passaporte.	**übergeben, aushändigen** Ich habe meinen Pass schon ausgehändigt.
ficar (com) [fi'kar] *v.* Eu fiquei com o troco.	**behalten** Ich habe das Wechselgeld behalten.
oferecer [ofərə'ser] *v.* Ele ofereceu-me o seu novo livro.	**anbieten** Er hat mir sein neues Buch angeboten.
oferecer (uma prenda) [ofərə'ser] *v.* O meu marido ofereceu-me uma prenda.	**ein Geschenk machen** Mein Mann hat mir ein Geschenk gemacht.
pegar [pə'ɣar] *v.* Ela pegou a chávena, mas não bebeu.	**nehmen** Sie nahm die Tasse, trank aber nicht.
prenda ['prẽdɐ] *f* A Rita deu uma prenda ao seu amigo.	**Geschenk** *n* Rita hat ihrem Freund ein Geschenk überreicht.
presente [prə'zẽtə] *m* Agradeço-lhe pelo presente.	**Geschenk** *n* Ich danke Ihnen für das Geschenk.
receber [ʀəsə'βer] *v.* Ontem eu recebi um postal do Brasil.	**erhalten, bekommen** Gestern habe ich eine Ansichtskarte aus Brasilien erhalten.

«2001–4000»

conceder [kõsə'ðer] *v.* O professor concedeu mais uma chance.	**gewähren, bewilligen** Der Professor hat noch eine Chance gewährt.
conseguir [kõsə'ɣir] *v.* Não é fácil conseguir bilhetes de entrada.	**bekommen, kriegen, erhalten** Es ist nicht einfach, Eintrittskarten zu bekommen.
deixar [dej'ʃar] *v.* Deixa-me em paz!	**(über-), (zurück)lassen** Lass mich in Ruhe!
desistir (de) [dəzəʃ'tir] *v.* Ela desistiu de trabalhar por causa das crianças.	**aufgeben** Sie hat wegen der Kinder die Arbeit aufgegeben.
distribuir [diʃtri'βwir] *v.* Jesus distribuiu o pão para a gente.	**verteilen** Jesus verteilte das Brot unter die Menschen.
intercâmbio [ĩtər'kɐ̃bju] *m* As duas universidades estão a promover o intercâmbio de seus estudantes.	**Austausch** *m* Die beiden Universitäten fördern den Austausch ihrer Studenten.
livrar-se (de) [li'vrarsə] *v.* Eu vou livrar-me do meu carro velho. Ultimamente só tenho tido despesas.	**loswerden** Ich werde mein altes Auto loswerden. In der letzten Zeit habe ich nur Kosten gehabt.
obter [ob'ter] *v.* Ele obteve um prémio pelo seu filme.	**erhalten, erlangen** Er erhielt einen Preis für seinen Film.
parte ['partə] *f* Vamos dividir a maçã em duas partes.	**Teil** *m*, **Anteil** *m* Lass uns den Apfel in zwei Teile teilen.
pedir (algo) **emprestado** [pə'ðir ('aɫɣu) ẽpriʃ'taðu] *v.* Eu pedi um livro emprestado.	**sich** (etwas) **leihen, borgen** Ich habe mir ein Buch geliehen.
repartir [ʀəpɐr'tir] *v.* Naquela noite o Pai Natal repartiu os presentes.	**(aus-), (ver-), (auf)teilen** An diesem Abend verteilte der Weihnachtsmann die Geschenke.
troca ['trɔka] *f* O meu carro precisa de uma troca de óleo.	**Austausch** *m*, **Wechsel** *m* Mein Auto braucht einen Ölwechsel.

trocar [tru'kar] *v.*	**(aus-, um)tauschen**
Quero trocar dinheiro.	Ich möchte Geld umtauschen.
Queria trocar o vestido por um outro.	Ich möchte das Kleid gern umtauschen.

1.1.2.7 UMGANG MIT DINGEN

«1–2000»

abrir [ɐ'βrir] *v.*	**aufmachen, öffnen**
Abre a janela, faz favor.	Öffne bitte das Fenster.
acender [ɐsẽ'der] *v.*	**anmachen, anzünden**
Por favor, acende a luz.	Bitte, mach das Licht an.
apagar [ɐpɐ'ɣar] *v.*	**ausmachen, löschen**
Por favor, apague a luz.	Bitte, machen Sie das Licht aus.
arrancar [ɐʀɐ̃'kar] *v.*	**ab-, aus-, niederreißen**
Alguém arrancou as minhas flores.	Jemand hat meine Blumen abgerissen.
arrumar [ɐʀu'mar] *v.*	**in Ordnung bringen, aufräumen**
Arruma o teu quarto.	Räum dein Zimmer auf!
bater [bɐ'ter] *v.*	**klopfen, schlagen**
Ela bateu na porta.	Sie hat an der Tür geklopft.
carregar [kɐʀə'ɣar] *v.*	**(be)laden** (mit)
Vou carregar o carro amanhã.	Ich werde das Auto morgen beladen.
consertar [kõsər'tar] *v.*	**etwas in Ordnung bringen, reparieren**
O sapateiro consertou os sapatos.	Der Schuster hat die Schuhe repariert.
cortar [kur'tar] *v.*	**(ab)schneiden**
Eu vou cortar o pão.	Ich werde das Brot schneiden.
deitar [dej'tar] *v.*	**(weg)werfen, (nieder)legen**
Isto é para deitar fora.	Das ist zum Wegwerfen.
Podes deitar os documentos sobre a mesa.	Du kannst die Dokumente auf den Tisch legen.
Bras. **pôr** [por] *v.*	

destruir [dəʃ'trwir] *v.*	**kaputtmachen, vernichten, zerstören**
Destruíram a casa antiga para construir um arranha-céu.	Sie zerstörten das alte Haus, um einen Wolkenkratzer zu bauen.
enrolar [ẽʀu'lar] *v.*	**einwickeln**
Eu vou enrolar este presente.	Ich werde dieses Geschenk einwickeln.
fechar [fə'ʃar] *v.*	**zumachen, schließen**
Por favor, fecha a porta.	Bitte, mach die Tür zu.
ligar [li'ɣar] *v.*	**verbinden, an-, einschalten**
Por favor, liga o rádio.	Bitte, schalte das Radio ein.
queimar(-se) [kej'mar(sə)] *v.*	**(sich) verbrennen**
Vou queimar toda a madeira.	Ich werde das ganze Holz verbrennen.
Ao utilizar o isqueiro, queimou -se.	Als er das Feuerzeug benutzte, verbrannte er sich.
rasgar(-se) [ʀɐʒ'ɣar(sə)] *v.*	**zerreißen**
As calças dele rasgaram-se.	Seine Hosen sind zerrissen.
Ele rasgou o jornal.	Er hat die Zeitung zerrissen.
usar [u'zar] *v.*	**gebrauchen, verwenden, benutzen**
Usa o carro para transportar as garrafas.	Benutze (doch) das Auto, um die Flaschen zu transportieren.
utilizar [utəli'zar] *v.*	**gebrauchen, verwenden**
Posso utilizar o telefone?	Kann ich das Telefon benutzen?
Porque não utilizas outro detergente?	Warum verwendest du nicht ein anderes Waschmittel?

«2001–4000»

aplicar [ɐpli'kar] *v.*	**anwenden**
Não sei como tenho de aplicar esta pomada.	Ich weiß nicht, wie ich diese Salbe anwenden soll.
apoiar [ɐpo'jar] *v.*	**(unter)stützen, helfen, (an)lehnen**
Não apoies a escada nesta parede. Pode ser perigoso.	Lehne die Leiter nicht an diese Wand. Es kann gefährlich sein.
Os trabalhadores estão a construir uma armação para apoiar a parede.	Die Arbeiter bauen gerade ein Gerüst, um die Wand zu stützen.

colar [ku'lar] *v.* Eu ainda preciso de selos para colar nos envelopes.	**(an-), (auf)kleben** Ich brauche noch Briefmarken, um sie auf die Umschläge zu kleben.
conservar [kõsɛr'var] *v.* Para conservar uma casa antiga precisa-se de muito dinheiro.	**erhalten, aufbewahren** Um ein altes Haus zu erhalten, braucht man viel Geld.
controlar [kõtru'lar] *v.* Primeiro controlo o travão.	**(über)prüfen** Zuerst überprüfe ich die Bremse.
danificar [dɐnəfi'kar] *v.* Não toque nesta escultura para não danificá-la.	**beschädigen, kaputtmachen** Berühren Sie diese Skulptur nicht, damit sie nicht beschädigt wird.
descarregar [dəʃkɐʀə'ɣar] *v.* Vamos descarregar o carro hoje.	**entladen, ausladen** Wir werden das Auto heute ausladen.
dobrar [du'brar] *v.* A filha dobrava o papel para fazer um barco, enquanto a mãe dobrava as roupas.	**falten, zusammenlegen** Die Tochter faltete das Papier, um ein Schiff zu machen, während die Mutter die Wäsche zusammenlegte.
extinguir [eʃtiɲ'gir] *v.* O homem vai extinguir as baleias.	**ausrotten, auslöschen** Der Mensch wird die Wale ausrotten.
fixar [fik'sar] *v.* Fixei os cartazes na parede.	**festmachen, befestigen** Ich habe die Plakate an der Wand befestigt.
gastar [gɐʃ'tar] *v.* Ele gastou todo o papel. Gastei muito dinheiro.	**verbrauchen; ausgeben** Er hat das ganze Papier verbraucht. Ich habe viel Geld ausgegeben.
guardar [gwɐr'ðar] *v.* Nós guardamos nossos documentos no cofre.	**aufbewahren** Wir bewahren unsere Dokumente im Safe auf.
molhar [mu'ʎar] *v.* Ao lavar a louça, o meu marido molhou todo o chão.	**befeuchten, nass machen** Beim Geschirrabwaschen hat mein Mann den ganzen Fußboden nass gemacht.

pendurar [pẽdu'rar] *v.* — **(auf)hängen**
Já penduraste o quadro na parede? — Hast du das Bild schon an der Wand aufgehängt?

pintar [pĩ'tar] *v.* — **(an)malen, streichen**
Ela pintou o banco de azul. — Sie malte die Bank blau an.
Agora estão a pintar as paredes. — Jetzt streichen sie gerade die Wände.

poupar [po'par] *v.* — **(er)sparen**
Deverias poupar mais. — Du solltest mehr sparen.

pregar [prə'ɣar] *v.* — **einschlagen**
Sem martelo não posso pregar este prego. — Ohne Hammer kann ich den Nagel nicht einschlagen.

prender [prẽ'der] *v.* — **festmachen, befestigen**
O professor prendeu o mapa na parede. — Der Lehrer befestigte die Landkarte an der Wand.

reparar [ʀepɐ'rar] *v.* — **reparieren**
O técnico reparou a televisão. — Der Techniker hat den Fernseher repariert.
Bras. **consertar** [kõser'tar] *v.*

secar [sə'kar] *v.* — **trocknen**
A roupa ainda não secou. — Die Wäsche ist noch nicht getrocknet.

soltar [soɫ'tar] *v.* — **losmachen, loslassen**
O meninou soltou o balão. — Der kleine Junge hat den Luftballon losgelassen.

transformar(-se) [trẽʃfur'mar(se)] *v.* — **(sich) um-, verwandeln**
Com a chegada da Primavera a paisagem transforma-se. — Mit dem Beginn des Frühlings verwandelt sich die Landschaft.

uso ['usu] *m* — **Gebrauch** *m*, **Verwendung** *f*
O uso do cinto de segurança é obrigatório. — Der Gebrauch des Sicherheitsgurtes ist Pflicht.

1.1.2.8 UMGANG MIT DINGEN UND LEBEWESEN

«1–2000»

abandonar [ɐβẽdu'nar] *v.* — **verlassen**
Ele abandonou o país. — Er hat das Land verlassen.

agarrar [ɐɣɐ'ʀar] *v.* — **nehmen, ergreifen**
Agarraram as malas e partiram. — Sie haben die Koffer genommen und sind abgereist.

apertar [ɐpər'tar] *v.* Onde eu preciso de apertar?	**(zusammen)drücken** Wo muss ich drücken?
aproveitar(-se) [ɐpruvej-'tar(sə)] *v.* Vou aproveitar bem o meu tempo. Ele aproveita-se da generosidade do amigo.	**(be)nutzen, ausnutzen** Ich werde meine Zeit gut nutzen. Er nutzt die Großzügigkeit des Freundes aus.
atar [ɐ'tar] *v.* O meu filho já sabe atar os sapatos.	**zu-, fest-, anbinden** Mein Sohn kann schon die Schuhe zubinden.
cuidado [kuj'ðaðu] *m* Tenha muito cuidado ao carregar os copos de cristal.	**Vorsicht** *f* Seien Sie sehr vorsichtig, wenn Sie die Kristallgläser transportieren.
encontrar [ẽkõ'trar] *v.* Encontraste a tua carteira? Nós encontrámos o Pedro na cidade.	**finden; treffen** Hast du deine Brieftasche gefunden? Wir haben Pedro in der Stadt getroffen.
esconder [iʃkõ'der] *v.* Onde escondeste o meu jogo?	**verstecken** Wo hast du mein Spiel versteckt?
golpe ['gɔłpə] *m* O assaltante deu-lhe um golpe fatal.	**Schlag** *m*, **Stoß** *m* Der Verbrecher hat ihm einen tödlichen Schlag versetzt.
impedir [ĩpə'ðir] *v.* O carro avariado impede o tráfego.	**(ver)hindern, behindern** Das defekte Auto behindert den Verkehr.
parar [pɐ'rar] *v.* Pára, aqui é a casa dos meus amigos!	**anhalten, stoppen, abstellen** Halt an, hier ist das Haus meiner Freunde!
procurar [pruku'rar] *v.* Meu Deus, procurei a minha chave por toda a casa.	**suchen** Mein Gott, ich habe meinen Schlüssel im ganzen Haus gesucht.
segurar [səɣu'rar] *v.* Podes segurar o livro?	**(fest)halten** Kannst du das Buch halten?
tocar [tu'kar] *v.* Não toque em nada!	**berühren, anfassen** Nichts berühren!

«2001–4000»

apanhar [ɐpɐ'ɲar] *v.* Ela apanhou o último elé(c)trico.	**ergreifen, nehmen, erwischen** Sie hat die letzte Straßenbahn erwischt.
apoio [ɐ'poju] *m* Pensei que pudesse contar com o teu apoio.	**Unterstützung** *f* Ich habe gedacht, ich könnte mit deiner Unterstützung rechnen.
cobrir [ku'βrir] *v.* A mãe cobre o menino que está a dormir.	**be-, zudecken** (mit) Die Mutter deckt den schlafenden Jungen zu.
considerar [kõsiδə'rar] *v.* Nós consideramos isso importante.	**betrachten, berücksichtigen** Wir betrachten das als wichtig.
dirigir [dirə'ʒir] *v.* Ele dirige a empresa da família.	**(an)leiten** Er leitet die Firma der Familie.
evitar [ivi'tar] *v.* O médico disse-me para evitar de fumar.	**vermeiden** Der Arzt sagte mir, ich soll das Rauchen vermeiden.
examinar [izɐmi'nar] *v.* O polícia examina os documentos.	**prüfen, untersuchen** Der Polizist prüft die Dokumente.
imitar [imi'tar] *v.* O papagaio imita muitas vozes.	**nachahmen** Der Papagei ahmt viele Stimmen nach.
luta ['lutɐ] *f* Foi uma grande luta entre o cão e o gato.	**Kampf** *m*, **Ringen** *n* Es war ein schwerer Kampf zwischen dem Hund und dem Kater.
lutar (com/contra) [lu'tar] *v.* Eles lutaram um com o outro. Inutilmente lutavam contra a corrente.	**bekämpfen** Sie haben einander bekämpft. Sie kämpften erfolglos gegen die Strömung.
mudar [mu'δar] *v.* A dire(c)ção da firma mudou o regulamento interno. Porque mudaste de lugar?	**(ver)ändern, wechseln** Die Leitung der Firma hat die Hausordnung geändert. Warum hast du den Platz gewechselt?
perseguir [pərse'gir] *v.* Depois do roubo, a polícia perseguiu os assaltantes.	**verfolgen** Nach dem Überfall hat die Polizei die Verbrecher verfolgt.

precaução [prəkaw'sɐ̃w] *f* O alarme é uma precaução contra roubos.	**Vorsicht(smaßnahme)** *f* Die Alarmanlage ist eine Vorsichtsmaßnahme gegen Diebstahl.
proteger [pruti'ger] *v.* O irmão sempre protege a sua irmã.	**(be)schützen** Der Bruder beschützt immer seine Schwester.
separar [səpɐ'rar] *v.* O professor separou os alunos que estavam a brigar.	**trennen, teilen** Der Lehrer hat die Schüler, die sich stritten, getrennt.
substituir [subʃti'twir] *v.* Eles substituíram o armário de madeira por um de metal.	**ersetzen** Sie haben den Schrank aus Holz durch einen aus Metall ersetzt.
suportar [supur'tar] *v.* Não é possível suportar este barulho.	**ertragen, erdulden** Es ist unmöglich, diesen Lärm zu ertragen.
trancar [trɐ̃'kar] *v.* O pastor tranca as suas ovelhas todas as noites.	**einschließen, einsperren** Der Schäfer sperrt seine Schafe jede Nacht ein.
tratar (de) [trɐ'tar] *v.* Um médico trata dos doentes.	**behandeln** Ein Arzt behandelt Kranke.
trocar [tru'kar] *v.* Trocava-me os marcos alemães, faz favor?	**wechseln** Würden Sie mir bitte Deutsche Mark wechseln?

1.1.2.9 LERNEN UND WISSEN
(Siehe auch SCHULE UND AUSBILDUNG 1.2.4)

«1–2000»

aprender [ɐprə'der] *v.* Queria aprender português.	**lernen** Ich möchte Portugiesisch lernen.
conhecer [kuɲə'ser] *v.* Conheces a última obra de Saramago?	**kennen** Kennst du das letzte Werk von Saramago?
conhecido [kuɲə'siδu], **-a** *adj.* Ele é um escritor bem conhecido.	**bekannt** Er ist ein sehr bekannter Schriftsteller.

conhecimento [kuɲəsi'mẽtu] *m*	**Kenntnis** *f*, **Ahnung** *f*
Tenho poucos conhecimentos de matemática.	Ich habe wenig Ahnung von Mathematik.
contar [kõ'tar] *v.*	**zählen**
O meu filho está a contar os peixes no aquário.	Mein Sohn zählt gerade die Fische im Aquarium.
de cor [də kor]	**auswendig**
Eu sei o poema de cor.	Ich kann das Gedicht auswendig.
ensinar [ẽsi'nar] *v.*	(jdm etwas) **beibringen,** (jdn etwas) **lehren**
A professora está a ensinar-me a gramática alemã.	Die Lehrerin bringt mir die deutsche Grammatik bei.
estudar [iʃtu'ðar] *v.*	**studieren, lernen**
Ela estuda na Universidade de Coimbra.	Sie studiert an der Universität von Coimbra.
Preciso estudar para o exame.	Ich muss für die Prüfung lernen.
experiência [əʃpə'rjẽsjɐ] *f*	**Erfahrung** *f*; **Experiment** *n*, **Versuch** *m*
Ele ainda não tem experiência.	Er hat noch keine Erfahrung.
Agora nós vamos fazer uma experiência com a água do mar.	Jetzt machen wir einen Versuch mit Meerwasser.
por exemplo [pur i'zẽplu]	**zum Beispiel**
Portugal tem grandes autores, como por exemplo Camões, Pessoa etc.	Portugal hat große Schriftsteller, zum Beispiel Camões, Pessoa etc.
saber [sɐ'βer] *v.*	**können** (= gelernt haben), **wissen**
Sabes conduzir?	Kannst du Auto fahren?
Sabes se o António vem hoje?	Weißt du, ob António heute kommt?
saber de [sɐ'βer də] *v.*	**wissen, erfahren**
Eu sei muito de navegação.	Ich weiß viel über Navigation.
Só ontem soubemos de seu estado de saúde.	Erst gestern haben wir von seinem Gesundheitszustand erfahren.
ser capaz de [ser kɐ'paz də] *v.*	**fähig sein**
Eu sou capaz de conduzir um barco.	Ich bin fähig, ein Schiff zu steuern.
simples ['sĩpləʃ] *adj.*	**einfach**
É um trabalho simples.	Es ist eine einfache Arbeit.

«2001–4000»

biblioteca [biblju'tɛkɐ] *f* A biblioteca antiga da Universidade de Coimbra é famosa.	**Bücherei** *f*, **Bibliothek** *f* Die alte Bibliothek der Universität von Coimbra ist berühmt.
calcular [kaɫku'lar] *v.* Vou calcular quanto dinheiro vamos precisar para a viagem.	**(be)rechnen** Ich werde berechnen, wie viel Geld wir für die Reise brauchen.
ciência [sj'ẽsjɐ] *f* A psicologia é uma ciência.	**Wissenschaft** *f* Die Psychologie ist eine Wissenschaft.
ciências [sj'ẽsjɐs] *f/pl.* O meu filho mais velho decidiu-se pelas ciências naturais.	**(Natur-)Wissenschaften** *f/pl.* Mein ältester Sohn entschied sich für die Naturwissenschaften.
científico [sjẽ'tifiku], **-a** *adj.* O nosso departamento dedica-se à investigação científica.	**wissenschaftlich** Unsere Abteilung widmet sich der wissenschaftlichen Forschung.
cientista [sjẽ'tiʃtɐ] *m/f* Ele é um cientista muito famoso.	**Wissenschaftler(in)** *m(f)* Er ist ein sehr bekannter Wissenschaftler.
complicado [kõpli'kaδu], **-a** *adj.* Há muitos problemas complicados para resolver hoje.	**kompliziert** Es gibt heute viele komplizierte Probleme zu lösen.
confundir [kõfũ'dir] *v.* Não confunda lebre com coelho.	**verwechseln** Verwechsele nicht Hase und Kaninchen.
culto [kuɫtu], **-a** *adj.* Ela é uma pessoa bem culta.	**gebildet** Sie ist ein sehr gebildeter Mensch.
cultura [kuɫturɐ] *f* Interesso-me muito pela cultura portuguesa.	**Kultur** *f* Ich intessiere mich sehr für die portugiesische Kultur.
descoberta [dəʃku'βɛrtɐ] *f* Por esta descoberta ele ganhou o prémio Nobel.	**Entdeckung** *f* Für diese Entdeckung bekam er den Nobelpreis.
descobrir [dəʃku'βrir] *v.* Descobri um parque muito tranquilo.	**entdecken** Ich habe einen sehr ruhigen Park entdeckt.

desconhecido [dəʃkuɲə'siδu], **-a** *adj.* Esta teoria ainda é desconhecida aqui.	**unbekannt** Diese Theorie ist hier noch unbekannt.
fácil ['fasiɫ] *adj.* Este exercício é fácil demais!	**leicht, einfach** Diese Übung ist zu einfach.
familiar [fɐmi'ljar] *adj.* Este assunto é-me familiar.	**bekannt, geläufig** Dieses Thema ist mir bekannt.
habilidade [ɐβəli'δaδə] *f* Percebe-se que ela tem mesmo habilidade para a música!	**Begabung** *f* Man merkt, dass sie Begabung für die Musik besitzt.
ignorar [ignu'rar] *v.* Ignorava a existência de uma nova teoria.	**nicht wissen, nicht kennen** Er wusste nichts von der Existenz einer neuen Theorie.
incapaz (de) [ĩkɐ'paʃ] *adj.* Ele foi incapaz de realizar o trabalho sozinho.	**unfähig** Er war unfähig, die Arbeit alleine zu machen.
inventar [ĩvẽ'tar] *v.* Wilhelm Conrad Röntgen inventou o aparelho de radiografia em 1895.	**erfinden** Wilhelm Conrad Röntgen hat 1895 den Röntgenapparat erfunden.
observar [obsər'var] *v.* O nadador-salvador observa a praia.	**beobachten** Der Rettungsschwimmer beobachtet den Strand.
pesquisa [pəʃ'kizɐ] *f* A pesquisa na Floresta Amazónica é muito importante para a humanidade.	**Forschung** *f* Die Forschung in den Wäldern des Amazonas ist sehr wichtig für die Menschheit.
solução [sulu'sɐ̃w] *f* Qual é a solução do problema?	**Lösung** *f* Was ist die Lösung des Problems?
talentoso [tɐlẽ'tozu], **-a** *adj.* Tomás é muito talentoso no que diz respeito às línguas.	**begabt** Tomás ist sehr begabt für Sprachen.
tema ['temɐ] *m* Qual é o tema do seu doutorado?	**Thema** *n* Was ist das Thema Ihrer Doktorarbeit?
tratar (de) [trɐ'tar] *v.* Este livro trata das conquistas de Portugal.	**handeln** (von) Dieses Buch handelt von den Eroberungen Portugals.

1.1.3 SPRACHE UND SPRECHABSICHTEN

1.1.3.1 ALLGEMEINES

«1–2000»

expressão [əʃprə'sɐ̃w] *f* Qual é a expressão corre(c)ta?	**Ausdruck** *m* Wie ist der richtige Ausdruck?
língua ['lĩgwɐ] *f* O português é uma língua românica.	**Sprache** *f* Portugiesisch ist eine romanische Sprache.
palavra [pɐ'lavrɐ] *f* Há muitas palavras desconhecidas neste texto.	**Wort** *n* Es gibt viele unbekannte Wörter in diesem Text.
sentido [sẽ'tiδu] *m* Não compreendi o sentido dessa frase!	**Sinn** *m*, **Bedeutung** *f* Ich habe den Sinn dieses Satzes nicht verstanden.
significar [signəfi'kar] *v.* O que significa esta palavra?	**bedeuten, heißen** Was bedeutet dieses Wort?

«2001–4000»

adje(c)tivo [ɐd'ʒetivu] *m* Neste livro os adje(c)tivos têm um capítulo próprio.	**Adjektiv** *n* In diesem Buch haben die Adjektive ein eigenes Kapitel.
advérbio [ɐd'vɛrbju] *m* Uma lista de advérbios está no final do livro.	**Adverb** *n* Eine Liste der Adverbien ist am Ende des Buches.
dominar [dumi'nar] *v.* Em dois anos preciso dominar o idioma alemão.	**beherrschen** In zwei Jahren muss ich die deutsche Sprache beherrschen.
feminino [fəmə'ninu], **-a** *adj.* Qual é o feminino de "cão"?	**weiblich, feminin** Wie ist die weibliche Form zu „cão"?
frase ['frazə] *f* Leia a frase seguinte, disse o professor.	**Satz** *m* „Lesen Sie den nächsten Satz vor", sagte der Lehrer.
gramática [grɐ'matikɐ] *f* A gramática alemã é difícil.	**Grammatik** *f* Die deutsche Grammatik ist schwierig.

masculino [mɐʃku'linu], **-a** *adj.* "Programa" é um substantivo masculino.	**männlich, maskulin** „Programm" ist ein männliches Substantiv.
particípio [pɐrti'sipju] *m* Os verbos em "-er" formam o particípio em "-ido".	**Partizip** *n* Die Verben auf „-er" bilden das Partizip auf „-ido".
plural [plu'raɫ] *m* Qual é o plural de "cão"?	**Plural** *m* Wie ist der Plural von „Hund"?
querer dizer [kə'rer di'zer] *v.* O que é que quer dizer "rápido"? O que é que o senhor quis dizer com isto?	**bedeuten, sagen wollen** Was soll „rápido" bedeuten? Was wollten Sie damit sagen?
significado [signəfi'kaδu] *m* Qual é o significado desta palavra?	**Bedeutung** *f* Was ist die Bedeutung dieses Wortes?
singular [sĩgu'lar] *m* Qual é o singular da palavra "gente"?	**Singular** *m* Wie ist der Singular des Wortes „Leute"?
substantivo [subʃtẽ'tivu] *m* O substantivo é a palavra com que designamos ou nomeamos os seres ou obje(c)tos.	**Substantiv** *n* Das Substantiv ist das Wort, mit dem wir Lebewesen oder Gegenstände bezeichnen oder benennen.
termo ['termu] *m* Ela utiliza muitos termos técnicos.	**(Fach-)Ausdruck** *m* Sie verwendet viele Fachausdrücke.
verbo ['vɛrβu] *m* O verbo "ser" é irregular.	**Verb** *n* Das Verb „sein" ist unregelmäßig.
vocabulário [vukɐβu'larju] *m* Tenho um bom vocabulário, mas tenho dificuldades com a gramática.	**Wortschatz** *m* Ich habe einen großen Wortschatz, aber Schwierigkeiten mit der Grammatik.

1.1.3.2 SPRECHEN

«1–2000»

alto ['ałtu] *adv.* Pschiu! Não fales tão alto!	**laut** Pst! Sprich nicht so laut!
baixo ['bajʃu] *adv.* Fala baixo! Senão vais acordar o teu irmão.	**leise** Sprich leise! Sonst weckst du deinen Bruder auf.
calar(-se) [kɐ'lar(sə)] *v.* Cala a boca, por favor! Calem-se por um momento, por favor!	**schweigen** Schweig bitte. Schweigen Sie bitte einen Augenblick.
chamar [ʃɐ'mar] *v.* Chame o patrão do restaurante!	**rufen** Rufen Sie den Geschäftsführer des Restaurants!
contar [kõ'tar] *v.* Conta-me o que aconteceu ontem à noite.	**erzählen** Erzähl mir, was gestern Abend passiert ist.
conversar (com) [kõvər'sar] *v.* Ontem conversei com o meu chefe.	**sich unterhalten** (mit) Gestern habe ich mich mit meinem Chef unterhalten.
diálogo ['djaluɣu] *m* O diálogo foi interrompido.	**Dialog** *m* Der Dialog ist unterbrochen worden.
discussão [diʃku'sɐ̃w] *f* Mais tarde houve uma discussão sobre a nova teoria.	**Diskussion** *f* Später gab es eine Diskussion über die neue Theorie.
discutir [diʃku'tir] *v.* Nós discutimos quase toda a noite.	**diskutieren** Wir haben fast die ganze Nacht diskutiert.
dizer [di'zer] *v.* Podes dizer esta palavra em português?	**sagen** Kannst du dieses Wort auf Portugiesisch sagen?
explicar [əʃpli'kar] *v.* Podes explicar isso melhor?	**erklären** Kannst du das besser erklären?
falar [fɐ'lar] *v.* Fale devagar, por favor.	**sprechen** Sprechen Sie bitte langsam.
gritar [gri'tar] *v.* Não me grites!	**(an)schreien** Schrei mich nicht an!

repetir [ʀəpə'tir] *v.* O professor repetiu a pergunta.	**wiederholen** Der Lehrer wiederholte die Frage.
silêncio [si'lẽsju] *m* Não havia ruído algum, era um silêncio total. O professor pediu silêncio.	**Stille** *f*, **Schweigen** *n*, **Ruhe** *f* Es gab kein einziges Geräusch, es war nur Stille. Der Lehrer hat um Ruhe gebeten.

«2001–4000»

cavaquear [kɐvɐ'kjar] *v.* (F) Eles já estão a cavaquear de novo. *Bras.* **bater (um) papo** [ba'ter (ũ) 'papu] *v.* F	**plaudern, schwatzen** Sie plaudern schon wieder.
cochichar [kuʃi'ʃar] *v.* As raparigas estão a cochichar e a rir.	**flüstern** Die Mädchen flüstern und lachen.
conto [kõtu] *m* Este livro é uma cole(c)ção de contos brasileiros. As crianças gostam de contos de fada.	**Erzählung** *f*, **Kurzgeschichte** *f*, **Märchen** *n* Dieses Buch ist eine Sammlung brasilianischer Erzählungen. Die Kinder mögen Märchen.
conversa [kõ'vɛrsɐ] *f* Amanhã eu vou ter uma conversa muita séria.	**Gespräch** *n*, **Unterredung** *f* Morgen werde ich ein ernstes Gespräch haben.
declarar [dəklɐ'rar] *v.* O ministro declarou que não sabia nada sobre o assunto.	**erklären** Der Minister erklärte, dass er nichts über diese Angelegenheit wusste.
discurso [diʃ'kursu] *m* Normalmente os discursos são longos demais.	**Rede** *f* Normalerweise sind die Reden zu lang.
expressar(-se) [izprə'sar(sə)] *v.* Expressas-te bem em alemão?	**(sich) ausdrücken, äußern** Drückst du dich im Deutschen gut aus?

grito ['gritu] *m* Eu estava a passear quando, de repente, ouvi os gritos de uma criança.	**Schrei** *m* Ich ging gerade spazieren, als ich plötzlich die Schreie eines Kindes hörte.
mencionar [mẽsju'nar] *v.* O dire(c)tor mencionou os nomes?	**erwähnen** Hat der Direktor die Namen erwähnt?
palavra [pɐ'lavrɐ] *f* Como é que se escreve esta palavra?	**Wort** *n* Wie schreibt man dieses Wort?
piada ['pjaδɐ] *f* O meu tio gostava muito de contar piadas.	**Witz** *m* Mein Onkel erzählte gerne Witze.
pronunciar [prunũ'sjar] *v.* Como se pronuncia a terminação "-ão"?	**aussprechen** Wie spricht man die Endung „-ão" aus?
soletrar [sulə'trar] *v.* O senhor pode soletrar o seu apelido, se faz favor?	**buchstabieren** Können Sie bitte Ihren Familiennamen buchstabieren?
voz [vɔʃ] *f* Esta cantora de fado tem uma voz fantástica.	**Stimme** *f* Diese Fadosängerin hat eine phantastische Stimme.

1.1.3.3 SCHREIBEN UND LESEN

«1–2000»

anotar [ɐnu'tar] *v.* A secretária anotou o recado.	**notieren, aufschreiben** Die Sekretärin hat die Nachricht aufgeschrieben.
apontamento [ɐpõtɐ'mẽtu] *m* Tirei muitos apontamentos na aula.	**Notiz** *f* Ich habe im Unterricht viele Notizen gemacht.
autor [aw'tor] *m*, **-a** *f* Quem é o autor do livro?	**Verfasser(in)** *m(f)* Wer ist der Verfasser des Buches?
caneta [kɐ'netɐ] *f* Perdi a minha caneta, pode emprestar-me uma?	**Stift** *m* Ich habe meinen Stift verloren, können Sie mir einen ausleihen?

caneta-tinteiro [kɐ'netɐ-tĩ-'tejru] *f*	**Füller** *m*, **Füllhalter** *m*
Preciso de tinta para a minha caneta-tinteiro.	Ich brauche Tinte für meinen Füllhalter.
carta ['kartɐ] *f*	**Brief** *m*
Escrevi dez cartas hoje.	Ich habe heute zehn Briefe geschrieben.
escrever [iʃkrə'ver] *v.*	**schreiben**
Vou escrever mais dez cartas amanhã.	Ich werde morgen noch zehn Briefe schreiben.
escritor [iʃkri'tor] *m*, **-a** *f*	**Schriftsteller(in)** *m(f)*
Ela é uma escritora famosa.	Sie ist eine berühmte Schriftstellerin.
esferográfica [iʃfəru'ɣrafikɐ] *f*	**Kugelschreiber** *m*
Por favor, assine com a esferográfica.	Bitte unterschreiben Sie mit dem Kugelschreiber.
frase ['frazə] *f*	**Satz** *m*
Repita a última frase, por favor!	Wiederholen Sie bitte den letzten Satz.
lápis ['lapiʃ] *m*	**Bleistift** *m*
Tem um lápis de cor?	Haben Sie einen Farbstift?
ler [ler] *v.*	**lesen**
Estou a ler o guia turístico.	Ich lese gerade den Reiseführer.
livro ['livru] *m*	**Buch** *n*
Leste o livro novo dele?	Hast du sein neues Buch gelesen?
página ['paʒinɐ] *f*	**Seite** *f*
Quantas páginas tem o livro?	Wie viele Seiten hat das Buch?
ponto ['põtu] *m*	**Punkt** *m*
Falta o ponto final.	Es fehlt der Satzschlusspunkt.

«2001–4000»

agenda [ɐ'ʒẽδɐ] *f*	**Notizbuch** *n*, **Terminkalender** *m*
Viste a minha agenda?	Hast du mein Notizbuch gesehen?
cópia ['kɔpjɐ] *f*	**Abschrift** *f*, **Kopie** *f*
Original e duas cópias, faz favor.	Bitte ein Original und zwei Kopien.

correspondência [kuʀəʃpõ'dẽsjɐ] *f* Eu tenho muita correspondência estrangeira.	**Briefwechsel** *m* Ich habe viel ausländischen Briefwechsel.
correspondente [kuʀəʃpõ'dẽtə] *m/f* Nunca vi a minha correspondente.	**Briefpartner(in)** *m(f)* Ich habe meine Briefpartnerin nie gesehen.
descrever [dəʃkrə'ver] *v.* A rapariga descreveu o assaltante ao polícia.	**beschreiben** Das Mädchen hat dem Polizisten den Verbrecher beschrieben.
folha ['foʎɐ] *f* A secretária precisa de uma folha para escrever a carta.	**Blatt** *n* Die Sekretärin braucht ein Blatt Papier, um den Brief zu schreiben.
leitor [lej'tor] *m*, **-a** *f* Eu também sou leitor desta revista.	**Leser(in)** *m(f)* Ich bin auch Leser dieser Zeitschrift.
leitura ['lej'turɐ] *f* Já terminaste a leitura, Joãozinho?	**Lektüre** *f* Joãozinho, hast du die Lektüre schon beendet?
letra ['lɛtrɐ] *f* Não posso ler esta letra. É horrível! Quantas letras tem o alfabeto?	**(Hand-)Schrift** *f*, **Buchstabe** *m* Ich kann diese Schrift nicht lesen. Sie ist schrecklich! Wie viele Buchstaben hat das Alphabet?
linha ['liɲɐ] *f* Em que linha está escrito isto?	**Zeile** *f*, **Linie** *f* In welcher Zeile steht das geschrieben?
literatura [litərɐ'turɐ] *f* O senhor tem literatura portuguesa traduzida?	**Literatur** *f* Haben Sie aus dem Portugiesischen übersetzte Literatur?
papel [pɐ'pɛɫ] *m* O papel não é suficiente para embrulhar o presente.	**Papier** *n* Das Papier reicht nicht, um das Geschenk einzupacken.
registar [ʀəʒiʃ'tar] *v.* Registe aqui o seu nome e a sua morada, por favor. *Bras.* **registrar** [ʀeʒis'trar] *v.*	**eintragen** Tragen Sie hier bitte Ihren Namen und Ihre Adresse ein.
sotaque [su'takə] *m* Thomas tem um sotaque tipicamente alemão.	**Akzent** *m* Thomas hat einen typisch deutschen Akzent.

tinta ['tĩtɐ] *f* A tinta já secou.	**Tinte** *f* Die Tinte ist schon getrocknet.
passagem [pɐ'saʒẽj] *f* Eu gosto muito desta passagem.	**Passage** *f*, **Stelle** *f (im Text)* Ich mag diese Passage sehr.
poesia [pwe'ziɐ] *f* Procuro um livro com poesias de amor.	**Dichtung** *f*, **Gedicht** *n* Ich suche ein Buch mit Liebesgedichten.
poeta ['pwetɐ] *m*, **-isa** *f* Fernando Pessoa é um dos maiores poetas portugueses.	**Dichter(in)** *m(f)* Fernando Pessoa ist einer der größten Dichter Portugals.
romance [ʀu'mẽsə] *m* O final dos romances é sempre o mesmo.	**Roman** *m* Der Schluss der Romane ist fast immer gleich.
texto ['tejʃtu] *m* Aqui está o texto para traduzir.	**Text** *m* Hier ist der Text zum Übersetzen.
título ['titulu] *m* Qual é o título em português?	**Titel** *m*, **Überschrift** *f* Wie heißt der Titel auf Portugiesisch?
traço ['trasu] *m* Todos os apontamentos estão divididos por traços.	**Strich** *m* Alle Notizen sind durch Striche getrennt.
vírgula ['virɣulɐ] *f* Nesta frase falta a vírgula.	**Komma** *n* In diesem Satz fehlt das Komma.

1.1.3.4 SPRECHABSICHTEN

1.1.3.4.1 Auskunft

«1–2000»

aconselhar [ɐkõsə'ʎar] *v.* Ele aconselhou-nos.	**(be)raten** Er hat uns beraten.
acrescentar [ɐkrəsẽ'tar] *v.* O professor acrescentou mais uma pergunta.	**hinzufügen** Der Lehrer fügte noch eine Frage hinzu.

avisar [ɐvi'zar] *v.*	**warnen, hinweisen, Bescheid geben**
Desculpe, mas eu preciso de avisá-lo do novo desvio.	Entschuldigung, aber ich muss Sie auf die neue Umleitung hinweisen.
Avisa-me quando chegar a correspondência.	Sag mir Bescheid, wenn die Post da ist.
aviso [ɐ'visu] *m*	**Hinweis** *m*, **Warnung** *f*
Eu sei, há um aviso no jornal.	Ich weiß, es gibt einen Hinweis in der Zeitung.
conselho [kõ'seʎu] *m*	**Rat** *m*
Necessito de um bom conselho.	Ich brauche einen guten Rat.
dar uma informação [dar 'umɐ ĩ furm'sɐ̃w] *v.*	(jdm) **Auskunft geben**
Pode dar-me uma informação?	Können Sie mir eine Auskunft geben?
explicação [əʃplikɐ'sɐ̃w] *f*	**Erklärung** *f*
Desculpe, eu não entendi a explicação.	Entschuldigung, ich habe die Erklärung nicht verstanden.
explicar [əʃpli'kar] *v.*	**erklären**
Pode explicar-me mais uma vez?	Können Sie mir das noch einmal erklären?
informação [ĩ furmɐ'sɐ̃w] *f*	**Information** *f*, **Auskunft** *f*
Eu preciso de informações sobre os regulamentos fiscais de Portugal.	Ich brauche Informationen über die Zollvorschriften Portugals.
informar [ĩ fur'mar] *v.*	**informieren, benachrichtigen**
O governo informou sobre suas a(c)tividades no se(c)tor económico.	Die Regierung informierte über ihre Aktivitäten in der Wirtschaft.
informar-se [ĩ fur'marsə] *v.*	**sich informieren, sich erkundigen**
Não sei, mas eu vou informar-me.	Ich weiß es nicht, aber ich werde mich informieren.
isto significa que ['iʃtu signəfi'kar kə]	**das bedeutet, das heißt**
O namorado de Maria terminou os seus estudos, isto significa que agora já podem casar-se.	Marias Freund hat sein Studium schon beendet, das bedeutet, dass sie jetzt heiraten können.

mostrar [muʃ'trar] *v.*	**zeigen**
Ele mostrou-nos a sua cole(c)ção de selos.	Er hat uns seine Briefmarkensammlung gezeigt.
notícia [nu'tisjɐ] *f*	**Nachricht** *f*, **Neuigkeit** *f*
Tem notícias da Alemanha para mim?	Gibt es Nachrichten aus Deutschland für mich?
passar [pɐ'sar] *v.*	**reichen, geben**
Podia passar-me este pacotinho, por favor?	Können Sie mir bitte dieses Päckchen geben?
pergunta [pər'gũtɐ] *f*	**Frage** *f*
Responda às seguintes perguntas.	Beantworten Sie die folgenden Fragen.
perguntar (por) [pər'gũ'tar] *v.*	(jdn nach etwas) **fragen**
Eu vou perguntar por esta rua.	Ich werde nach dieser Straße fragen.
prevenir [prəvə'nir] *v.*	(vorher) **benachrichtigen** (von); **warnen** (vor)
A polícia preveniu os moradores dos ladrões.	Die Polizei hat die Bewohner vor Dieben gewarnt.
responder (a) [ʀəʃpõ'der] *v.*	**antworten** (auf), **beantworten**
O senhor não respondeu a uma das perguntas.	Sie haben eine der Fragen nicht beantwortet.
resposta [ʀəʃ'pɔʃtɐ] *f*	**Antwort** *f*
Eu preciso da resposta hoje.	Ich brauche die Antwort heute.

«2001–4000»

advertir [ɐdvər'tir] *v.*	**warnen** (vor), **hinweisen** (auf), **aufmerksam machen**
O polícia advertiu o condu(c)tor para não estacionar naquele sítio.	Der Polizist wies den Fahrer darauf hin, dass er nicht auf diesem Platz parken solle.
anunciar [ɐnũ'sjar] *v.*	**ankündigen, bekannt geben**
Anunciaram os resultados da eleição pela televisão.	Die Ergebnisse der Wahl wurden im Fernsehen bekannt gegeben.
comunicar [kumuni'kar] *v.*	**mitteilen, bekannt geben**
Amanhã nós vamos comunicar o nascimento do nosso filho no jornal.	Morgen werden wir die Geburt unseres Sohnes in der Zeitung bekannt geben.

entrevistar [ẽtrəviʃ'tar] *v.* — **befragen, interviewen**
O jornalista entrevistou o político. — Der Journalist hat den Politiker interviewt.

especificar [iʃpɛsifi'kar] *v.* — **genau(er) (an)geben, beschreiben**
Por favor, o senhor pode especificar melhor esta conta? — Können Sie bitte diese Rechnung genauer angeben?

estar ao corrente [iʃ'tar 'aw ku'ʀẽtə] *v.* — **auf dem Laufenden sein**
Ela é uma boa jornalista, sempre está ao corrente. — Sie ist eine gute Journalistin, sie ist immer auf dem Laufenden.

fazer circular [fɐ'zer sirku'lar] *v.* — **herumreichen**
Aqui tenho algumas cópias para fazer circular. — Hier habe ich einige Kopien zum Herumreichen.

gesto ['ʒəʃtu] *m* — **Geste** *f*, **Gebärde** *f*
Ele não disse uma palavra, mas o gesto foi suficiente. — Er hat kein Wort gesagt, aber die Geste war genug.

indicar [ĩdi'kar] *v.* — **angeben, hinweisen** (auf), **zeigen**
O motorista indicou-me o caminho. — Der Fahrer hat mir den Weg gezeigt.

recomendar [ʀəkumẽ'dar] *v.* — **empfehlen**
António recomendou-me este restaurante. — António empfahl mir dieses Restaurant.

referir-se [ʀəfə'rirsə] *v.* — **sich beziehen** (auf)
O político referiu-se ao êxito de sua campanha. — Der Politiker hat sich auf den Erfolg seiner Kampagne bezogen.

relatório [ʀəlɐ'tɔrju] *m* — **Bericht** *m*
Preciso do relatório urgentemente. — Ich brauche dringend den Bericht.

reportagem [ʀəpur'taʒẽj] *f* — **Reportage** *f*, **Bericht** *m*
Ontem à noite li uma reportagem sobre o desemprego na Europa. — Gestern Abend habe ich einen Bericht über die Arbeitslosigkeit in Europa gelesen.

secreto [sə'krɛtu], **-a** *adj.* — **geheim**
O relatório é secreto? Porquê? — Der Bericht ist geheim? Warum?

segredo [sə'greδu] *m* — **Geheimnis** *n*
O relatório contém alguns segredos da nossa empresa. — Der Bericht enthält einige Firmengeheimnisse.

significar [signəfi'kar] *v.* O que significa isto?	**bedeuten** Was bedeutet das?
sinal [si'nał] *m* Há aqui um sinal de estacionamento proibido?	**Zeichen** *n*, **Signal** *n*, **Schild** *n* Gibt es hier ein Parkverbotsschild?
tratar-se (de) [trɐ'tarsə] *v.* Trata-se de um erro meu.	**sich handeln** (um) Es handelt sich um einen Fehler meinerseits.

1.1.3.4.2 Meinungsäußerung

«1–2000»

achar [ɐʃ'ar] *v.* O que é que achas?	**glauben, halten** (für), **finden** Was glaubst du?
afirmar [ɐfir'mar] *v.* O ministro afirmou que o número de desempregados descresceu.	**behaupten** Der Minister hat behauptet, dass die Zahl der Arbeitslosen gesunken sei.
avisar [ɐvi'zar] *v.* Avisa-me quando o José chegar.	**Bescheid sagen, benachrichtigen** Sag mir Bescheid, wenn José kommt.
considerar [kõsiδə'rar] *v.* Eu não considero isso importante.	**betrachten** (als), **halten** (für) Ich betrachte das nicht als wichtig.
crer [krer] *v.* Não creio que ele desista da ideia.	**glauben** Ich glaube nicht, dass er diese Idee aufgeben wird.
impressão [ĩprə'sɐ̃w] *f* Isso é impressão tua!	**Eindruck** *m* Das ist dein Eindruck!
manifestar-se (contra/por) [mɐnifəʃ'tarsə] *v.* Os trabalhadores manifestaram-se contra a nova proposta do patrão.	**(sich) äußern** (gegen/für) Die Arbeiter äußerten sich gegen den neuen Vorschlag des Arbeitgebers.
opinião [opi'njɐ̃w] *f* Qual é a sua opinião sobre o filme?	**Meinung** *f*, **Ansicht** *f* Was ist deine Meinung über den Film?

parecer [pɐrə'ser] *v.*	**scheinen, glauben, dass ...**
O chefe parece não concordar com a proposta dos trabalhadores.	Es scheint, als ob der Chef mit dem Vorschlag der Arbeiter nicht einverstanden ist.
Parece-me que vai chover.	Ich glaube, dass es regnen wird.
pensar [pẽ'sar] *v.*	**denken, meinen**
Mas eu pensei que fosse possível atravessar o rio.	Aber ich habe gedacht, dass es möglich wäre, den Fluss zu überqueren.

«2001–4000»

conclusão [kõklu'ʒɐ̃w] *f*	**(Schluss-)Folgerung** *(m)f*
A que conclusão chegaram?	Zu welcher Schlussfolgerung seid ihr gekommen?
crítica ['kritikɐ] *f*	**Kritik** *f*
Li uma crítica muito boa sobre o livro.	Ich habe eine gute Kritik über das Buch gelesen.
criticar [kriti'kar] *v.*	**kritisieren**
Os jornais sempre criticam o governo.	Die Zeitungen kritisieren immer die Regierung.
dever [də'ver] *v.*	**sollen; schulden**
Ele deve chegar amanhã.	Er soll morgen ankommen.
Tu ainda me deves uma resposta!	Du schuldest mir noch eine Antwort.
diz-se que ... ['dizsə kə ...]	**man sagt, dass ...**
Em Portugal, também se diz que “a cavalo dado não se olham os dentes”.	Auch in Portugal sagt man, dass man „einem geschenkten Gaul nicht ins Maul schaut“.
francamente [frɐ̃kɐ'mẽtə] *adv.*	**offen (gesagt), ehrlich (gesagt)**
Francamente, eu não gosto de leitão.	Offen gesagt, ich mag kein Spanferkel.
julgar [ʒuɫ'ɣar] *v.*	**beurteilen, der Ansicht sein, meinen, glauben**
Ele julga que nós somos irmãos.	Er meint, dass wir Geschwister sind.
Ele não é tão bondoso como se julga.	Er ist nicht so gütig, wie man glaubt.

parecer [pɐrə'ser] *m* Depois de ter examinado os documentos, o advogado deu o seu parecer.	**Ansicht** *f*, **Meinung** *f* Nachdem er die Unterlagen geprüft hatte, äußerte der Anwalt seine Meinung.
precisar (de) [prəsi'zar] *v.* Eu preciso de falar contigo.	**müssen** Ich muss mit dir sprechen.
ponto de vista ['põtu də 'viʃtɐ] *m* O senhor já sabe qual é o meu ponto de vista em relação a este assunto.	**Standpunkt** *m* Sie wissen ja schon, welchen Standpunkt ich zu diesem Thema habe.
recomendação [ʀəkumẽdɐ'sɐ̃w] *f* Este hotel foi uma recomendação de nossos amigos.	**Empfehlung** *f* Dieses Hotel war eine Empfehlung unserer Freunde.
recomendar [ʀecumẽ'dar] *v.* Pode recomendar uma outra praia?	**empfehlen** Können Sie uns einen anderen Strand empfehlen?
supor [su'por] *v.* Eu suponho que o senhor já tenha escutado algo sobre mim.	**annehmen, vermuten** Ich nehme an, dass Sie schon etwas von mir gehört haben.
ter de/que [ter də/kə] *v.* Ainda tenho de sair esta noite.	**müssen** Ich muss noch diese Nacht weggehen.
verificar [vərəfi'kar] *v.* Verificaste se tudo está em ordem?	**feststellen, überprüfen** Hast du überprüft, ob alles in Ordnung ist?

1.1.3.4.3 Zustimmung und Ablehnung

«1–2000»

certamente [sərta'mẽtə] *adv.* Ele certamente não está em casa.	**sicherlich** Er ist sicherlich nicht zu Hause.
com certeza [kõ sər'tezɐ] *adv.* Com certeza, a encomenda chegará hoje.	**sicher, gewiss, mit Sicherheit** Die Bestellung kommt mit Sicherheit heute an.
deixar [dej'ʃar] *v.* Deixa-me em paz!	**lassen** Lass mich in Ruhe!

estar a favor de [iʃ'tar ɐ fɐ'vor də] *v.* Ele está a favor da nossa decisão.	**dafür sein** Er ist für unsere Entscheidung.
estar contra [iʃ'tar 'kõtrɐ] *v.* Está sozinho contra os outros.	**(da)gegen sein** Er ist allein gegen die anderen.
estar de acordo [iʃ'tar də ɐ'korδu] *v.* Estou de acordo com a sua decisão.	**einverstanden sein** Ich bin mit Ihrer Entscheidung einverstanden.
evidentemente [əviδẽtə'mẽtə] *adv.* Evidentemente queríamos viajar mais pelo país, mas como fiquei doente não foi possível.	**natürlich, selbstverständlich** Natürlich wollten wir noch mehr durchs Land reisen, aber da ich krank geworden war, war es nicht möglich.
indiferente [ĩ difə'rẽtə] *adj.* Isso é-me indiferente.	**gleich(gültig), egal** Das ist mir gleich(gültig).
licença [li'sẽsɐ] *f* O aluno bateu à porta e pediu licença para entrar.	**Erlaubnis** *f* Der Schüler klopfte an die Tür und bat um Erlaubnis einzutreten.
não [nɐ̃w] *adv.* Não, não quero mais nada, obrigado.	**nein** Nein danke, ich möchte nichts mehr.
não ter razão [nɐ̃w ter ʀɐ'ʒɐ̃w] *v.* Eu não tinha razão.	**Unrecht haben** Ich hatte Unrecht.
naturalmente [nɐturał'mẽtə] *adv.* Parabéns! Já festejaram a boa notícia? – Naturalmente.	**natürlich, selbstverständlich** Ich gratuliere! Haben Sie schon die gute Nachricht gefeiert? – Natürlich.
permitir [pərmə'tir] *v.* O médico permitiu a visita ao doente. Permita-me apresentar-lhe a minha mulher.	**erlauben, gestatten** Der Arzt hat dem Kranken den Besuch erlaubt. Gestatten Sie, dass ich Ihnen meine Frau vorstelle.

pois [pojʃ] *adv.*	**klar, ja, natürlich**
A Maria Isabel gosta de viajar. Vamos dar-lhe uma viagem aos Estados Unidos. – Pois! Tenho certeza que vai adorar!	Maria Isabel reist gerne. Schenken wir ihr doch eine Reise in die USA. – Klar! Das wird ihr gefallen!
proibir [pruj'βir] *v.*	**verbieten, untersagen**
Proibi os meus filhos de nadar sozinhos no mar.	Ich habe meinen Kindern verboten, alleine im Meer zu schwimmen.
recusar(-se) [ʀəku'zar(sə)] *v.*	**ablehnen, sich weigern**
Ele recusou o convite porque estava doente.	Er lehnte die Einladung ab, weil er krank war.
ter razão [ter ʀɐ'ʒɐ̃w] *v.*	**Recht haben**
Tu tinhas razão!	Du hattest Recht.
sim [sĩ] *adv.*	**ja**
O gerente disse que sim.	Der Leiter sagte Ja.

«2001–4000»

admitir [ɐdmə'tir] *v.*	**zugeben**
Admito que me enganei.	Ich gebe zu, dass ich mich geirrt habe.
aprovar [ɐpru'var] *v.*	**zustimmen, billigen**
Espero que aproves o meu plano.	Ich hoffe, dass du meinem Plan zustimmst.
combinado [kõbi'nɐδu] F	**abgemacht**
Está combinado! Encontramo-nos amanhã na frente do teatro.	Abgemacht! Wir treffen uns morgen vor dem Theater.
com todo o gosto [kõ 'todu u 'goʃtu]	**gern(e)**
Gostarias de jantar comigo hoje? – Com todo o gosto.	Möchtest du heute mit mir zu Abend essen? – Gern(e).
consentimento [kõsẽti'mẽtu] *m*	**Zustimmung** *f*
Precisamos de mais um consentimento.	Wir brauchen noch eine Zustimmung.
isso mesmo ['isu 'mɛʒmu]	**das stimmt, so ist es, genau**
Isso mesmo! Sou da mesma opinião.	Das stimmt! Ich bin derselben Meinung.

não é verdade? [nɐ̃w ɛ vər'δaδə]	**nicht wahr?**
Ele é o teu pai, não é verdade?	Er ist dein Vater, nicht wahr?
opor-se [o'porsə] *v.*	**sich widersetzen**
Sempre me opus às tuas ideias.	Ich habe mich immer deinen Ideen widersetzt.
permissão [pərmi'sɐ̃w] *f*	**Erlaubnis** *f*
Eu tenho uma permissão para visitar esta cervejaria.	Ich habe eine Erlaubnis, diese Brauerei zu besichtigen.
poder [pu'δer] *v.*	**dürfen, können**
Posso entrar?	Darf ich eintreten?
Podias abrir a porta, por favor!	Könntest du bitte die Tür aufmachen?
proibição [prujβi'sɐ̃w] *f*	**Verbot** *n*
Há uma proibição neste parque: não se pode fumar aqui.	Es gibt ein Verbot in diesem Park: Man darf hier nicht rauchen.

1.1.3.4.4 Gewissheit und Zweifel

«1–2000»

certo ['sɛrtu] *adv.*	**gewiss, sicher, bestimmt, richtig**
Certo? – Certo!	Sicher? – Gewiss!
claro ['klaru] *adv.*	**klar, deutlich**
Claro que sim. Você tem razão.	Das ist klar. Du hast Recht.
dúvida ['duviδɐ] *f*	**Zweifel** *m*
Não há dúvida! A rua é esta.	Es gibt keinen Zweifel. Das ist die Straße.
duvidar (de) [duvi'δar] *v.*	**zweifeln** (an)
Não duvido da tua palavra.	Ich zweifle nicht an deinen Worten.
evidente [ivi'δẽtə] *adj.*	**offensichtlich, klar**
É evidente que vamos pagar.	Es ist offensichtlich, dass wir zahlen wollen.
exa(c)tamente [izata'mẽtə] *adv.*	**genau, exakt**
Isto é exa(c)tamente o que eu preciso.	Das ist genau das, was ich brauche.

fa(c)to ['fa(k)tu] *m* O fa(c)to é que nós precisamos de duas horas para ir à cidade.	**Tatsache** *f* Tatsache ist, dass wir zwei Stunden bis in die Stadt laufen müssen.
falso ['fałsu], **-a** *adj.* O anel de prata é falso.	**falsch, nicht echt** Der Silberring ist nicht echt.
impossível [ĩpu'sivɛł] *adj.* É impossível traduzir isto.	**unmöglich** Es ist unmöglich, das zu übersetzen.
mesmo ['mɛʒmu] *adv.* Eu tenho mesmo que ir embora.	**wirklich, tatsächlich** Ich muss wirklich gehen.
possível [pu'sivɛł] *adj.* É possível ou não?	**möglich** Ist es möglich oder nicht?
provável [pru'vavɛł] *adj.* É provável que ele já lá esteja.	**wahrscheinlich** Es ist wahrscheinlich, dass er schon da ist.
sem dúvida alguma [sẽj 'duviδɐ ał'ɣumɐ] Sem dúvida alguma que tens razão.	**zweifellos, ohne jeden Zweifel, ganz bestimmt** Zweifellos hast du Recht.
talvez [tał'veʃ] *adv.* Talvez um dia não existam armas.	**vielleicht** Vielleicht gibt es eines Tages keine Waffen mehr.
verdade [vər'δaδə] *f* Nem todas as pessoas dizem a verdade.	**Wahrheit** *f* Nicht alle Leute sagen die Wahrheit.
verdadeiro [vərδɐ'δejru], **-a** *adj.* Esta notícia não é verdadeira? Este anel não é verdadeiro.	**wahr, echt** Ist diese Nachricht nicht wahr? Dieser Ring ist nicht echt.

«2001–4000»

adivinhar [ɐδəvi'ɲar] *v.* Adivinha quem sou eu?	**(er)raten** Rate, wer bin ich?
afirmar [ɐfir'mar] *v.* O réu afirmou que era inocente.	**behaupten, bestätigen, versichern** Der Angeklagte behauptete unschuldig zu sein.

assegurar [ɐsəɣu'rar] *v.* Ele assegurou-me que vinha amanhã.	**versichern** Er versicherte mir, dass er morgen kommt.
confirmar [kõfir'mar] *v.* A agência de viagens confirmou o voo.	**bestätigen** Das Reisebüro hat den Flug bestätigt.
confuso [kõ'fuzu], **-a** *adj.* O discurso do político foi confuso.	**unklar, verworren** Die Rede des Politikers war unklar.
convencer [kõvẽ'ser] *v.* Convence-me com fa(c)tos!	**überzeugen** Überzeuge mich mit Fakten!
corre(c)to [ku'ʀɛtu], **-a** *adj.* Qual é a resposta corre(c)ta?	**richtig, korrekt** Wie ist die richtige Antwort?
determinado [dətərmin'aδu], **-a** *adj.* O cliente queria um determinado produto.	**bestimmt** Der Kunde wollte eine bestimmte Ware.
difuso [di'fuzu], **-a** *adj.* O significado desta palavra é difuso.	**dunkel, unklar** Die Bedeutung dieses Wortes ist unklar.
garantia [gɐrɐ̃'tiɐ] *f* O aparelho tem a garantia de um ano.	**Garantie** *f* Der Apparat hat ein Jahr Garantie.
garantir [gɐrɐ̃'tir] *v.* Nós garantimos que a qualidade do artigo não se altera com as sucessivas lavagens.	**versichern** Wir versichern, dass die Qualität der Ware sich durch wiederholtes Waschen nicht verändert.
misterioso [miʃtə'rjozu], **-a** *adj.* O modo de vida de muitos animais é misterioso.	**geheimnisvoll, mysteriös** Die Lebensweise vieler Tiere ist geheimnisvoll.
mostrar [muʃ'trar] *v.* Mostre-me como funciona este aparelho?	**zeigen** Zeigen Sie mir, wie dieser Apparat funktioniert?
perguntar-se [pərɣũ'tarsə] *v.* Eu pergunto-me se eu gostaria de morar em Portugal por algum tempo.	**sich fragen** Ich frage mich, ob ich nicht einige Zeit in Portugal leben möchte.
poder [pu'δer] *v.* Pode repetir, por favor?	**können** Können Sie das bitte wiederholen?

precisamente [prəsiza'mẽtə] *adv.*	**genau, präzise, gerade**
Precisamente!	Genau das meine ich!
O meu tio chegou precisamente na hora em que discutíamos.	Mein Onkel ist gerade in dem Augenblick gekommen, als wir uns stritten.
prova ['prɔvɐ] *f*	**Beweis** *m*, **Probe** *f*
Esta é a prova de que eu estava corre(c)to.	Dies ist der Beweis, dass ich Recht hatte.
provar [pru'var] *v.*	**beweisen**
Isso prova que ele é inocente.	Das beweist, dass er unschuldig ist.
real [ʀjał] *adj.*	**real, wirklich, wahr**
Esta história é baseada num fa(c)to real.	Die Geschichte beruht auf einer wahren Begebenheit.
segredo [sə'ɣreδu] *m*	**Geheimnis** *n*
Quase toda gente tem um segredo.	Fast alle Menschen haben ein Geheimnis.
suspeitar [suʃpej'tar] *v.*	**ahnen**
Ele não suspeitou de nada.	Er ahnte überhaupt nichts.
verificar [vərəfi'kar] *v.*	**überprüfen, nachprüfen**
Verificaste o motor?	Hast du den Motor überprüft?

1.1.3.4.5 Positive Wertung

«1–2000»

agradar [ɐɣrɐ'δar] *v.*	**gefallen**
Os filmes de aventura agradam-me muito.	Abenteuerfilme gefallen mir sehr.
agradável [ɐɣrɐ'δavεł] *adj.*	**angenehm**
Depois do Inverno, o tempo é sempre muito agradável.	Nach dem Winter ist das Wetter immer sehr angenehm.
bem [bẽj] *adv.*	**gut**
O senhor fala muito bem o português.	Sie sprechen sehr gut Portugiesisch.
bom [bõ], **boa** *adj.*	**gut**
Ele é um bom amigo.	Er ist ein guter Freund.
divertido [divər'tiδu], **-a** *adj.*	**unterhaltsam, vergnüglich**
A festa de ontem foi muito divertida.	Das Fest gestern war sehr unterhaltsam.

excelente [əʃsə'lẽtə] *adj.* Esta é uma ideia excelente.	**ausgezeichnet, hervorragend** Das ist eine ausgezeichnete Idee.
extraordinário [eʃtrɐurδi'narju], **-a** *adj.* O filme é extraordinário.	**außergewöhnlich** Der Film ist außergewöhnlich.
giro ['ʒiru], **-a** *adj.* F Achei o filme tão giro! *Bras.* **legal; lindo, -a** [le'gaw]; ['lĩdu, -ɐ] *adj.*	**interessant, toll, schön** Ich fand den Film so toll!
gostar (de) [guʃ'tar] *v.* Eu gosto muito de ti.	**mögen, gern haben** Ich mag dich sehr.
interessante [ĩtərə'ʃẽtə] *adj.* A discussão foi muito interessante.	**interessant** Die Diskussion war sehr interessant.
magnífico [mɐg'nifiku], **-a** *adj.* Hoje está um dia magnífico.	**herrlich** Heute ist ein herrlicher Tag.
melhor [mi'ʎɔr] *adj.* Esta música é melhor que a outra.	**besser** Diese Musik ist besser als die andere.
melhor [mi'ʎɔr] *adv.* Acho que falo melhor o alemão.	**besser** Ich glaube, dass ich besser Deutsch spreche.
o/a melhor de [u/ɐ mi'ʎɔr də] *m/f* O melhor de todos foi um estrangeiro.	**der Beste, die Beste, am besten von** Der Beste von allen war ein Ausländer.
ó(p)timo ['ɔtimu], **-a** *adj.* Essa é uma ó(p)tima ideia!	**sehr gut, toll, prima** Dies ist eine sehr gute Idee!
perfeito [pər'fejtu], **-a** *adj.* O trabalho está realmente perfeito.	**vollendet, perfekt** Diese Arbeit ist wirklich perfekt.
prático ['pratiku], **-a** *adj.* O telefone é muito prático.	**praktisch** Das Telefon ist sehr praktisch.
preferir [prəfə'rir] *v.* Tomás prefere beber vinho do Porto.	**vorziehen, lieber haben** Tomás zieht es vor, Portwein zu trinken.
ruim [ʀwĩ] *adj.* O peixe está ruim.	**schlecht** Der Fisch ist schlecht.
útil ['utiɫ] *adj.* Este livro é muito útil.	**nützlich** Dieses Buch ist sehr nützlich.

«2001–4000»

aceitável [ɐsei'tavɛɫ] *adj.* A nova ideia é aceitável.	**annehmbar, brauchbar** Die neue Idee ist annehmbar.
adequado [ɐdə'kwaδu], **-a** *adj.* Este é o método mais adequado para se aprender uma língua estrangeira.	**angemessen, geeignet** Dies ist die geeignetste Methode, um eine Fremdsprache zu lernen.
admirar [ɐdmi'rar] *v.* Nos tempos livres ficava a admirar as paisagens.	**bewundern** In der Freizeit bewunderte ich die Landschaften.
admirável [ɐdmi'ravɛɫ] *adj.* O mundo animal é admirável.	**bewundernswert, erstaunlich, großartig** Die Welt der Tiere ist erstaunlich.
cómodo ['kɔmuδu], **-a** *adj.* Este sofá é muito cómodo.	**bequem** Dieses Sofa ist sehr bequem.
famoso [fɐ'mozu], **-a** *adj.* Fernando Pessoa é um escritor muito famoso.	**berühmt, bekannt** Fernando Pessoa ist ein sehr berühmter Schriftsteller.
fantástico [fɐ̃'taʃtiku], **-a** *adj.* A viagem foi fantástica.	**phantastisch** F, **toll** F Die Reise war phantastisch.
formidável [furmi'δavɛɫ] *adj.* O concerto foi formidável.	**toll** F, **super** F Das Konzert war toll.
maravilhoso [mɐrɐvi'ʎozu], **-a** *adj.* As férias em Portugal foram maravilhosas.	**wunderbar** Die Ferien in Portugal waren wunderbar.
notável [nu'tavɛɫ] *adj.* Ele é uma pessoa notável! Não achas?	**bemerkenswert** Er ist ein bemerkenswerter Mensch! Findest du nicht?
querido [kə'riδu], **-a** *adj.* Ela é uma pessoa bem querida.	**süß, lieb** Sie ist eine ganz liebe Person.
simpático [sĩ'patiku], **-a** *adj.* Quem é que é aquele rapaz simpático?	**sympathisch, nett** Wer ist der nette Mann dort?
valer a pena [vɐ'ler ɐ 'penɐ] *v.* Não vale a pena falar com ele.	**sich lohnen** Es lohnt sich nicht, mit ihm zu sprechen.

valorizar [vɐlori'zar] *v.* O meu pai sempre valorizou muito a educação.	**(hoch) schätzen** Mein Vater hat die Erziehung immer hoch geschätzt.

1.1.3.4.6 Neutrale und negative Wertung

«1–2000»

chato ['ʃatu], **-a** *adj.* Lá vem outra vez aquele rapaz chato.	**blöd** Da kommt wieder dieser blöde Junge.
engraçado [ẽgrɐ'saδu], **-a** *adj.* A situação foi muito engraçada.	**lustig** Die Situation war sehr lustig.
estranho [iʃ'trɐɲu], **-a** *adj.* A nova professora é uma pessoa estranha.	**seltsam, sonderbar, merkwürdig** Die neue Lehrerin ist eine merkwürdige Person.
inútil [i'nutiɫ] *adj.* Esta ferramenta é inútil para meu trabalho.	**unnötig, nutzlos** Dieses Werkzeug ist nutzlos für meine Arbeit.
mal [maɫ] *adv.* Estou mal disposto.	**schlecht, schlimm** Ich bin schlecht gelaunt.
pior [pjɔr] *adv.* Ontem o tempo estava pior que hoje.	**schlechter, schlimmer** Gestern war das Wetter schlechter als heute.
raro ['ʀaru], **-a** *adj.* É um caso raro, mas é possível.	**selten** Es ist ein seltener Fall, aber es ist möglich.
reclamar [ʀəklɐ'mar] *v.* O café está frio, vou reclamar.	**sich beschweren** (über) Der Kaffee ist kalt, ich werde mich beschweren.
ridículo [ʀə'δikulu], **-a** *adj.* Que situação ridícula!	**lächerlich** Was für eine lächerliche Situation!
terrível [tə'ʀivɛɫ] *adj.* Tenha cuidado com o menino! Ele é terrível!	**schrecklich, furchtbar** Pass auf den Jungen auf! Er ist schrecklich!

«2001–4000»

aborrecido [ɐβuʀe'siδu], **-a** *adj.*	**langweilig**
Hoje foi um dia aborrecido.	Heute war ein langweiliger Tag.
desagradável [dəzɐɣrɐ'δavɛɫ] *adj.*	**unangenehm**
Nem sei o que dizer! É uma situação muito desagradável.	Ich weiß nicht, was ich sagen soll. Es ist eine unangenehme Situation.
detestar [detĩʃ'tar] *v.*	**verabscheuen, verwünschen**
Destesto chegar tarde.	Ich verabscheue es, zu spät zu kommen.
estúpido [iʃtu'piδu], **-a** *adj.*	**blöd, doof**
Aquela empregada de mesa é muito estúpida.	Diese Kellnerin ist sehr blöd.
horrível [u'ʀivɛɫ] *adj.*	**scheußlich, entsetzlich, grauenvoll**
O concerto foi horrível.	Das Konzert war entsetzlich.
inacreditável [ĩakrəδi'tavɛɫ] *adj.*	**unglaublich**
Ele contou-nos histórias inacreditáveis.	Er erzählte uns unglaubliche Geschichten.
insuportável [ĩsupur'tavɛɫ] *adj.*	**unerträglich**
Este cheiro está insuportável.	Dieser Geruch ist unerträglich.
lastimável [lɐʃti'mavɛɫ] *adj.*	**armselig, kläglich, bedauerlich**
É lastimável que os seus pais não venham.	Es ist bedauerlich, dass seine Eltern nicht kommen.
mau [maw], **má** *adj.*	**schlecht, böse**
Os empregados têm outra opinião. Acham-no muito mau.	Die Angestellten sind anderer Meinung. Sie finden ihn sehr schlecht.
nojento [nu'ʒẽtu], **-a** *adj.*	**ekelhaft, widerlich**
A barata é um bicho nojento.	Die Küchenschabe ist ein ekelhaftes Tier.
o/a pior (de) [u/ɐ pjɔr] *m/f*	**Schlimmste(r), Schlechteste(r), am schlechtesten**
O pior de todos fui eu.	Der Schlechteste von allen war ich.

pior [pjɔr] *adv.* Ele está cada vez pior.	**schlimmer, schlechter** Es geht ihm jedes Mal schlechter.
reclamação [ʀəklɐmɐ'sɐ̃w] *f* O empregado fez pouco caso da reclamação.	**Beschwerde** *f* Der Angestellte hat sich nichts aus der Beschwerde gemacht.
vulgar [vuɫ'ɣar] *adj.* Esta expressão é muito vulgar.	**vulgär** Dieser Ausdruck ist sehr vulgär.

1.1.3.4.7 Wunsch, Bitte, Notwendigkeit

«1–2000»

convidar [kõvi'ðar] *v.* O rapaz aproximou-se e convidou-a para dançar.	**bitten, auffordern** Der junge Mann näherte sich und forderte sie zum Tanz auf.
desejar [dəzə'ʒar] *v.* O que deseja para beber?	**wünschen** Was wünschen Sie zu trinken?
desistir [dəzəʃ'tir] *v.* Ele desistiu dos seus planos.	**verzichten, aufgeben** Er hat seine Pläne aufgegeben.
escolher [iʃku'ʎer] *v.* Já escolheram os móveis para a casa nova?	**(aus)wählen, (aus)suchen** Haben Sie schon die Möbel für die neue Wohnung ausgesucht?
eu gostaria (de) [ew guʃta'riɐ] Eu gostaria de descansar um bocadinho.	**ich möchte gern, ich würde gern** Ich möchte mich gern ein bisschen ausruhen.
eu gostava (de) [ew guʃ'tavɐ] Eu gostava de ir ao museu.	**ich möchte gern, ich würde gern** Ich würde gern ins Museum gehen.
eu queria [ew kə'riɐ] Eu queria um sumo de maracujá, se faz favor!	**ich möchte gern, ich hätte gern** Ich hätte gern einen Maracujasaft, bitte!
necessário [nəsə'sarju], **-a** *adj.* Temos os alimentos necessários para a nossa sobrevivência.	**nötig, notwendig** Wir haben die notwendigen Nahrungsmittel zum Überleben.

necessário [nəsə'sarju] É necessário abrir a janela?	**es ist nötig, es ist notwendig** Ist es nötig, das Fenster aufzumachen?
necessitar [nəsəsi'tar] *v.* Necessitamos de toalhas limpas.	**brauchen, benötigen** Wir benötigen saubere Handtücher.
pedir [pə'ðir] *v.* Posso pedir-lhe um favor?	(jdn um etwas) **bitten** Kann ich Sie um einen Gefallen bitten?
propor [pru'por] *v.* O que é que ele te propôs?	**vorschlagen** Was hat er dir denn vorgeschlagen?
querer [kə'rer] *v.* O menino quer um rebuçado.	**wollen** Der Junge will einen Bonbon.

«2001–4000»

convidar [kõvi'ðar] *v.* Gostaríamos de convidá-las para a nossa festa.	**einladen** Wir möchten sie/Sie zu unserer Party einladen.
desejo [də'zẽju] *m* Desde pequeno, sempre teve o desejo de viajar pelo mundo.	**Wunsch** *m*, **Verlangen** *n* Von klein auf hatte er den Wunsch, durch die Welt zu reisen.
escolha [iʃ'koʎɐ] *f* Há tantas coisas bonitas aqui! A escolha é difícil!	**(Aus-)Wahl** *f* Es gibt so viele schöne Sachen hier. Die Auswahl ist schwierig.
exigência [izi'ʒẽsjɐ] *v.* A firma ofereceu-me um bom salário, mas, por outro lado, fez-me muitas exigências.	**Forderung** *f* Die Firma hat mir einen guten Lohn angeboten, andererseits aber viele Forderungen gestellt.
exigir [izə'ʒir] *v.* O chefe exigiu a presença de todos os funcionários.	**fordern, verlangen** Der Chef hat die Anwesenheit aller Angestellten gefordert.
favor [fɐ'vor] *m* Podes fazer-me um favor?	**Gefallen** *m*, **Gunst** *f* Kannst du mir einen Gefallen tun?
felicidades [fələsi'ðaðəʃ] *f/pl.* Muitas felicidades!	**(Glück-)Wünsche** *m/pl.* Herzliche Glückwünsche!

insistir [ĩsəʃ'tir] *v.* O cliente insistiu tanto até que recebeu um aparelho novo.	**darauf bestehen** Der Kunde hat so lange darauf bestanden, bis er einen neuen Apparat bekommen hat.
necessidade [nəsəsi'δaδə] *f* Não vejo necessidade em trocar de carro. Precisamos de atender as necessidades de nossos alunos.	**Notwendigkeit** *f*, **Bedürfnis** *n* Ich sehe keine Notwendigkeit, das Auto zu wechseln. Wir müssen die Bedürfnisse unserer Schüler beachten.
pedido [pə'δiδu] *m* Alguém pode ajudar-nos? Nós temos um pedido.	**Bitte** *f*, **Anfrage** *f* Kann uns jemand helfen? Wir haben eine Bitte.
de propósito [də pru'pɔzitu] Ela deixou cair o lenço de propósito.	**absichtlich** Sie ließ das Taschentuch absichtlich fallen.
proposta [pru'pɔʃtɐ] *f* A proposta parece ser boa.	**Vorschlag** *m* Der Vorschlag scheint gut zu sein.
renunciar [ʀənũ'sjar] *v.* O sr. Teixeira renunciou ao cargo de presidente.	**verzichten** (auf) Herr Teixeira hat auf den Posten des Präsidenten verzichtet.
suplicar [supli'kar] *v.* Sra. Dra., eu suplico-lhe. Ajude-me!	(jdn) **anflehen** Frau Doktor, ich flehe Sie an! Helfen Sie mir doch!
ter a bondade de [ter ɐ bõ'daδə də] *v.* Tenha a bondade de acompanhar-me.	**wollen** (Aufforderung, höfliche Form) Würden/Wollen Sie mich bitte begleiten.

1.1.3.4.8 Höflichkeitsformen

«1–2000»

adeus [ɐ'dewʃ] Adeus, Maria! Volta logo! *Bras.* **até logo** [a'tɛ 'lɔgu]	**auf Wiedersehen!** Auf Wiedersehen, Maria! Komm bald zurück!
adeusinho [ɐdew'siɲu] Até mais tarde! Adeusinho! *Bras.* **tchau** ['tʃaw]	**tschüss** Bis später! Tschüss!
apresentar [ɐprəzẽ'tar] *v.* Sr. Silva, apresento-lhe o meu marido.	**vorstellen** Herr Silva, ich stelle Ihnen meinen Mann vor.

bom dia [bõ diɐ] Bom dia, Sr. Silva!	**guten Morgen, guten Tag** Guten Morgen, Herr Silva!
boa tarde [boɐ 'tarδə] Boa tarde, D. Regina!	**guten Tag** (nachmittags) Guten Tag, Dona Regina!
boa noite [boɐ 'nojtə] Boa noite, amigos!	**guten Abend, gute Nacht** Gute Nacht, Freunde!
ciao ['siao] F Lá vem o elé(c)trico! Preciso de ir! Ciao! *Bras.* **tchau** ['tʃaw]	**tschüss** Da kommt die Straßenbahn. Ich muss los! Tschüss!
com muito prazer [kõ 'mũjtu prɐ'zer] Fiz isso com muito prazer.	**sehr gern(e), mit Vergnügen** Das habe ich gern(e) getan.
Como está? ['komu iʃ'ta] Como está o senhor/a senhora?	**Wie geht es Ihnen?** Wie geht es Ihnen?
em nome de [ẽ 'nomə də] Em nome de minha família, quero agradecer-lhe por tudo.	**von Seiten, im Namen** Im Namen meiner Familie möchte ich Ihnen für alles danken.
de nada [də 'naδɐ] Muito obrigado/-a. – De nada.	**bitte sehr, keine Ursache** Vielen Dank. – Keine Ursache.
desculpa [dəʃ'kuɫpɐ] *f* Desculpa, onde é a padaria?	**Entschuldigung, entschuldigen Sie** Entschuldigung, wo ist die Bäckerei?
dona ['donɐ] *f* Bom dia, Dona Rosa!	**Frau** (+ Vorname) Guten Tag, Dona Rosa!
faz favor [fɐz fɐ'vor] Faz favor, a conta!	**bitte** Die Rechnung, bitte!
muito obrigado ['mũjtu obri'ɣaδu], **-a** Muito obrigado pelas flores!	**vielen Dank!** Vielen Dank für die Blumen!
muito prazer ['mũjtu prɐ'zer] Muito prazer! O meu nome é Manuel Soares. E o seu?	**sehr erfreut, ich freue mich** Sehr erfreut! Mein Name ist Manuel Soares. Und wie ist Ihr Name?
obrigado, [obri'ɣaδu], **-a** *adj.* Obrigado por tudo!	**danke** Danke für alles!

olá! [ɔ'la]	**hallo!, Tag!, grüß dich!**
Olá Amália! Como estás? – Estou bem, obrigada. E tu?	Hallo Amália! Wie geht es dir? – Danke, gut. Und dir?
Bras. **oi!** ['oi]	
perdão [pər'δɐ̃w] *m*	**Verzeihung, Entschuldigung**
Perdão! Foi sem querer.	Verzeihung! Es war keine Absicht.
prezado [prə'zaδu], **-a** *adj.*	**sehr geehrter/geehrte** (Briefanfang)
Prezados Senhores:	Sehr geehrte Herren,
senhor [sə'ɲor] *m (pl.* **senhores***)*	**Herr** (+ Familienname, sonst unübersetzt)
O sr. Pereira está?	Ist Herr Pereira da?
A pronúncia do senhor não é má!	Ihre Aussprache ist nicht schlecht.
senhora [sə'ɲɔrɐ] *f (pl.* **senhoras***)*	**Frau** (+ Familienname, sonst unübersetzt)
A sra. Isabel serviu-nos o chá.	Frau (+ Familienname) servierte uns den Tee.
A mala da senhora está aqui.	Ihr Koffer ist da.
senhora Dona [sə'ɲɔrɐ 'donɐ] *f*	**Frau** (+ Familienname)
A sra. D. Antonieta vem hoje?	Kommt Frau (+ Familienname) heute?

«2001–4000»

até amanhã! [ɐ'tɛ ɐmɐ'ɲɐ̃]	**bis morgen!**
Ciao, até amanhã!	Tschüss, bis morgen!
até breve [ɐ'tɛ 'brɛvə]	**bis bald!, auf baldiges Wiedersehen!, bis gleich!**
Até breve, minha filha! Cuida-te!	Bis bald, meine Tochter! Pass schön auf dich auf!
atenciosamente [ɐtẽsjɔzɐ'mẽtə] *adv.*	**hochachtungsvoll** (Briefschluss), **mit freundlichen Grüßen** (Briefschluss)
Aguardando uma resposta em breve, subscrevo-me atenciosamente.	In Erwartung einer baldigen Antwort verbleibe ich hochachtungsvoll.
boa sorte! [boɐ 'sɔrtə]	**viel Glück!**
Desejo-lhe boa sorte!	Ich wünsche Ihnen viel Glück!

boa viagem! [boɐ 'vjaʒẽj] Desejamos-lhe uma boa viagem!	gute Fahrt!, gute Reise! Wir wünschen Ihnen eine gute Reise!
bom apetite! [bõ ɐpə'titə] A comida parece estar uma delícia. – Bom apetite! – Obrigada. Igualmente.	**guten Appetit!** Das Essen scheint lecker zu sein. – Guten Appetit! – Danke. Gleichfalls.
bom divertimento! [bõ diverti'məntu] Boa viagem e bom divertimento!	**viel Spaß!, viel Vergnügen!** Gute Fahrt und viel Spaß!
com cordiais saudações [kõ kurδiaiʃ sawδɐ'sõjʃ] *m/pl.*	**mit freundlichen Grüßen** (Briefschluss)
entrar [ẽ'trar] *v.* Entre! A porta está aberta!	**herein!** Herein! Die Tür ist offen.
igualmente [igwał'mẽtə] *adv.* Bom fim-de-semana, Sr. Nunes! – Obrigado, igualmente!	**gleichfalls, ebenfalls** Schönes Wochenende, Herr Nunes! – Danke, gleichfalls.
lembranças (a) [lẽ'brẽsɐʃ] *f/pl.* Lembranças à família!	**Gruß** *m* (an jdn) Schöne Grüße an die Familie!
não há de quê [nɐw a də ke] Muito obrigado pela sua ajuda. – Não há de quê.	**bitte (sehr), keine Ursache** Vielen Dank für Ihre Hilfe. – Keine Ursache.
não tem importância [nɐ̃w tej ĩ pur'tẽsjɐ] Desculpa! O meu comboio chegou com atraso. – Não tem importância.	**keine Ursache, (das) macht nichts** Entschuldigung. Mein Zug hat sich verspätet. – Das macht nichts.
parabéns! [pɐrɐ'βẽjʃ] *m/pl.* Parabéns!	**herzlichen Glückwunsch!** Herzlichen Glückwunsch!
pêsames ['pezɐməʃ] *m/pl.* Fiquei sabendo do acontecido. Meus pêsames.	**mein Beileid!** Ich habe es erfahren. Mein Beileid!
pois [poiʃ] Podes fazer-me um favor? – Pois não.	**gern, aber ja** Kannst du mir einen Gefallen tun? – Gern.
que pena [kə 'penɐ] Que pena! Vai chover!	**das ist schade** Das ist schade! Es wird regnen.
querido [ke 'riδu], **-a** *adj.* Querida Lúcia!	**liebe(r)** (Briefanfang) Liebe Lúcia!

saúde! [sɐ'uδə] À sua saúde! Realmente este vinho do Porto é excelente.	zum Wohl!, Prost! Zum Wohl! Dieser Portwein ist wirklich hervorragend.
sinto muito! [sĩ tu 'mũjtu] *v.* Sinto muito, se lhe incomodei.	**(es) tut mir Leid** Tut mir Leid, wenn ich Sie gestört habe.
suficiente [sufi'sjẽtə] *adj.* Precisas de mais dinheiro? – Não, é suficiente. Obrigado.	**das genügt** Brauchst du mehr Geld? – Nein, das genügt. Danke.
um abraço [ũ ɐ'βrasu] *m* Um grande abraço de todos nós.	**herzlichst, mit vielen Grüßen** (Briefschluss) Mit vielen Grüßen von uns allen.
servir-se [sər'virsə] *v.* Por favor, sirva-se!	**sich bedienen** Bitte bedienen Sie sich!

1.1.3.4.9 Ausrufe und Gesprächsfloskeln
(Siehe auch ZUSTIMMUNG UND ABLEHNUNG 1.1.3.4.3)

«1–2000»

anda! ['ẽdɐ] Anda já!	**los!** Los, geh!
atenção! [ɐtẽ'ʃẽw] Atenção! Perigo!	**Achtung!, Vorsicht!** Achtung! Gefahr!
avante [ɐ'vẽtə] Avante! Vamos! Avante!	**vorwärts!** Vorwärts! Los! Vorwärts!
coitado [koj'taδu], **-a** *m/f* A Madalena perdeu o emprego outra vez, coitada!	**der/die Arme** *m/f* Madalena hat schon wieder die Stelle verloren, die Arme.
de qualquer maneira [də kwał'kɛr mɐ'nejrɐ] De qualquer maneira precisamos de chamar a polícia.	**jedenfalls, auf alle Fälle** Auf alle Fälle müssen wir die Polizei rufen.
está bem [iʃta 'bẽj] Gostava tanto de ir dançar. Não tens vontade de ir à discoteca comigo? – Está bem! Aonde vamos?	**(also) gut!, na schön!** Ich würde gerne tanzen gehen. Hast du keine Lust mitzukommen? – Also gut. Wohin gehen wir?
hum! [ũ] F Hum! Não acredito!	**hm!** F Hm! Ich glaube es nicht!

graças a Deus! ['grasɐʃ 'dewʃ] Finalmente eles chegaram. Graças a Deus!	Gott sei Dank! Endlich sind sie gekommen. Gott sei Dank!
oh! [o] Acabaste de receber um ramalhete de flores! – Oh! É do rapaz que conheci ontem.	**oh!, sieh mal an!, so was!** Du hast gerade diese Blumen bekommen! – Oh! Die sind von dem jungen Mann, den ich gestern kennen gelernt habe.
pois, pois [poiʃ, poiʃ] Acho que o Carlos devia mudar de emprego. Não tem nada a perder! – Pois, pois! Ele é jovem e inteligente.	**eben, ja, (genau das)** Ich finde, dass Carlos die Stelle wechseln sollte. Er hat nichts zu verlieren. – Eben. Er ist jung und intelligent.
portanto [pur'tɐ̃tu] Estava a contar a origem da minha família. Portanto. A minha avó é de Angola, o meu avô de Moçambique, o meu pai de ...	**also, folglich** Ich erzählte gerade von der Herkunft meiner Familie. Also: Meine Großmutter ist aus Angola, mein Großvater aus Mosambik, mein Vater aus ...
socorro! [su'koʀu] *m* Socorro! Socorro! Chamem os Bombeiros.	**Hilfe!** *f* Hilfe! Hilfe! Rufen Sie die Feuerwehr!
viva! ['vivɐ] Viva! Viva a liberdade.	**es lebe** Es lebe die Freiheit!

«2001–4000»

abaixo! [ɐ'baiʃu] Abaixo a ditadura!	**nieder mit** Nieder mit der Diktatur!
ah! [a] Ah! Quando era criança eu vivia no Alentejo.	**ach!** Ach! Als ich ein Kind war, lebte ich im Alentejo.
ai! [ai] Ai! Que dor.	**au!** Au! Das tut weh.
ai, Jesus! [ai, ʒe'zuʃ] Ai, Jesus! O que é que faço agora?	**ach Gott!** Ach Gott! Was mache ich denn jetzt?
aliás [ɐ'ljaʃ] Aliás o meu pai já dizia isto há dez anos. Lembras-te?	**übrigens, was ich noch sagen wollte** Übrigens: mein Vater sagte das schon vor zehn Jahren. Erinnerst du dich?

a propósito [ɐ pru'pɔzitu] A propósito: chamo-me Pedro. E tu? Como te chamas?	**übrigens** Übrigens: ich heiße Pedro. Und du? Wie heißt du?
arre! ['aʀə] Arre! Como és teimoso!	**verflixt!, verdammt noch mal!** Verdammt noch mal! Bist du dickköpfig!
basta! ['bɐʃtɐ] Não aguento mais. Basta!	**genug!, Schluss (damit)!** Ich halte es nicht mehr aus. Schluss damit!
bom [bõ] Bom, já que não gostas de peixe, vou oferecer-te um bife.	**na ja!, na gut!** Na gut! Da du keinen Fisch magst, biete ich dir ein Steak an.
caramba! [kɐ'rẽbɐ] Já leste estes livros todos? Caramba!	**Donnerwetter!** Hast du schon alle diese Bücher gelesen? Donnerwetter!
credo! ['krəδo] Credo, Maria! Que susto! O que estás a fazer nesta escuridão?	**na so was!, ach du meine Güte!** Na so was, Maria! So ein Schreck! Was machst du denn in dieser Dunkelheit?
cruzes! ['kruzeʃ] Cruzes! Que cão bem fedorento!	**pfui Teufel!** Pfui Teufel! Was für ein stinkender Hund!
Deus me livre! ['dewʃ mə 'livrə] Casar com o Fritz? Deus me livre! Eu não gosto de homem machista.	**Gott bewahre!, Gott behüte!** Fritz heiraten? Gott behüte! Ich mag keine Machos.
devagar! [dəvɐ'ɣar] *adv.* Esta estrada está péssima. Devagar! Devagar!	**sachte!, langsam!** Die Straße ist schrecklich. Langsam! Langsam!
é! [ɛ] Ele estava esquisito naquela noite, não? – É!	**ja** Er war sonderbar in jener Nacht, oder? – Ja.
e esta! [i 'ɛʃtɐ] F E esta! Como pode acontecer isso?	**na, so was!, nein, so was!** F Na, so was! Wie konnte das nur passieren?
em resumo [ẽ ʀə'zumu] Em resumo, já não tenho mais paciência para te aturar.	**kurz (und gut)** Kurz und gut, ich habe keine Geduld mehr, dich zu ertragen.

mau! [maw] Mau! Já me enganei outra vez!	o weh! Mist!, oje! Oje, ich habe mich schon wieder geirrt.
meu Deus [mew 'dewʃ] Meu Deus! Que sorte!	**mein Gott!, ach Gott!** Mein Gott! Was für ein Glück!
ó [ɔ] Ó José! Que surpresa!	**oh!** Oh, José! Welche Überraschung!
olhe! ['oʎə] Olhe! Na verdade eu só queria explicar o que aconteceu ontem.	**weißt du** bzw. **wissen Sie** Wissen Sie! In Wirklichkeit wollte ich nur erklären, was gestern passiert ist.
ora bolas! ['ɔrɐ 'bɔlɐʃ] *(derb)* Ora bolas! Tenho de fazer o trabalho todo outra vez!	**so ein Mist!** (derb) So ein Mist! Ich muss die ganze Arbeit noch mal machen.
oxalá [ɔʃɐ'la] Oxalá não chova! *Bras.* **tomara** [to'mara] Tomara que não chova amanhã. – Tomara!	**hoffentlich** Hoffentlich regnet es nicht!
pschiu! = pchiu! [psiu] Pschiu! Cale-se.	**pst!** Pst! Seien Sie leise.
pst! [pst] Pst! Pst! A senhora deixou cair este embrulho.	**he!, hallo!** He! Hallo! Sie haben dieses Päckchen fallen lassen.
que maçada [kə mɐ'sɐδɐ] Não me incomodes mais! Que maçada! *Bras.* **que chatice** [ki ʃa'tʃisi]	**wie lästig!** Stör mich nicht mehr! Wie lästig!
que pena [ke 'penɐ] Que pena! Perdi o boletim meteorológico para amanhã.	**schade** Schade, ich habe den Wetterbericht für morgen verpasst.
silêncio [si'lẽsju] *m* Silêncio: vai-se cantar o fado.	**Ruhe (bitte)!** *f* Ruhe bitte, man wird den Fado singen!

1.1.4 DER MENSCH UND DIE GESELLSCHAFT

1.1.4.1 IDENTIFIZIERUNG

«1–2000»

apelido [ɐpə'liδu] *m* Como é o seu nome? – Pedro. E o seu apelido? – Da Silva Santos. *Bras.* **sobrenome** [sobri'nomi] *m*	**Familienname** *m*, **Beiname** *m* Wie ist Ihr Name? – Pedro. Und Ihr Familienname? – Da Silva Santos.
bebé [bə'βə] *m* O nosso bebé tem cinco meses de idade.	**Baby** *n* Unser Baby ist fünf Monate alt.
bilhete de identidade [bi'ʎetə də idẽti'δaδə] *m* Faz favor, o seu bilhete de identidade! *Bras.* **carteira de identidade** [kartejra dʒi idẽtʃi'dadʒi] *f*	**Personalausweis** *m* Bitte, Ihren Personalausweis!
casado [kɐ'zaδu], **-a** *adj.* Maria, Paulo é casado?	**verheiratet** Maria, ist Paulo verheiratet?
chamar-se [ʃɐ'marsə] *v.* Como te chamas? – Chamo -me Pedro. E tu?	**heißen** Wie heißt du? – Ich heiße Pedro. Und du?
criança ['krjɐ̃sɐ] *f* Quando a minha irmã nasceu, eu era uma criança.	**Kind** *n* Als meine Schwester geboren wurde, war ich ein Kind.
homem ['ɔmẽj] *m* O homem da foto ainda vive? O homem é um ser mortal.	**Mann** *m*, **Mensch** *m* Lebt der Mann auf dem Foto noch? Der Mensch ist ein sterbliches Wesen.
idade [i'δaδə] *f* Na sua idade eu fazia outras coisas.	**Alter** *n* In deinem Alter habe ich andere Sachen gemacht.
mulher [mu'ʎer] *f* Quem é aquela mulher?	**Frau** *f* Wer ist die Frau dort?
nacionalidade [nɐsjunɐli'δaδə] *f* Qual é a sua nacionalidade?	**Staatsangehörigkeit** *f* Welche Staatsangehörigkeit haben Sie?

nome ['nomə] *m* Qual é o seu nome? – Meu nome é José Manuel.	**Name** *m* Wie ist Ihr Name? – Mein Name ist José Manuel.
passaporte [pɐsɐ'pɔrtə] *m* Dê-me o passaporte, faz favor!	**Pass** *m* Geben Sie mir bitte den Pass!
pessoa [pə'soɐ] *f* À noite há muitas pessoas nas ruas de Lisboa.	**Person** *f*, **Mensch** *m* Am Abend sind viele Menschen auf den Straßen von Lissabon.
rapariga [ʀɐpɐ'riɣɐ] *f* A rapariga que conheceste ontem é simpática. *Bras.* **moça** ['mosa] *f*	**Mädchen** *n* Das Mädchen, das du gestern kennen gelernt hast, ist sympathisch.
rapaz [ʀɐ'paʃ] *m* O rapaz que conheci ontem é de Moçambique.	**Junge** *m*, **junger Mann** Der Junge, den ich gestern kennen gelernt habe, ist aus Mosambik.
senhor [sə'ɲor] *m* O senhor pode ajudar-me?	**Herr** *m* (Mein Herr,) Können Sie mir helfen?
senhora [sə'ɲɔrɐ] *f* Aquela senhora é minha professora.	**Dame** *f*, **Frau** *f* Diese Dame dort ist meine Lehrerin.
solteiro [soł'tejru], **-a** *adj.* Paulo ainda está solteiro?	**ledig, unverheiratet** Ist Paulo noch ledig?

«2001–4000»

adulto [ɐ'δułtu] *m* Este filme só é para adultos.	**Erwachsener** *m* Dieser Film ist nur für Erwachsene.
denominar [dənumi'nar] *v.* Os colegas de Manuel denominaram-no de "Manu".	**nennen** Manuels Kollegen nannten ihn „Manu".
divorciado [divur'sjaδu], **-a** *adj.* A tua tia é solteira? – Não, ela é divorciada.	**geschieden** Ist deine Tante ledig? – Nein, sie ist geschieden.
documentos [duku'mẽtus] *m/pl.* Roubaram-me todos os meus documentos.	**Dokumente** *n/pl.*, **(Ausweis-) Papiere** *m/pl.* Man stahl mir alle meine Papiere.

gajo ['gaʒu] *m* F O que este gajo quer aqui? Manda-o embora! *Bras.* **cara** ['kara] *m*	**Kerl** *m* F Was will dieser Kerl hier? Schick ihn weg!
humano [u'mɐnu], **-a** *adj.* Errar é humano.	**menschlich** Irren ist menschlich.
menina [mə'ninɐ] *f* Como está, menina Inês? – Bem, muito obrigada.	**Fräulein** *n* Wie geht es Ihnen, Fräulein Inês? – Vielen Dank, gut.
menino [mə'ninu] *m*, **-a** *f* O menino está a fazer a lição de casa.	**kleiner Junge** *m*, **kleines Mädchen** *n* Der Junge macht gerade die Hausaufgaben.
miúdo ['mjuδu] *m* F O miúdo é o filho do Manuel. *Bras.* **menino** [mi'ninu] *m*	(kleiner) **Junge** *m* Der (kleine) Junge ist der Sohn von Manuel.
pessoal [pəswał] *adj.* Por motivos pessoais não posso vir à reunião.	**persönlich** Aus persönlichen Gründen kann ich nicht zu der Versammlung kommen.
raça ['ʀasɐ] *f* O povo brasileiro é composto por diferentes raças.	**Rasse** *f* Das brasilianische Volk besteht aus unterschiedlichen Rassen.
sexo ['sɛksu] *m* Uma criança do sexo masculino foi encontrada pelos policiais ontem à noite.	**Geschlecht** *n* Ein Kind männlichen Geschlechtes wurde gestern Abend von Polizisten gefunden.
viúvo ['vjuvu], **-a** *adj.* O sr. Souza é viúvo.	**verwitwet** Herr Souza ist verwitwet.

1.1.4.2 FAMILIE

«1–2000»

avó [ɐ'vɔ] *f* Apesar da sua idade, a avó de Carlos ainda é bastante a(c)tiva.	**Großmutter** *f* Trotz ihres Alters ist die Großmutter von Carlos noch ziemlich aktiv.
avô [ɐ'vo] *m* O meu avô contava-me sempre muitas histórias.	**Großvater** *m* Mein Großvater erzählte mir immer viele Geschichten.

avós [ɐ'vɔʃ] *m/pl.* Muitas vezes os avós cuidam de seus netos.	**Großeltern** *pl.* Die Großeltern passen oft auf ihre Enkelkinder auf.
casal [kɐ'zał] *m* O casal inglês não foi convidado.	**Ehepaar** *n* Das englische Ehepaar war nicht eingeladen.
casamento [kɐzɐ'mẽtu] *m* O casamento de José e Maria realizou-se na Igreja Bom Jesus do Monte em Braga.	**Hochzeit** *f*, **Heirat** *f*, **Ehe (-schließung)** *f* Die Heirat von José und Maria fand in der Kirche Bom Jesus do Monte in Braga statt.
casar(-se) [kɐ'zar(sə)] *v.* Miguel e Paula conheceram-se, apaixonaram-se e casaram-se três meses depois.	**sich verheiraten, heiraten** Miguel und Paula lernten sich kennen, verliebten sich und heirateten drei Monate später.
esposa [iʃ'pozɐ] *f* A esposa de Fernando é de Évora.	**(Ehe-)Frau** *f* Die (Ehe-)Frau von Fernando ist aus Évora.
família [fɐ'miljɐ] *f* A minha família reúne-se aos domingos.	**Familie** *f* Meine Familie trifft sich jeden Sonntag.
filho ['fiʎu] *m*, **-a** *f* Tenho três filhos: um filho e duas filhas.	**Sohn** *m*, **Tochter** *f* Ich habe drei Kinder: einen Sohn und zwei Töchter.
irmão [ir'mɐ̃w] *m*, **-ã** *f* A mãe perguntou à filha: – Onde está o seu irmão?	**Bruder** *m*, **Schwester** *f* Die Mutter fragte die Tochter: „Wo ist dein Bruder?“
mãe [mɐ̃j] *f* A mãe leva seus filhos à escola.	**Mutter** *f* Die Mutter bringt ihre Kinder zur Schule.
marido [mɐ'riδu] *m* O meu marido perdeu a chave da casa.	**(Ehe-)Mann** *m* Mein Mann hat den Hausschlüssel verloren.
pai [paj] *m* O meu pai é engenheiro.	**Vater** *m* Mein Vater ist Ingenieur.
pais [pajʃ] *m/pl.* Os teus pais são muito amáveis.	**Eltern** *pl.* Deine Eltern sind sehr liebenswürdig.
tio [tiw] *m*, **tia** [tia] *f* O meu tio está a viajar pela Europa.	**Onkel** *m*, **Tante** *f* Mein Onkel reist gerade durch Europa.

«2001–4000»

bisavô [bizɐ'vo] *m* O avô do pai é o bisavô.	**Urgroßvater** *m* Der Großvater des Vaters ist der Urgroßvater.
bisavó [bizɐvɔ] *f* A avó do pai é a bisavó.	**Urgroßmutter** *f* Die Großmutter des Vaters ist die Urgroßmutter.
cunhado [ku'ɲaδu] *m*, **-a** *f* O noivo de minha irmã em breve vai ser meu cunhado.	**Schwager** *m*, **Schwägerin** *f* Der Verlobte meiner Schwester wird bald mein Schwager sein.
divórcio [di'vɔrsju] *m* Ela pediu o divórcio, porque seu marido bebia muito.	**Scheidung** *f* Sie reichte die Scheidung ein, weil ihr Mann zu viel trank.
familiar [fɐmi'ljar] *adj.* Trata-se de um assunto familiar.	**familiär** Es handelt sich um eine familiäre Angelegenheit.
genro ['ʒẽʀu] *m* O pai da noiva conheceu o seu futuro genro pouco antes do casamento.	**Schwiegersohn** *m* Der Vater der Braut lernte seinen zukünftigen Schwiegersohn erst kurz vor der Hochzeit kennen.
mamã [mɐ'mɐ] *f* F Mamã, mamã, eu queria um gelado.	**Mama** *f* F, **Mutti** *f* F Mama, Mama, ich möchte ein Eis.
matrimónio [mɐtri'mɔnju] *m* O matrimónio de minha prima durou apenas três anos.	**Ehe** *f* Die Ehe meiner Cousine hielt nur drei Jahre.
neto ['nɛtu] *m*, **-a** *f* Que idade tem o seu neto?	**Enkel(in)** *m(f)* Wie alt ist Ihr Enkel?
netos ['nɛtuʃ] *m/pl.* Os filhos do filho são os netos.	**Enkelkinder** *n/pl.* Die Kinder des Sohnes sind die Enkelkinder.
noivo ['nojvu] *m*, **-a** *f* O noivo de minha irmã é espanhol.	**Verlobter** *m*, **Bräutigam** *m* **Verlobte** *f*, **Braut** *f* Der Verlobte meiner Schwester ist Spanier.
nora ['nɔrɐ] *f* A nora de minha vizinha é muito simpática.	**Schwiegertochter** *f* Die Schwiegertochter meiner Nachbarin ist sehr sympathisch.
papá [pa'pɐ] *m* F A que horas chega o papá?	**Papa** *m* F, **Vati** *m* F Wann kommt der Papa?

parentes [pɐ'rẽtəʃ] *m/pl.* Todos os meus parentes virão à festa de aniversário.	**Verwandten** *m/pl.* Alle meine Verwandten werden zur Geburtstagsparty kommen.
primo ['primu] *m*, **-a** *f* Tenho um primo que mora no Brasil.	**Cousin** *m*, **Cousine** *f* Ich habe einen Cousin, der in Brasilien wohnt.
separar-se [səpɐ'rarsə] *v.* Depois de três anos de matrimónio, Catarina separou-se do marido.	**sich scheiden lassen** Nach drei Jahren Ehe ließ Catarina sich von ihrem Mann scheiden.
sobrinho [su'βriɲu] *m*, **-a** *f* Sou a tia preferida do meu sobrinho.	**Neffe** *m*, **Nichte** *f* Ich bin die Lieblingstante meines Neffen.
sogro ['soɣru] *m*, **-a** *f* O pai da esposa é o sogro.	**Schwiegervater** *m*, **Schwiegermutter** *f* Der Vater der Ehefrau ist der Schwiegervater.
sogros ['sɔɣruʃ] *m/pl.* Os sogros convidaram-nos amanhã para o almoço.	**Schwiegereltern** *pl.* Die Schwiegereltern haben uns morgen zum Mittagessen eingeladen.

1.1.4.3 SOZIALE BINDUNGEN

«1–2000»

amigo [ɐ'miɣu] *m*, **-a** *f* Gosto de sair com os meus amigos.	**Freund(in)** *m(f)* Ich gehe gerne mit meinen Freunden aus.
amizade [ɐmi'zaδə] *f* A verdadeira amizade é muito rara.	**Freundschaft** *f* Wahre Freundschaft ist sehr selten.
companheiro [kõpɐ'ɲejru] *m*, **-a** *f* Ele é o meu companheiro de viagem.	**Freund(in)** *m(f)*, **Kumpel** *m* F, **Kollege** *m*, **Kollegin** *f* Er ist mein Reisekumpel.
companhia [kõpɐ'ɲiɐ] *f* Preferimos a companhia de Pedro e Maria. Ela trabalha numa companhia aérea.	**Gesellschaft** *f*, **Begleitung** *f* Wir bevorzugen die Begleitung von Pedro und Maria. Sie arbeitet bei einer Fluggesellschaft.

comum [ku'mũ] *adj.* Nós temos uma amiga comum.	**gemeinsam** Wir haben eine gemeinsame Freundin.
gente ['ʒẽtə] *f/pl.* A gente toda estava a divertir-se na Praça da Sé.	**Leute** *pl.* Alle Leute vergnügten sich auf dem Domplatz.
grupo ['grupu] *m* Amanhã virá um novo grupo de turistas.	**Gruppe** *f* Morgen wird eine neue Gruppe Touristen kommen.
juntos ['ʒũtus] *adj.* Podemos ir juntos ao cinema.	**zusammen** Wir können zusammen ins Kino gehen.
namorado [nɐmu'raδu] *m*, **-a** *f* Esta é a minha namorada.	(fester) **Freund** ***m***, (feste) **Freundin** ***f*** Das ist meine (feste) Freundin.
vizinho [və'ziɲu] *m*, **-a** *f* A minha vizinha é muito gentil.	**Nachbar(in)** *m(f)* Meine Nachbarin ist sehr nett.

«2001–4000»

associação [ɐsusɐj'sɐ̃w] *f* A Associação do Meio Ambiente discutirá a poluição dos rios.	**Verein(igung)** *m(f)* Der Umweltschutzverein wird über die Verschmutzung der Flüsse diskutieren.
clube ['kluβə] *m* Ele é sócio do clube de golfe.	**Klub** *m* Er ist Mitglied im Golfklub.
comunidade [kumuni'δaδə] *f* A União Europeia dantes chamava-se Comunidade Europeia.	**Gemeinschaft** *f* Die Europäische Union hieß früher Europäische Gemeinschaft.
conhecido [kuɲə'siδu] *m*, **-a** *f* Deixa-me ver estas fotos. Este é o teu noivo? – Não, é apenas um conhecido.	**Bekannte(r)** *f(m)* Lass mich diese Fotos sehen. Ist das dein Verlobter? – Nein, es ist nur ein Bekannter.
humanidade [umɐni'δaδə] *f* Na história da humanidade sempre houve homens bons e maus.	**Menschheit** *f* In der Geschichte der Menschheit gab es immer gute und schlechte Menschen.
membro ['mẽbru] *m* Portugal é membro da União Europeia.	**Mitglied** *n* Portugal ist Mitglied in der Europäischen Union.

organização [orgɐnizɐ'sɐ̃w] *f* Greenpeace é uma organização internacional que luta em defesa do meio ambiente.	**Organisation** *f* Greenpeace ist eine internationale Organisation, die für die Umwelt kämpft.
social [su'sjaɫ] *adj.* O desemprego é um problema social.	**sozial, gesellschaftlich** Die Arbeitslosigkeit ist ein soziales Problem.
sociedade [susjə'δaδə] *f* Vivemos numa sociedade de consumo.	**Gesellschaft** *f* Wir leben in einer Konsumgesellschaft.

1.1.4.4 BERUFE

«1–2000»

a(c)tor [a'tor] *m* O a(c)tor deste filme é óptimo.	**Schauspieler** *m* Der Schauspieler dieses Filmes ist sehr gut.
a(c)triz [a'triʃ] *f* A a(c)triz deste filme é excelente.	**Schauspielerin** *f* Die Schauspielerin dieses Filmes ist ausgezeichnet.
barbeiro [bɐr'βejru] *m* O barbeiro faz a barba do homem.	**(Herren-)Friseur** *m*, **Barbier** *m* Der Barbier rasiert den Bart des Mannes.
cabeleireiro [kɐβəlej'rejru] *m*, **-a** *f* Meu Deus! O meu cabelo está horrível. Preciso de ir ao cabeleireiro.	**(Damen-)Friseur** *m*, **Friseuse** *f* Mein Gott! Meine Haare sind schrecklich! Ich muss zum Friseur gehen.
engenheiro [ẽʒə'ɲejru] *m* Sou engenheiro de construção civil.	**Ingenieur** *m* Ich bin Bauingenieur.
intérprete [ĩ'tɛrprətə] *m/f* O intérprete vai traduzir a conversa.	**Dolmetscher(in)** *m(f)* Der Dolmetscher wird das Gespräch übersetzen.
jornalista [ʒurnɐ'liʃtɐ] *m/f* O jornalista precisa de informar-se sobre os problemas a(c)tuais.	**Journalist(in)** *m(f)* Der Journalist muss sich über die aktuellen Probleme informieren.
mecânico [mə'kɐniku] *m* O mecânico consertou o meu carro.	**Mechaniker** *m* Der Mechaniker hat meinen Wagen repariert.

padeiro [pɐ'ðejru] *m* O padeiro faz o pão.	**Bäcker** *m* Der Bäcker backt das Brot.
profissão [prufi'sɐ̃w] *f* Qual é a sua profissão? – Sou mecânico.	**Beruf** *m* Was sind Sie von Beruf? – Ich bin Mechaniker.
representante [ʀəprəzẽ'tɐ̃tə] *m,f* A representante de perfumes virá hoje para mostrar os novos produtos.	**Vertreter(in)** *m(f)* Die Parfümvertreterin wird heute kommen, um die neuen Produkte zu zeigen.
secretária [səkrə'tarjɐ] *f* Maria Teresa é secretária.	**Sekretärin** *f* Maria Teresa ist Sekretärin.
técnico ['tɛkniku] *m* João é técnico de uma empresa telefónica.	**Techniker** *m* João ist Techniker bei einer Telefongesellschaft.
vendedor [vẽdə'ðor] *m*, **-a** *f* O vendedor atende o cliente.	**Verkäufer(in)** *m(f)* Der Verkäufer bedient den Kunden.

«2001–4000»

agricultor [ɐɣrikuɫ'tor] *m* Os agricultores do Algarve têm problemas com o longo período de seca.	**Landwirt** *m* Die Landwirte in der Algarve haben Probleme mit der langen Trockenheit.
alfaiate [aɫfɐ'jatə] *m* O alfaiate fez o fato para a estreia.	**Schneider** *m* Der Schneider machte den Anzug für die Uraufführung.
arquite(c)to [ɐrki'tɛtu] *m* O arquite(c)to trouxe os planos hoje.	**Architekt** *m* Der Architekt hat heute die Pläne gebracht.
carpinteiro [kɐrpĩ'tejru] *m* O carpinteiro vai arranjar a porta.	**Zimmermann** *m* Der Zimmermann wird die Tür in Ordnung bringen.
comerciante [kumər'sjɐ̃tə] *m/f* Em Porto há mais comerciantes do que em Lisboa.	**Kaufmann** *m*, **-frau** *f*, **-leute** *pl.* In Porto gibt es mehr Kaufleute als in Lissabon.
costureiro [kuʃtu'rejru] *m*, **-a** *f* A costureira fez-me um vestido de gala.	**Schneider(in)** *m(f)*, **Näher(in)** *m(f)* Die Schneiderin machte mir ein Festkleid.

cozinheiro [kuzi'ɲejru] *m*, **-a** *f* Um bom cozinheiro é quase sempre gordo.	**Koch** *m*, **Köchin** *f* Ein guter Koch ist fast immer dick.
ele(c)tricista [ilɛtrə'siʃtɐ] *m* O ele(c)tricista instala a chave de luz.	**Elektriker** *m* Der Elektriker installiert den Lichtschalter.
especialista [iʃpəsjɐ'liʃtɐ] *m/f* Ele é especialista nesta área de trabalho.	**Fachmann** *m*, **-frau** *f*, **Experte** *m* Er ist ein Fachmann auf diesem Gebiet.
fotógrafo [fu'tɔɣrafu] *m*, **-a** *f* O fotógrafo do jornal foi demitido.	**Fotograf(in)** *m(f)* Dem Zeitungsfotografen wurde gekündigt.
funcionário [fũsju'narju] *m*, **-a** *f* Sou funcionário dos Correios.	**Beamte(r)** *f(m)* Ich bin Beamter bei der Post.
médico ['mɛδiku] *m*, **-a** *f* O médico salva a vida de muitas pessoas.	**Arzt** *m*, **Ärztin** *f* Der Arzt rettet das Leben vieler Menschen.
operário [opə'rarju] *m*, **-a** *f* António Pereira, 49 anos, é operário na indústria automobilística.	**Arbeiter(in)** *m(f)* António Pereira, 49 Jahre, ist Arbeiter in der Automobilindustrie.
pedreiro [pə'δrejru] *m* Precisamos de um pedreiro para construir a parede.	**Maurer** *m* Wir brauchen einen Maurer, um die Wand zu errichten.
pescador [pəʃkɐδor] *m* Os pescadores já voltaram? – Já. Eles estão no cais.	**Fischer** *m* Sind die Fischer schon zurückgekehrt? – Ja, sie sind schon am Kai.
polícia [pu'lisjɐ] *m* O polícia é muito gentil.	**Polizist** *m* Der Polizist ist sehr freundlich.
professor [prufə'sor] *m*, **-a** *f* Eis aqui um professor de cuja competência ninguém duvida.	**Lehrer(in)** *m(f)* Hier ist ein Lehrer, an dessen Fähigkeit niemand zweifelt.
profissional [prufisju'nał] *adj.* Apesar de ter uma formação profissional, não consegue emprego.	**beruflich** Trotz einer beruflichen Ausbildung bekommt er keine Stelle.
sapateiro [sɐpɐ'tejru] *m* O sapateiro consertou todos os meus sapatos velhos.	**Schuhmacher** *m* Der Schuhmacher hat alle meine alten Schuhe ausgebessert.

1.1.4.5 SOZIALE POSITION

«1–2000»

chefe [ˈʃɛfə] *m* Já foste falar com o chefe?	**Chef** *m*, **Oberhaupt** *n* Hast du schon mit dem Chef gesprochen?
honra [ˈõʀɐ] *f* É uma questão de honra!	**Ehre** *f* Das ist Ehrensache!
influência [ĩˈflwẽsjɐ] *f* Ele tem muita influência na empresa.	**Einfluss** *m* Er hat viel Einfluss in der Firma.
mandar [mɐ̃ˈdar] *v.* Eu fiz exa(c)tamente o que o senhor mandou.	**befehlen** Ich habe genau das getan, was Sie befohlen haben.
obedecer [oβəδəˈser] *v.* Ele não obedeceu às minhas ordens.	**gehorchen** Er gehorchte meinen Anweisungen nicht.
posição [puziˈsɐ̃w] *f* Qual é a posição dela na empresa?	**Stellung** *f*, **Position** *f* Welche Position hat sie in der Firma?
respeitar [ʀəʃpejˈtar] *v.* Precisamos de respeitar a sua decisão.	**achten, respektieren** Wir müssen seine/ihre Entscheidung respektieren.

«2001–4000»

autoridade [awturiˈδaδə] *f* As autoridades evitam que se fale do assunto.	**Autorität** *f*, **Ansehen** *n* Die Autoritäten verhindern, dass man über das Thema spricht.
desprezar [dəʃpreˈzar] *v.* Não sei porque me desprezas tanto.	**verachten** Ich weiß nicht, warum du mich so verachtest.
distinto [dəʃˈtĩ tu], **-a** *adj.* O nosso chefe é uma pessoa muito distinta.	**vornehm** Unser Chef ist ein sehr vornehmer Mensch.
dono [ˈdonu] *m* Quem é que é o dono desta casa?	**Eigentümer** *m*, **Besitzer** *m*, **Herr** *m* Wer ist denn der Hausherr?

estimar [iʃti'mar] *v.* — **(hoch) achten, schätzen**
O chefe é estimado pelos seus funcionários. — Der Chef wird von seinen Arbeitern sehr geschätzt.

---

merecer [mərə'ser] *v.* — **verdienen, wert sein**
Depois de tanto trabalho, mereço alguns dias de férias. — Nach so viel Arbeit habe ich ein paar Urlaubstage verdient.

---

nobre ['nɔβrə] *v.* — **adlig**
O namorado de minha irmã é de família nobre. — Der Freund meiner Schwester ist aus einer adligen Familie.

---

personalidade [pərsunali'δaδə] *f* — **Persönlichkeit** *f*
A senhora sabia que o Dr. Galvão também convidou as personalidades locais? — Wussten Sie, dass Dr. Galvão auch die lokalen Persönlichkeiten eingeladen hat?

---

presidente [prəzi'δẽtə] *m/f* — **Vorsitzende(r)** *f(m)*, **Präsident(in)** *m(f)*
O presidente do sindicato não compareceu à reunião. — Der Vorsitzende der Gewerkschaft ist nicht zur Versammlung erschienen.

---

reconhecer [ʀəkuɲə'ser] *v.* — **anerkennen**
Todos nós reconhecemos o seu esforço. — Wir alle anerkennen Ihre Anstrengungen.

---

respeito [ʀəʃ'pejtu] *m* — **(Hoch-)Achtung** *f*, **Respekt** *m*
Os colegas de trabalho têm um grande respeito por ele. — Seine Arbeitskollegen haben großen Respekt vor ihm.

1.1.4.6 POSITIVES UND NEUTRALES SOZIALVERHALTEN

«1–2000»

acompanhar [ɐkõpɐɲar] *v.* — **begleiten**
A minha filha acompanha-me ao médico. — Meine Tochter begleitet mich zum Arzt.

---

agradecer [ɐɣrɐδə'ser] *v.* — (jdm) **danken**
Agradeço-lhe muito. — Ich danke Ihnen sehr.

---

ajuda [ɐ'ʒuδɐ] *f* — **Hilfe** *f*
A tua ajuda é muito importante. — Deine Hilfe ist sehr wichtig.

---

ajudar [ɐʒu'δar] *v.* — (jdm) **helfen**
Podias ajudar-me a fechar esta janela? — Könntest du mir helfen, das Fenster zu schließen?

confiança [kõ'fjẽsɐ] *f* Tenho confiança nas suas palavras.	**Vertrauen** *n* Ich habe Vertrauen in deine Worte.
contar (com) [kõ'tar] *v.* Posso contar consigo?	**rechnen** (mit) Kann ich mit Ihnen rechnen?
cuidar (de) [kuj'δar] *v.* Quem vai cuidar do bebé?	**sich kümmern** (um) Wer kümmert sich um das Baby?
cumprimentar [kũprimẽ'tar] *v.* O professor cumprimenta os alunos com entusiasmo.	**(be)grüßen** Der Lehrer begrüßt die Schüler mit Begeisterung.
desculpar-se (por) [dəʃkuł'parsə] *v.* Eu preciso de desculpar-me.	**sich entschuldigen** (wegen, für) Ich muss mich entschuldigen.
dever [də'ver] *m* Todo o cidadão tem direitos e deveres.	**Pflicht** *f* Jeder Bürger hat Rechte und Pflichten.
dever [də'ver] *v.* Ana deve chegar amanhã.	**müssen, sollen** Ana müsste morgen ankommen.
exemplo [i'zẽplu] *m* Este caso é um bom exemplo.	**Beispiel** *n*, **Vorbild** *n* Dieser Fall ist ein gutes Beispiel.
favor [fɐ'vor] *m* Quero pedir-lhe um grande favor.	**Gefallen** *m*, **Gefälligkeit** *f* Ich möchte Sie um einen großen Gefallen bitten.
felicitar [fələsi'tar] *v.* Ah! Queria felicitar-lhe pelo seu aniversário.	**gratulieren, beglückwünschen** Ach! Ich möchte Ihnen zum Geburtstag gratulieren.
fiar-se (em) (alg.) [f'jarsə] *v.* Fia-te no que te digo!	**sich verlassen** (auf), **sich** (jdm) **anvertrauen** Verlass dich auf das, was ich dir sage!
gentil [ʒẽ'tił] *adj.* Manuel é muito gentil.	**höflich** Manuel ist sehr höflich.
serviço [sər'visu] *m* Hoje não posso. Estou de serviço.	**Dienst** *m* Heute kann ich nicht. Ich bin im Dienst.

servir [sər'vir] *v.* O que é que tens de fazer? – Tenho de servir os convidados.	**(be)dienen** Was musst du denn machen? – Ich muss die Gäste bedienen.
socorro [su'koʀu] *m* Ela gritou por socorro, mas ninguém a podia ouvir.	**Hilfe** *f* Sie hat um Hilfe geschrien, aber niemand konnte sie hören.

«2001–4000»

assunto ['sũtu] *m* É um assunto desagradável.	**Angelegenheit** *f* Das ist eine unerfreuliche Angelegenheit.
beijar [bej'ʒar] *v.* A minha tia sempre beija as crianças.	**küssen** Meine Tante küsst immer die Kinder.
bem [bẽj] *m* Há pessoas que sempre querem fazer o bem!	**Gute** *n* Es gibt Leute, die immer Gutes tun wollen.
ceder [sə'ðer] *v.* Cedeu apenas em aspe(c)tos menos importantes.	**nachgeben** Er hat nur bei weniger wichtigen Aspekten nachgegeben.
comportamento [kõpurtɐ'mẽtu] *m* Ela teve um comportamento péssimo.	**Haltung** *f*, **Verhalten** *n*, **Manieren** *f/pl.*, **Benehmen** *n* Sie hatte ein sehr schlechtes Benehmen.
comportar-se [kumpur'tarsə] *v.* Paulo comportou-se muito bem.	**sich verhalten, sich benehmen** Paulo hat sich sehr gut benommen.
comprometer-se [kõprumə'tersə] *v.* Não me comprometo a fazer isso.	**sich verpflichten** Ich verpflichte mich nicht, das zu tun.
condolências ['kondu'lẽsjɐʃ] *f/pl.* As minhas condolências!	**Beileid** *n* Mein herzliches Beileid!
confiar (em) [kõ'fiar] *v.* Confia em mim.	**vertrauen** Vertraue mir!
consolar [kõsu'lar] *v.* Os amigos consolaram a viúva.	**trösten** Die Freunde trösteten die Witwe.

cumprimento [kũpri'mẽtu] *m* Os meus cumprimentos ao seu marido.	**Gruß** *m* Meine Grüße an Ihren Mann.
educar [iδu'kar] *v.* Eles educam bem os filhos.	**erziehen** Sie erziehen die Kinder gut.
encarregar(-se) (de) [ẽkɐʀə'ɣar(sə)] *v.* O ministro encarregou os seus secretários de verificar os gastos. Depois encarregou-se de dar esclarecimento ao povo.	**beauftragen** (mit), **die Verantwortung übernehmen** Der Minister beauftragte seine Mitarbeiter, die Ausgaben zu überprüfen. Danach übernahm er die Verantwortung, es dem Volk zu erklären.
encorajar [ẽkurɐ'ʒar] *v.* O homem encorajou-nos a continuar.	**ermutigen** Der Mann ermutigte uns, weiterzumachen.
entender-se [ẽtẽɲ'dersə] *v.* A professora entende-se muito bem com os alunos.	**sich verstehen** Die Lehrerin versteht sich sehr gut mit den Schülern.
gentileza [ʒẽti'lezɐ] *f* Agradeço a sua gentileza.	**Höflichkeit** *f*, **Freundlichheit** *f* Danke für Ihre Freundlichkeit.
obrigar [obri'ɣar] *v.* O professor obriga os alunos a fazer a lição de casa.	**zwingen, verpflichten** Der Lehrer zwingt die Schüler, die Hausaufgaben zu machen.
perdoar [pər'δwar] *v.* Perdoa-me, minha querida!	**verzeihen** Verzeihe mir, mein Liebling!
princípio [prĩ'sipju] *m* Este homem tem bons princípios.	**Grundsatz** *m*, **Prinzip** *n* Dieser Mann hat gute Grundsätze.
prometer [prumə'ter] *v.* Prometes-me que não mentes mais?	**versprechen** Versprichst du mir, dass du nicht mehr lügst?
ser obrigado/a (a) [sər obri'ɣaδu/ɐ (ɐ)] *v.* Sou obrigado a vender o carro	**gezwungen sein** (zu), **müssen** Ich bin gezwungen, das Auto zu verkaufen.

1.1.4.7 NEGATIVES SOZIALVERHALTEN

«1–2000»

ameaçar [ɐmjɐ'sar] *v.* Ameaçaram pô-lo na rua.	**(be)drohen** Sie drohten, ihn auf die Straße zu werfen.
bater [bɐ'ter] *v.* O pai bateu no filho.	**schlagen** Der Vater hat den Sohn geschlagen.
culpa ['kułpɐ] *f* De quem é a culpa?	**Schuld** *f* Wer hat Schuld?
enganar [ẽgɐ'nar] *v.* O ladrão enganou a polícia e fugiu.	**täuschen, betrügen** Der Dieb täuschte die Polizei und floh.
fazer troça (de) [fɐ'zer 'trosɐ] *v.* Não sei porque fazes tanta troça de mim. *Bras.* **zombar de** [zõ'bɑr dʒi] *v.*	**sich lustig machen** (über) Ich weiß nicht, warum du dich über mich so lustig machst.
incomodar [ĩkumu'δar] *v.* Basta! E não me incomodes mais.	**stören** Schluss damit! Und stör mich nicht mehr.
mentir [mẽ'tir] *v.* Ela mentiu aos pais.	**lügen** Sie hat die Eltern belogen.
mentira [mẽ'tirɐ] *f* Isso é mentira! Não acreditem.	**Lüge** *f* Das ist eine Lüge! Glauben Sie es nicht.

«2001–4000»

brigar [bri'ɣar] *v.* Ela brigou com o seu namorado, porque estava atrasado.	**(sich) streiten** Sie hat sich mit ihrem Freund gestritten, weil er sich verspätet hatte.
conflito [kõ'flitu] *m* Ele não começou o conflito.	**Konflikt** *m*, **Streit** *m* Er hat den Konflikt nicht begonnen.
desanimar [dəzɐni'mar] *v.* Não desanime o menino!	**entmutigen** Entmutige den Jungen doch nicht!

forçar [fur'sar] *v.* Forçou-nos a entrar no carro.	**zwingen** Er zwang uns, ins Auto zu steigen.
meter-se (em) [mə'tersə] *v.* Não te metas em briga de marido e mulher.	**sich einmischen** (in) Misch dich nicht in den Streit von Eheleuten.
injusto [ĩ'ʒuʃtu], **-a** *adj.* Esta decisão é injusta. Não achas?	**ungerecht** Diese Entscheidung ist ungerecht. Findest du nicht?
mal [maɫ] *m* Um mal nunca vem só.	**Böse(s)** *n*, **Schlechte(s)** *n*, **Übel** *n* Ein Übel kommt selten allein.
pretexto [prə'teʃtu] *m* Vamos ver se ele tem um bom pretexto para não trabalhar amanhã.	**Vorwand** *m*, **Ausrede** *f* Mal sehen, ob er eine gute Ausrede hat, um morgen nicht zu arbeiten.
suspeitar (de) [suʃpej'tar] *v.* Suspeitamos que ele tem uma amante.	**verdächtigen, vermuten** Wir vermuten, dass er eine Geliebte hat.

1.1.4.8 KONTAKTE UND VERANSTALTUNGEN

«1–2000»

assistir [ɐsiʃ'tir] *v.* O gerente de marketing não poderá assistir à reunião. Hoje assisti a um filme.	**teilnehmen** (an), **zugegen sein** (bei), (Film u.Ä.) **sehen** Der Marketingleiter wird an der Versammlung nicht teilnehmen können. Heute habe ich einen Film gesehen.
conhecer [kuɲə'ser] *v.* Já conheces a minha mulher? Hoje vamos conhecer os novos colegas.	**kennen, kennen lernen** Kennst du schon meine Frau? Heute werden wir die neuen Kollegen kennen lernen.
conta(c)to [kõ'tatu] *m* Por favor, ponha-se em conta(c)to com a se(c)ção de pessoal.	**Kontakt** *m*, **Verbindung** *f* Setzen Sie sich bitte mit der Personalabteilung in Verbindung.
convidar [kõvi'ðar] *v.* Ele convidou-nos para uma festa.	**einladen** Er hat uns zu einem Fest eingeladen.

encontrar(-se) [ẽkõ'trar(sə)] *v.* Ontem encontrei a Ana no cinema. Encontraram-se a primeira vez por um acaso.	(jdn) **treffen,** (jdm) **begegnen** Gestern habe ich Ana im Kino getroffen. Sie begegneten sich beim ersten Mal zufällig.
encontro [ẽkõtru] *m* Marquei um encontro com ela hoje.	**Verabredung** *f*, **Treffen** *n* Ich habe heute mit ihr eine Verabredung vereinbart.
festa ['fɛʃtɐ] *f* Vocês divertiram-se muito na festa?	**Fest** *n* Habt ihr euch gut bei dem Fest amüsiert?
livre ['livrə] *adj.* A entrada é livre.	**frei** Der Eintritt ist frei.
receber [ʀəsə'βer] *v.* O grupo de estudantes foi recebido com aplausos.	**empfangen** Die Studentengruppe ist mit Applaus empfangen worden.
reunião [ʀju'njɐ̃w] *f* A próxima reunião é no dia 15.	**Versammlung** *f*, **Zusammenkunft** *f* Die nächste Versammlung ist am 15ten.
ter lugar [ter lu'ɣar] *v.* A exposição tem lugar no museu. *Bras.* **realizar-se** [ʀeali'zarsi] *v.*	**stattfinden** Die Ausstellung findet im Museum statt.
visita [və'zitɐ] *f* Vou fazer uma visita à Maria.	**Besuch** *m* Ich werde einen Besuch bei Maria machen.
visitar [vəzi'tar] *v.* Nas férias vou visitar a minha avó.	**besuchen** In den Ferien werde ich meine Oma besuchen.

«2001–4000»

ausente [aw'zẽtə] *adj.* Ele esteve ausente uma semana.	**abwesend** Er war eine Woche abwesend.
conferência [kõfə'rẽsjɐ] *f* A conferência foi muito interessante.	**Konferenz** *f*, **Vortrag** *m* Die Konferenz war sehr interessant.
congresso [kõ'grɛsu] *m* Ele participa no congresso.	**Kongress** *m*, **Tagung** *f* Er nimmt an der Tagung teil.

convite [kõ'vitə] *m* Recebi um convite para um casamento.	**Einladung** *f* Ich habe eine Einladung zu einer Hochzeit erhalten.
convidado [kõvi'ðaðu] *m* Já começaram a chegar os convidados.	**Gast** *m* Die Gäste kommen schon.
feira ['fejrɐ] *f* A Feira Internacional do Livro em Frankfurt atrai anualmente milhares de pessoas.	**(Handels-)Messe** *(m)f*, **Jahrmarkt** *m* Die Frankfurter Buchmesse zieht jährlich Tausende von Menschen an.
participar [pɐrtəsi'par] *v.* Ele não participou nesse jogo.	**teilnehmen** (an) Er nimmt nicht an diesem Spiel teil.
presença [prə'zẽsɐ] *f* A presença do sr. Presidente é indispensável.	**Anwesenheit** *f* Die Anwesenheit des (Herrn) Präsidenten ist unerlässlich.
presente [prə'zẽtə] *adj.* Estão todos presentes?	**anwesend** Sind alle anwesend?
recepção [ʀəsɛ'sɐ̃w] *f* Hoje à noite haverá uma recepção no hotel. O senhor vem?	**Empfang** *m* Heute Abend gibt es einen Empfang im Hotel. Kommen Sie?
reconhecer [ʀəkuɲə'ser] *v.* Oh! Desculpe, eu quase não te reconheci.	**(wieder) erkennen** Oh! Entschuldige, ich habe dich fast nicht wieder erkannt.
relacionamento [ʀəlɐsjunɐ'mẽtu] *m* Tenho um bom relacionamento com os meus colegas de trabalho.	**Beziehung** *f* Ich habe eine gute Beziehung zu meinen Arbeitskollegen.
reunir-se [ʀju'nirsə] *v.* Nós reunimo-nos uma vez por semana.	**sich versammeln, zusammenkommen** Wir versammeln uns einmal die Woche.

1.1.5 SCHICKSAL UND ZUFALL

«1–2000»

acaso [ɐ'kazu] *m*	**Zufall** *m*
O nosso encontro foi um acaso.	Unser Zusammentreffen war ein Zufall.
acontecer [ɐkõtə'ser] *v.*	**geschehen, passieren**
Como é que isso aconteceu?	Wie konnte das passieren?
acontecimento [ɐkõtəsi'mẽtu] *m*	**Ereignis** *n*
A visita do Papa foi um grande acontecimento para os fiéis.	Der Besuch des Papstes war ein großes Ereignis für die Gläubigen.
arriscar [ɐʀiʃ'kar] *v.*	**wagen, riskieren**
Com esta tempestade eu não me arrisco a sair.	Bei diesem Unwetter wage ich nicht hinauszugehen.
azar [ɐ'zar] *m*	**Pech** *n*
Que azar!	So ein Pech!
caso ['kazu] *m*	**Fall** *m*
Este caso é diferente.	Dieser Fall ist anders.
conseguir (fazer alg. c.) [kõsə'ɣir] *v.*	**gelingen** (etwas zu tun), **erreichen**
Não consegui acabar o trabalho.	Es gelang mir nicht, die Arbeit fertig zu stellen.
Apesar dos esforços, não conseguimos nada.	Trotz unserer Bemühungen haben wir nichts erreicht.
desgraça [dəʒ'ɣrasɐ] *f*	**Unglück** *n*
Aconteceu uma desgraça!	Es ist ein Unglück passiert!
dificuldade [dəfikuɫ'δaδə] *f*	**Schwierigkeit** *f*
Não tive dificuldade em encontrá-lo.	Ich hatte keine Schwierigkeit, ihn anzutreffen.
êxito ['ezitu] *m*	**Erfolg** *m*
O espe(c)táculo teve muito êxito.	Die Vorstellung hatte großen Erfolg.
felizmente [fəliʃ'mẽtə] *adv.*	**glücklicherweise, zum Glück**
Agora sinto-me bem; felizmente melhorei.	Ich fühle mich jetzt besser; zum Glück geht es mir besser.
ganhar [gɐ'ɲar] *v.*	**gewinnen**
Ele ganhou na lotaria.	Er hat in der Lotterie gewonnen.

grave ['gravə] *adj.* Ele cometeu um erro grave.	**ernst(haft), schwer wiegend** Er machte einen schwer wiegenden Fehler.
infelizmente [ĩfəliʃ'mẽtə] *adv.* Infelizmente não posso vir.	**leider** Leider kann ich nicht kommen.
ocasião [okɐ'zjɐ̃w] *f* Na primeira ocasião falo com ele.	**Gelegenheit** *f* Bei der ersten Gelegenheit rede ich mit ihm.
perder [pər'ðer] *v.* Perdeu todo o seu dinheiro no jogo.	**verlieren** Er hat sein ganzes Geld beim Spiel verloren.
perigo [pə'riɣu] *m* Alta tensão. Perigo de morte.	**Gefahr** *f* Hochspannung! Lebensgefahr!
perigoso [pəri'ɣozu], **-a** *adj.* Eu acho que esse desporto é perigoso.	**gefährlich** Ich glaube, dass dieser Sport gefährlich ist.
problema [pru'blemɐ] *m* Qual é o seu problema? – Não há problema.	**Problem** *n* Was ist Ihr Problem? – Es gibt kein Problem.
sorte ['sɔrtə] *f* Ele teve uma sorte!	**Glück** *n* Er hatte vielleicht ein Glück!
sucesso [su'sɛsu] *m* Desejo-lhe muito sucesso!	**Erfolg** *m* Ich wünsche Ihnen viel Erfolg!

«2001–4000»

aborrecimento [ɐβuʀəsi'mẽtu] *m* A conversa ocasionou-nos muitos aborrecimentos.	**Ärger** *m*, **Scherereien** *f/pl.* Das Gespräch verursachte uns viel Ärger.
aventura [ɐvẽ'turɐ] *f* Eu gosto de aventuras.	**Abenteuer** *n* Ich mag Abenteuer.
crise ['krizə] *f* O país sofre uma crise económica.	**Krise** *f* Das Land leidet unter einer Wirtschaftskrise.
dano ['dɐnu] *m* A tempestade causou muitos danos.	**Schaden** *m* Das Unwetter verursachte viele Schäden.
destino [dəʃ'tinu] *m* O meu destino é viver no estrangeiro.	**Schicksal** *n* Mein Schicksal ist es, in der Fremde zu leben.

desvantagem [dəʒvɐ̃'taʒẽj] *f* Quais são as desvantagens?	**Nachteil** *m* Was sind die Nachteile?
escapar [iʃkɐ'par] *v.* O canário escapou.	**entgehen, entkommen** Der Kanarienvogel ist entkommen.
favorável [fɐvu'ravɛɫ] *adj.* Hoje o dia está favorável para um piquenique.	**günstig** Heute ist der Tag günstig für ein Picknick.
fracassar [frɐkɐ'sar] *v.* O meu chefe fracassou nos seus negócios.	**misslingen, scheitern** Mein Chef ist bei seinen Geschäften gescheitert.
fracasso [frɐ'kasu] *m* O trabalho foi um fracasso.	**Misserfolg** m Die Arbeit war ein Misserfolg.
incêndio [ĩ'sẽdju] *m* O incêndio foi apagado pelos bombeiros.	**Brand** *m* Der Brand wurde von der Feuerwehr gelöscht.
incidente [ĩsi'ðẽtə] *m* O incidente aconteceu há dez anos.	**Zwischenfall** *m* Der Zwischenfall ereignete sich vor zehn Jahren.
inútil [i'nutiɫ] *adv.* Ele tentou convencê-la, mas foi inútil.	**vergeblich, umsonst** Er versuchte sie zu überzeugen, aber es war vergeblich.
miséria [mi'zɛrjɐ] *f* Nunca vi tanta miséria.	**Elend** *n* So ein Elend habe ich (noch) nie gesehen.
obstáculo [obʃ'takulu] *m* Sempre há obstáculos. Só precisamos de superá-los.	**Hindernis** *n* Es gibt immer Hindernisse. Wir müssen sie nur überwinden.
prejuízo [prə'ʒwizu] *m* Com a seca os agricultores tiveram muitos prejuízos.	**Verlust** *m* Durch die Trockenheit haben die Bauern viele Verluste gehabt.
risco ['ʀiʃku] *m* Não quero correr este risco.	**Risiko** *n*, **Gefahr** *f* Ich will dieses Risiko nicht eingehen.
salvar [saɫ'var] *v.* O médico salvou o doente.	**retten** Der Arzt rettete den Kranken.
segurança [səɣu'rɐ̃sɐ] *f* Hoje em dia há cada vez menos segurança.	**Sicherheit** *f* Heutzutage gibt es immer weniger Sicherheit.

sofrer [su'frer] *v.* — **(er)leiden**
Não posso ver animais a sofrer. — Ich kann Tiere nicht leiden sehen.

trágico ['traʒiku], **-a** *adj.* — **tragisch**
Meu Deus! Que história trágica! — Mein Gott! Welch eine tragische Geschichte!

vantagem [vɐ̃'taʒɐ̃j] *f* — **Vorteil** *m*
Quais são as vantagens do negócio? — Was sind die Vorteile des Geschäfts?

1.2 Alltagswelt

1.2.1 DER MENSCH UND SEIN ZUHAUSE

1.2.1.1 HAUS UND WOHNUNG

«1–2000»

à casa [a 'kasɐ] — **bei, zu** (jds Haus)
Hoje vamos à casa de Maria. — Heute gehen wir zu Maria.

alugar [ɐlu'ɣar] *v.* — **mieten, vermieten**
Queremos alugar uma casa em Albufeira. — Wir wollen ein Haus in Albufeira mieten.
No ano passado alugámos nossa casa para turistas alemães. — Im vergangenen Jahr hatten wir unser Haus an deutsche Touristen vermietet.

aluguer [ɐlu'ɣer] *m* — **Miete** *f*
O proprietário do prédio aumentou o aluguer dos apartamentos. — Der Hausbesitzer hat die Miete der Wohnungen erhöht.
Bras. **aluguel** [alu'gɛw] *m*

andar [ɐ̃'dar] *m* — **Stock** *m*, **Stockwerk** *n*, **Etage** *f*
O escritório é no segundo andar. — Das Büro ist im zweiten Stock.

apartamento [ɐpɐrtɐ'mẽtu] *m* — **Wohnung** *f*
Alugam-se apartamentos. — Wohnungen zu vermieten!

assoalhada [aswa'ʎaðɐ] *f* — **Zimmer** *n*, **Wohnraum** *m*
A casa tem cinco assoalhadas. — Das Haus hat fünf Wohnräume.
Bras. **peça** ['pɛsa] *f*

casa ['kasɐ] *f*	**Haus** *n*, **Wohnung** *f*, **Zuhause** *n*
Queremos alugar uma casa no Algarve.	Wir wollen ein Haus in der Algarve mieten.
Estou a procurar uma casa nova.	Ich suche eine neue Wohnung.
Estaremos em casa hoje à noite.	Wir werden heute Abend zu Hause sein.
cave ['kavə] *f*	**Keller** *m*
O armário antigo está na cave.	Der alte Schrank ist im Keller.
Bras. **porão** [pu'rɐ̃w] *m*, **subsolo** [sub'sɔlu] *m*	
cozinha [ku'ziɲɐ] *f*	**Küche** *f*
A cozinha é muito grande.	Die Küche ist sehr groß.
A cozinha portuguesa é excelente.	Die portugiesische Küche ist ausgezeichnet.
entrada [ẽ'traδɐ] *f*	**Eingang** *m*
Onde é a entrada do museu?	Wo ist der Eingang des Museums?
escadas [iʃ'kaδɐʃ] *f/pl.*	**Treppe** *f*
Ele caiu quando subia as escadas.	Er fiel, als er die Treppe hinaufging.
garagem [gɐ'raʒɐ̃j] *f*	**Garage** *f*
A casa tem duas garagens.	Das Haus hat zwei Garagen.
janela [ʒɐ'nɛlɐ] *f*	**Fenster** *n*
Está a chover, Maria! Fecha a janela.	Es regnet, Maria. Schließ das Fenster!
jardim [ʒɐr'dĩ] *m*	**Garten** *m*
As crianças estão a brincar no jardim.	Die Kinder spielen im Garten.
mobília [mu'βiljɐ] *f*	**Möbel** *n/pl.*
A mobília é nova?	Sind die Möbel neu?
morada [mu'raδɐ] *f*	**Wohnsitz** *m*, **Adresse** *f*
Qual é a sua morada, por favor?	Bitte, wie ist Ihre Adresse?
Bras. **endereço** [ẽde'resu] *m*	
morar [mu'rar] *v.*	**wohnen**
Onde moras? – Moro em Lisboa.	Wo wohnst du? – Ich wohne in Lissabon.
muro ['muru] *m*	**Mauer** *f*, **Wand** *f*
Lá vem o cão. Rápido! Pula o muro.	Dort kommt der Hund. Schnell! Spring über die Mauer.
porta ['pɔrtɐ] *f*	**Tür** *f*
Por favor, abra a porta!	Bitte machen Sie die Tür auf.

quarto ['kwartu] *m* O senhor tem um quarto individual, por favor?	**Zimmer** *n* (mit Bett) Bitte, haben Sie ein Einzelzimmer?
quarto de banho ['kwartu də 'bɐɲu] *m* Onde é o quarto de banho, por favor? – No corredor. *Bras.* **banheiro** [bɐ'ɲejru] *m*	**Badezimmer** *n* Bitte, wo ist das Badezimmer? – Im Flur.
quarto de dormir ['kwartu də dur'mir] *m* O apartamento só tem um quarto de dormir. *Bras.* **dormitório** [dormi'tɔrju] *m*	**Schlafzimmer** *n* Die Wohnung hat nur ein Schlafzimmer.
sala de estar ['salɐ də iʃ'tar] *f* A visita está a esperar na sala de estar.	**Wohnzimmer** *n* Der Besuch wartet im Wohnzimmer.
saída [sɐ'iδɐ] *f* Por favor, onde é a saída? – É logo ali.	**Ausgang** *m* Wo, bitte, ist der Ausgang? – Er ist genau dort.
rés-do-chão [ʀɛʃdu'ʃɐ̃w] *m* Eles moram no rés-do-chão. *Bras.* **andar térreo** [ã'dar 'tɛʀju] *m*	**Erdgeschoss** *n* Sie wohnen im Erdgeschoss.
te(c)to ['tɛtu] *m* O te(c)to é de madeira.	**(Zimmer-)Decke** *f* Die Zimmerdecke ist aus Holz.
telhado [tə'ʎaδu] *m* O telhado é de telha portuguesa.	**Dach** *n* Das Dach ist aus portugiesischen Ziegeln.
vidro ['viδru] *m* O vidro da janela está quebrado.	**(Fenster-)Scheibe** *f* Die Fensterscheibe ist zerbrochen.

«2001–4000»

alojar [ɐlu'ʒar] *v.* Onde podemos alojar todas estas pessoas?	**unterbringen** Wo können wir alle diese Personen unterbringen?
arquite(c)tura [ɐrquitɛ'turɐ] *f* A arquite(c)tura desta casa é do século passado.	**Architektur** *f* Die Architektur dieses Hauses ist aus dem letzten Jahrhundert.

balcão [baɫ'kɐ̃w] *m* O quarto tem um balcão com vista para o mar. *Bras.* **sacada** [sa'kada] *f*	**Balkon** *m* Das Zimmer hat einen Balkon mit Blick auf das Meer.
banho ['bɐɲu] *m* Todos os quartos têm banho privativo. *Bras.* **banheiro** [bɐ'ɲejru]	**Badezimmer** *n* Alle Zimmer haben ein eigenes Badezimmer.
casa de banho ['kasɐ də 'bɐɲu] *f* Desculpe, onde é a casa de banho? *Bras.* **banheiro** [bɐ'ɲeiru] *m*	**Toilette** *f*, **WC** *n*, **Badezimmer** *n* Entschuldigen Sie, wo ist die Toilette?
chão [ʃɐ̃w] *m* Eu preciso de lavar o chão.	**Fußboden** *m* Ich muss den Fußboden wischen.
confortável [kõfur'tavɛɫ] *adj.* A sua sala é muito confortável!	**bequem, komfortabel** Ihr Wohnzimmer ist sehr komfortabel.
construção [kõʃtru'sɐ̃w] *f* Esta construção é da Idade Média.	**Bau** *m*, **Bauweise** *f* Dieser Bau ist aus dem Mittelalter.
construir [kõʃ'trwir] *v.* Construíram-se muitas casas novas no Algarve.	**bauen** Man hat viele neue Häuser in der Algarve gebaut.
corredor [kuʀə'ðor] *m* O telefone está no corredor.	**Gang** *m*, **Korridor** *m* Das Telefon ist im Gang.
degrau [də'ɣraw] *m* Atenção aos degraus!	**Stufe** *f* Vorsicht, Stufen!
elevador [iləvɐ'ðor] *m* Ele tomou o elevador.	**Aufzug** *m*, **Fahrstuhl** *m*, **Lift** *m* Er hat den Aufzug genommen.
fachada [fɐ'ʃaðɐ] *f* Em Portugal há muitas casas cujas fachadas são de azulejos.	**Fassade** *f*, **Vorderseite** *f* In Portugal gibt es viele Häuser, deren Fassaden aus Kacheln bestehen.
fechar [fə'ʃar] *v.* Tens de fechar a porta à chave.	**zu-, abschließen** Du musst die Tür zuschließen.
fechadura [fəʃɐ'ðurɐ] *f* Já mudaste a fechadura da porta?	**(Tür-)Schloss** Hast du schon das Schloss gewechselt?

ficar [fi'kar] *v.* Onde fica a tua casa? – Na Rua Augusta.	**liegen** Wo liegt dein Haus? – In der Rua Augusta.
ficar em casa [fi'kar ẽ 'kasɐ] *v.* As crianças ficaram em casa.	**zu Hause bleiben** Die Kinder blieben zu Hause.
habitação social [ɐbitɐ'sɐ̃w su'sjał] *f* Esta é uma habitação social.	**Sozialwohnung** *f* Das ist eine Sozialwohnung.
inquilino [ĩkə'linu] *m* O inquilino está satisfeito com o preço do aluguer.	**Mieter** *m* Der Mieter ist mit dem Mietpreis zufrieden.
mobilado [muβi'laδu], **-a** *adj.* O apartamento está mobilado? *Bras.* **mobiliado** [mobi'ljadu], **-a** *adj.*	**möbliert** Ist die Wohnung möbliert?
morar (com) [mu'rar] *v.* Os filhos de Manuel moram com os avós.	**wohnen** (bei) Manuels Kinder wohnen bei den Großeltern.
mudar-se (para) [mu'δarsə] *v.* A senhora já se mudou para a casa nova?	**umziehen** Sind Sie schon in das neue Haus umgezogen?
para casa [pɐrɐ 'kasɐ] *adv.* Nós vamos para casa.	**nach Hause** Wir gehen nach Hause.
parede [pɐ'rεδə] *f* A parede tem uma rachadura.	**Wand** *f* Die Wand hat einen Riss.
pátio ['patju] *m* No Alentejo as casas geralmente têm um pátio.	**(Innen-)Hof** *m* Im Alentejo haben die Häuser meistens einen Innenhof.
peça ['pεsɐ] *f* Esta peça é bem ampla.	**Raum** *m*, **Zimmer** *n* Dieser Raum ist sehr groß.
prédio ['prεδju] *m* O prédio novo da nossa firma tem quatro andares.	**Gebäude** *n* Das neue Gebäude unserer Firma hat vier Stockwerke.
sala ['salɐ] *f* A senhora espere um momento na sala ao lado. A enfermeira já vem.	**Saal** *m*, **Zimmer** *n* Warten Sie bitte einen Augenblick im Nebenzimmer. Die Krankenschwester kommt gleich.
sala de jantar ['salɐ də ʒɐ̃'tar] *f* Comemos na sala de jantar.	**Esszimmer** *n* Wir essen im Esszimmer.

sótão ['sɔtɐ̃w] *m* O sofá velho está no sótão.	**Speicher** *m*, **(Dach-)Boden** *m* Das alte Sofa ist auf dem Speicher.
terraço [təʀasu] *m* A casa tem um terraço.	**Terrasse** *f* Das Haus hat eine Terrasse.
varanda [vɐ'rɐ̃dɐ] *f* Há apartamentos de dois quartos, quarto de banho, cozinha, sala de estar, e varanda ou terraço.	**Balkon** *m*, **Veranda** *f* Es gibt Apartments mit zwei Schlafzimmern, Bad, Küche, Wohnzimmer, Balkon oder Terrasse.
vivenda [vi'vẽdɐ] *f* Ele construiu uma vivenda. *Bras.* **casa** ['kaza] *f*	**(Einzel-)Haus** *n* Er hat ein Haus gebaut.

1.2.1.2 EINRICHTUNG

«1–2000»

aquecimento [ɐkesi'mẽtu] *m* O aquecimento do nosso quarto não funciona.	**Heizung** *f* Die Heizung unseres Zimmers funktioniert nicht.
armário [ɐr'marju] *m* As roupas estão no armário. A louça está no armário da cozinha.	**Schrank** *m* Die Kleider sind im Schrank. Das Geschirr ist im Küchenschrank.
banheira [bɐ'ɲejrɐ] *f* A banheira está cheia de água.	**Badewanne** *f* Die Badewanne ist voll (mit) Wasser.
cadeira [kɐ'ðejrɐ] *f* Esta cadeira está ocupada?	**Stuhl** *m* Ist dieser Stuhl besetzt?
cama ['kɐmɐ] *f* Comprei uma cama nova.	**Bett** *n* Ich habe ein neues Bett gekauft.
candeeiro [kɐ̃'djejru] *m* Importa-se de ligar esse candeeiro? *Bras.* **abajur** [aba'ʒur] *m*	**Lampe** *f* Können Sie bitte die Lampe anmachen?
cobertor [kuβɛr'tor] *m* Está a fazer muito frio. Vou dar-lhe outro cobertor.	**(Bett-)Decke** *f*, **Decke** *f* Es ist sehr kalt. Ich gebe Ihnen eine andere Decke.
colcha ['koɫʃɐ] *f* A colcha nova é branca.	**Tagesdecke** *f*, **Überdecke** *f* Die neue Tagesdecke ist weiß.

conforto [kõ'fortu] *m* — **Komfort** *m*, **Bequemlichkeit** *f*
Este hotel oferece pouco conforto. Vamos procurar outro! — Dieses Hotel bietet wenig Komfort. Suchen wir ein anderes.

congelador [kõʒəlɐ'ðor] *m* — **Gefrierschrank** *m*, **-truhe** *f*
O frigorífico não nos bastou; compramos agora um congelador. — Der Kühlschrank war uns nicht genug; wir haben jetzt einen Gefrierschrank gekauft.
Bras. **freezer** ['frizer] *m*

duche ['duʃə] *m* — **Dusche** *f*
Vou tomar um duche rápido. — Ich werde schnell eine Dusche nehmen.
Bras. **ducha** ['duʃa] *f*

fogão [fu'ɣɐ̃w] *m* — **Herd** *m*
O fogão é elé(c)trico ou a gás? — Ist der Herd elektrisch oder mit Gas?

frigorífico [friɣu'rifiku] *m* — **Kühlschrank** *m*
A cerveja está no frigorífico. — Das Bier ist im Kühlschrank.
Bras. **geladeira** [ʒela'dejra] *f*

lava-loiça [lɐvɐ'lojsɐ] *m* — **Spülbecken** *n*
Os pratos estão no lava-loiça. — Die Teller sind im Spülbecken.
Bras. **pia de cozinha** ['pia dʒi ku'ziɲa] *f*

lavatório [lɐvɐ'tɔrju] *m* — **Waschbecken** *n*
O quarto tem um pequeno lavatório. — Das Zimmer hat ein kleines Waschbecken.
Bras. **pia** ['pia] *f*

mesa ['mezɐ] *f* — **Tisch** *m*
A mesa é de madeira. — Der Tisch ist aus Holz.

móveis ['mɔvejʃ] *m/pl.* — **Möbel** *n/pl.*
Os móveis são todos novos. — Die Möbel sind alle neu.

torneira [tur'nejrɐ] *f* — **(Wasser-)Hahn** *m*
Não deixes a torneira aberta. — Lass den Wasserhahn nicht auf!

«2001–4000»

alcatifa [ałkɐ'tifɐ] *f* — **Teppich(boden)** *m*
Este quarto está a precisar de uma alcatifa nova. — Dieses Zimmer braucht einen neuen Teppichboden.
Bras. **carpete** [kar'pɛtʃi] *m*

aquecer [ɐkə'ser] *v.* Está muito frio hoje. Precisamos de aquecer os quartos para os turistas.	**heizen** Es ist sehr kalt heute. Wir müssen die Zimmer für die Touristen heizen.
banco ['bɐ̃ku] *m* O velho sentou-se no banco do parque.	**Bank** *f* Der Alte setzte sich auf die Parkbank.
botão [bu'tɐ̃w] *m* Para que a máquina funcione, é preciso apertar o botão verde.	**(Schalt-)Knopf** *m* Damit die Maschine funktioniert, ist es notwendig, den grünen Knopf zu drücken.
colchão [koɫ'ʃɐ̃w] *m* O meu colchão é duro demais.	**Matratze** *f* Meine Matratze ist zu hart.
cortinado [kurti'naδu] *m* Não gosto de cortinados nas janelas. *Bras.* **cortina** [kur'tʃina] *f*	**Vorhang** *m*, **Gardine** *f* Ich mag keine Gardinen an den Fenstern.
espelho [iʃ'peʎu] *m* Maria vê-se ao espelho.	**Spiegel** *m* Maria sieht sich im Spiegel.
estante [iʃ'tɐ̃tə] *f* Onde devo colocar os livros? – Coloca-os na estante.	**Regal** *n* Wohin soll ich die Bücher stellen? – Stell sie ins Regal.
ficha elé(c)trica ['fiʃɐ i'lɛtrikɐ] *f* Não posso barbear-me, pois a ficha elé(c)trica da casa de banho não funciona. *Bras.* **tomada** [to'mada] *f*	**Steckdose** *f* Ich kann mich nicht rasieren, denn die Steckdose im Badezimmer funktioniert nicht.
forno ['fornu] *m* O assado ainda está no forno.	**Backofen** *m* Der Braten ist noch im Backofen.
gaveta [gɐ'vetɐ] *f* Onde estão os documentos? – Na primeira gaveta à esquerda.	**Schublade** *f* Wo sind die Dokumente? – In der ersten Schublade links.
iluminação [ilumineɐ'sɐ̃w] *f* A aldeia já tem iluminação elé(c)trica.	**Beleuchtung** *f* Das Dorf hat schon elektrische Beleuchtung.
interruptor [ĩtəʀup'tor] *m* O interruptor da luz é dentro do quarto.	**Lichtschalter** *m* Der Lichtschalter befindet sich im Zimmer.
lâmpada ['lɐ̃pɐδɐ] *f* Está a faltar uma lâmpada no candeeiro.	**Glühbirne** *f* Es fehlt eine Glühbirne für die Lampe.

lençol [lẽ'sɔł] *m* Onde estão os lençóis limpos?	**Laken** *n*, **Betttuch** *n* Wo sind die sauberen Betttücher?
poltrona [poł'tronɐ] *f* O avô está sentado na poltrona.	**Sessel** *m* Der Großvater sitzt im Sessel.
sofá [su'fa] *m* Este sofá é o mais confortável.	**Couch** *f*, **Sofa** *n* Dieses Sofa ist am bequemsten.
tapete [tɐ'petə] *m* Comprei um tapete pequeno para a sala.	**Teppich** *m* Ich habe einen kleinen Teppich für das Wohnzimmer gekauft.
toalha de mesa ['twaʎɐ də 'mezɐ] *f* Onde está a toalha de mesa? – Na gaveta.	**Tischtuch** *n*, **Tischdecke** *f* Wo ist das Tischtuch? – In der Schublade.

1.2.1.3 GEBRAUCHSGEGENSTÄNDE

«1–2000»

balde ['bałdə] *m* Preciso de um balde e um trapo.	**Eimer** *m* Ich brauche einen Eimer und einen Lappen.
bolsa ['bɔłsɐ] *f* Pode dar-me a bolsa, por favor?	**Tasche** *f*, **Tüte** *f* Können Sie mir bitte die Tasche geben?
caixa ['kajʃɐ] *f* A Maria comprou uma caixa de chocolates. Queres levar os sapatos na caixa? Nesta caixa de madeira estão os livros.	**Schachtel** *f*, **Karton** *m*, **Kiste** *f* Maria hat eine Schachtel Pralinen gekauft. Möchtest du die Schuhe im Karton mitnehmen? In dieser Holzkiste sind die Bücher.
carteira [kɐr'tejrɐ] *f* Roubaram-me a carteira na estação.	**Brieftasche** *f* Man hat mir im Bahnhof meine Brieftasche gestohlen.
chave ['ʃavə] *f* Perdi a chave da casa.	**Schlüssel** *m* Ich habe den Hausschlüssel verloren.

coisa ['kojzɐ] *f* Nesta loja há muitas coisas interessantes.	**Sache** *f*, **Ding** *n* In diesem Geschäft gibt es viele interessante Dinge.
ferramenta [fəʀɐ'mẽtɐ] *f* O ele(c)tricista precisa de ferramentas.	**Werkzeug** *n* Der Elektriker braucht Werkzeuge.
ferro (de engomar) ['fɛʀu (də ẽgu'mar)] *m* A senhora pode emprestar-me o ferro? Preciso de passar o meu vestido. *Bras.* **ferro de passar roupa** ['fɛʀu dʒi pa'sar 'ropa] *m*	**Bügeleisen** *n* Könnten Sie mir das Bügeleisen ausleihen? Ich muss mein Kleid bügeln.
fio ['fiw] *m* Tens um fio para amarrar?	**Bindfaden** *m*, **Schnur** *f* Hast du eine Schnur zum Festbinden?
fósforo ['fɔʃfuru] *m* O homem está a comprar uma caixa de fósforos.	**Streichholz** *n*, **Zündholz** *n* Der Mann kauft gerade eine Schachtel Streichhölzer.
guarda-chuva [gwarδɐ'ʃuvɐ] *m* Está a chover! Onde está o meu guarda-chuva?	**(Regen-)Schirm** *m* Es regnet. Wo ist mein Regenschirm?
lata ['latɐ] *f* Vou comprar uma lata de cerveja.	**Dose** *f*, **Büchse** *f* Ich werde eine Dose Bier kaufen.
óculos ['ɔkuluʃ] *m/pl.* O meu pai tem que usar óculos.	**Brille** *f* Mein Vater muss eine Brille tragen.
porta-moedas [pɔrtɐ'mwɛδɐʃ] *m* Roubaram-me o porta-moedas também.	**Geldbeutel** *m*, **Portemonnaie** *n* Man hat mir auch das Portemonnaie gestohlen.
relógio [ʀə'lɔʒju] *m* O Pedro ganhou um relógio novo.	**Uhr** *f* Pedro hat eine neue Uhr bekommen.
saco ['saku] *m* Levo o saco mais pesado.	**Tasche** *f*, **Tüte** *f*, **Sack** *m* Ich trage die schwerste Tasche.
tesoura [tə'zorɐ] *f* Onde está a tesoura? Preciso de cortar este tecido.	**Schere** *f* Wo ist die Schere? Ich muss diesen Stoff schneiden.

trapo ['trapu] *m* Tens um trapo para limpar o chão?	**Lappen** *m* Hast du einen Lappen zum Fußbodenwischen?

«2001–4000»

agulha [ɐ'ɣuʎɐ] *f* Dá-me a agulha para coser um botão.	**Nähnadel** *f* Gib mir die Nähnadel, damit ich einen Knopf annähen kann.
balança [bɐ'lãsɐ] *f* Momento! Não posso pesar o peixe. A balança está estragada.	**Waage** *f* Augenblick! Ich kann den Fisch nicht wiegen. Die Waage ist kaputt.
bengala [bẽ'galɐ] *f* O avô precisa da bengala para passear.	**Stock** *m* Der Großvater braucht den Stock zum Spazierengehen.
cesto ['seʃtu] *m* Muito obrigado pelo cesto de cerejas.	**Korb** *m* Vielen Dank für den Korb Kirschen.
cola ['kɔlɐ] *f* Preciso de cola para colar as fotos.	**Klebstoff** *m* Ich brauche den Klebstoff, um die Fotos aufzukleben.
corda ['kɔrδɐ] *f* O homem está a puxar a corda.	**Seil** *n* Der Mann zieht am Seil.
corrente [ku'ʀẽtə] *f* Esta corrente é de ouro?	**Kette** *f* Ist diese Kette aus Gold?
despertador [dəʃpərtɐ'δor] *m* Não trouxe o meu despertador.	**Wecker** *m* Ich habe meinen Wecker nicht mitgebracht.
equipamento [ikipɐ'mẽtu] *m* Precisamos de equipamento de mergulho.	**Ausrüstung** *f* Wir brauchen Taucherausrüstungen.
escada [iʃ'kaδɐ] *f* Para limpar as janelas, preciso de uma escada.	**Leiter** *f* Um die Fenster zu putzen, brauche ich eine Leiter.
isqueiro [iʃ'kejru] *m* Empreste-me o seu isqueiro?	**Feuerzeug** *n* Leihen Sie mir Ihr Feuerzeug?
lâmina ['lɐminɐ] *f* O António precisa de uma lâmina de barbear. Sabes onde elas estão?	**Klinge** *f* António braucht eine Rasierklinge. Weißt du, wo sie sind?

lenço ['lẽsu] *m* Estou constipado. Preciso de um lenço. Tens um aí?	**Taschentuch** *n* Ich bin erkältet. Ich brauche ein Taschentuch. Hast du eins?
linha ['liɲɐ] *f* Dá-me uma linha para coser o botão.	**Garn** *n*, **Faden** *m* Gib mir einen Faden, damit ich den Knopf annähen kann.
martelo [mɐr'tɛlu] *m* Preciso de um martelo e dois pregos.	**Hammer** *m* Ich brauche einen Hammer und zwei Nägel.
pá [pa] *f* A pá está no jardim.	**Schaufel** *f* Die Schaufel ist im Garten.
parafuso [pɐrɐ'fuzu] *m* Aqui falta um parafuso.	**Schraube** *f* Hier fehlt eine Schraube.
pasta ['paʃtɐ] *f* Guarda os papéis aqui nesta pasta.	**Aktentasche** *f*, **Mappe** *f* Bewahre die Papiere hier in dieser Aktentasche auf.
pau [paw] *m* Apanhei este pau no pinhal.	**Stock** *m* Ich habe diesen Stock aus dem Kiefernwald mitgenommen.
prego ['prɛɣu] *m* Aqui tens um prego e o martelo.	**Nagel** *m* Hier hast du einen Nagel und den Hammer.
rede ['ʀeδə] *f* Os pescadores pescam com rede.	**Netz** *n* Die Fischer fischen mit Netzen.
serra ['sɛʀɐ] *f* Não posso cortar a madeira sem serra.	**Säge** *f* Ich kann das Holz ohne Säge nicht zersägen.
vela ['vɛlɐ] *f* Ofereço um jantar à luz de velas.	**Kerze** *f* Ich gebe ein Abendessen mit Kerzenlicht.

1.2.2 KLEIDUNG UND SCHMUCK

«1–2000»

blusa ['bluzɐ] *f* Comprei uma blusa de seda.	**Bluse** *f* Ich habe eine Seidenbluse gekauft.

bolso ['bɔłsu] *m* O que é que tens aí no bolso?	**Tasche** (in der Kleidung) *f* Was hast du denn da in der Tasche?
botão [bu'tɐ̃w] *m* Falta-te um botão no casaco.	**Knopf** *m* Dir fehlt ein Knopf an der Jacke.
calça ['kałsɐ] *f* A calça branca está suja.	(lange) **Hose** *f* Die weiße Hose ist dreckig.
calção ['kałsɐ̃w] *m* Comprei novos calções de banho.	(kurze) **Hose** *f* Ich habe neue Badehosen gekauft.
camisa [ka'mizɐ] *f* António vestiu uma camisa branca.	**Hemd** *n* António hat ein weißes Hemd angezogen.
camisa de dormir [ka'mizɐ də dur'mir] *f* Vesti a camisa de dormir e fui à cama. *Bras.* **camisola** [kami'zɔla] *f*	**Nachthemd** *n* Ich habe das Nachthemd angezogen und bin ins Bett gegangen.
camiseta [kami'zətɐ] *f* No Verão gosto de usar camisetas.	**T-Shirt** *n*, **Unterhemd** *n* Im Sommer trage ich gerne T-Shirts.
camisola [kami'zɔlɐ] *f* Que linda camisola verde! *Bras.* **blusão** [blu'zɐ̃w] *m*, **pulôver** [pu'lover] *m*	**Pullover** *m*, **Pulli** *m* Was für ein schöner grüner Pullover!
casaco [kɐ'zaku] *m* Comprei um casaco novo.	**Jacke** *f*, **Sakko** *n* Ich habe eine neue Jacke gekauft.
casaco de malha [kɐ'zaku də 'maʎɐ] *m* Vais comprar uma saia e um casaco de malha?	**Strickjacke** *f* Kaufst du einen Rock und eine Strickjacke?
chapéu [ʃɐ'pɛw] *m* Tomás nunca usa chapéu.	**Hut** *m* Tomás trägt niemals einen Hut.
cuecas ['kwɛkɐʃ] *f/pl.* Desculpe, tem cuecas? *Bras.* **cuecas** [kw'ɛkas] *f/pl.* *Bras.* **calcinha** [kaw'siɲa] *f*	**Unterhose** *f* Entschuldigen Sie, haben Sie Männerunterhosen? **Männerunterhose** *f* **Unterhose für Frauen** *f*

experimentar [əʃpərimẽ'tar] *v.* Queria experimentar esta calça. É possível?	**anprobieren** Ich würde gerne diese Hose anprobieren. Ist das möglich?
fato ['fatu] *m* O meu marido mandou fazer este fato por medida. *Bras.* **terno** ['tɛrnu] *m*	**Anzug** *m* Mein Mann hat diesen Anzug nach Maß anfertigen lassen.
meias ['mejɐs] *f/pl.* Tem meias brancas?	**Strümpfe** *m/pl.* Haben Sie weiße Strümpfe?
peúgas ['pjuɣɐs] *f/pl.* Preciso de umas peúgas de lã. *Bras.* **meias** ['mejas] *f/pl.*	**Socken** *f/pl.* Ich brauche Wollsocken.
roupa ['ʀopɐ] *f* Onde posso experimentar estas roupas?	**Kleider** *pl.*, **Kleidung** *f*, **Wäsche** *f* Wo kann ich diese Kleider anprobieren?
saia ['sajɐ] *f* Querida, estás a vestir uma saia muito bonita hoje.	**Rock** *m* Liebling, du hast heute einen sehr schönen Rock an.
sapato [sɐ'patu] *m* Comprei um par de sapatos castanhos.	**Schuh** *m* Ich habe ein Paar braune Schuhe gekauft.
sobretudo [soβrə'tuðu] *m* No Inverno vou comprar um sobretudo.	**Mantel** *m* Im Winter werde ich einen Mantel kaufen.
traje ['traʒə] *m* José, o seu traje fica-lhe muito bem. Maria, o seu traje é muito bonito.	**Anzug** *m*, **Kostüm** *n* José, dein Anzug steht dir sehr gut. Maria, dein Kostüm ist sehr schön.
vestido [vəʃ'tiðu] *m* Querida, este vestido é bonito também.	**Kleid** *n* Liebling, dieses Kleid ist auch schön.
vestir(-se) [vəʃ'tir(sə)] *v.* Não sei o que vestir hoje.	**(sich) anziehen, sich kleiden** Ich weiß nicht, was ich heute anziehe.

«2001–4000»

anel [ɐ'nɛɫ] *m* O seu anel é verdadeiro?	**Ring** *m* Ist Ihr Ring echt?

boné [bu'nɛ] *m* Tomás sempre usa boné.	**(Schirm-)Mütze** *f* Tomás trägt immer eine Mütze.
bota ['bɔtɐ] *f* Tire as botas que estão sujas.	**Stiefel** *m* Ziehen Sie die Stiefel aus, sie sind dreckig.
brinco ['brĩku] *m* O colar combina com os brincos.	**Ohrring** *m* Die Halskette passt zu den Ohrringen.
cabina [kɐ'βinɐ] *f* Onde são as cabinas? Quero experimentar esta saia. *Bras.* **cabine** [ka'bini] *f*	**Umkleidekabine** *f* Wo sind die Umkleidekabinen? Ich will diesen Rock anprobieren.
cachecol [kɐʃə'kɔɫ] *m* O seu cachecol é muito lindo!	**Schal** *m* Ihr Schal ist sehr schön!
chique ['ʃikə] *adj.* Meu Deus, Teresa! Estás muito chique!	**schick** Mein Gott, Teresa! Du bist so schick!
cinto ['sĩtu] *m* Quanto custa aquele cinto preto que está na montra?	**Gürtel** *m* Wie viel kostet der schwarze Gürtel dort im Schaufenster?
colar [ku'lar] *m* O colar de pérolas não é caro.	**(Hals-)Kette** *f* Die Perlenkette ist nicht teuer.
coser [ku'zer] *v.* Tenho de coser o botão da minha camisa.	**(an)nähen** Ich muss den Knopf an meinem Hemd annähen.
despir-se [deʃ'pirsə] *v.* Ela despiu-se e foi tomar um duche. *Bras.* **tirar a roupa** [tʃi'rar a 'ropa] *v.*	**(sich) ausziehen** Sie zog sich aus und nahm eine Dusche.
elegante [ile'ɣẽtə] *adj.* O sr. Souza veste um paletó muito elegante. Ele está elegantíssimo.	**elegant** Herr Souza trägt ein sehr elegantes Sakko. Er ist sehr elegant.
fato de banho ['fatu də 'bɐɲu] *m* Não se esqueça do fato de banho. *Bras.* **roupa de banho** ['ropa dʒi 'bɐɲu] *f*; **maiô** [ma'jo] *m*; **calção** [kaw'sãw] *m*	**Badeanzug** *m* Vergessen Sie nicht den Badeanzug.

ficar [fi'kar] *v.* A saia fica-lhe bem.	**stehen, passen** Der Rock steht Ihnen gut.
gabardina [gɐβɐr'δinɐ] *f* Comprei uma gabardina. *Bras.* **gabardine** [gabar'dʒini] *f*	**Regenmantel** *m* Ich habe einen Regenmantel gekauft.
gola ['gɔlɐ] *f* A gola está um pouco larga. Não acha?	**Kragen** *m* Der Kragen ist ein wenig zu breit. Finden Sie nicht?
gravata [grɐ'vatɐ] *f* O sr. Ferreira sempre usa gravata.	**Krawatte** *f* Herr Ferreira trägt immer eine Krawatte.
jóia ['ʒɔjɐ] *f* Ela possui jóias de valor.	**Schmuck(stück)** *m(n)* Sie besitzt wertvollen Schmuck.
lenço ['lẽsu] *m* A senhora usava um lenço na cabeça.	**Hals-, Kopftuch** *n* Die Frau trug ein Kopftuch.
luva ['luvɐ] *f* Está tão frio que só saio com luvas e boné.	**Handschuh** *m* Es ist so kalt, dass ich nur mit Handschuhen und Mütze hinausgehe.
manga ['mẽɣɐ] *f* As mangas da blusa estão muito compridas.	**Ärmel** *m* Die Ärmel der Bluse sind zu lang.
meia-calça [mejɐ'kałsɐ] *f* A mulher comprou uma meia-calça preta.	**Strumpfhose** *f* Die Frau hat eine schwarze Strumpfhose gekauft.
moda ['mɔδɐ] *f* Este modelo está na moda.	**Mode** *f* Dieses Modell ist in Mode.
mudar (de) [mu'δar] *v.* Meu filho, tens de mudar de roupa.	**sich umziehen** Mein Sohn, du musst dich umziehen.
nu [nu], **-a** *adj.* Vá já vestir-se. Estás quase nua!	**nackt** Zieh dich an! Du bist ja fast nackt.
pijama [pi'ʒɐmɐ] *m* Eu sempre durmo com pijama.	**Schlafanzug** *m*, **Pyjama** *m* Ich schlafe immer im Schlafanzug.
pôr [por] *v.* Não sei que roupa vou pôr hoje. Eu ponho o chapéu novo.	**anziehen, aufsetzen** Ich weiß nicht, was ich heute anziehe. Ich setze den neuen Hut auf.

pulseira [puɫ'sejrɐ] *f* Esta pulseira de prata é muito bonita.	**Armband** *n* Dieses Silberarmband ist sehr schön.
usar [u'zar] *v.* A rapariga usava um vestido rosa.	**tragen** Das Mädchen trug ein rosa Kleid.

1.2.3 ERNÄHRUNG

1.2.3.1 MAHLZEITEN, RESTAURANT

«1–2000»

almoço [aɫ'mosu] *m* Vocês ficam para o almoço?	**Mittagessen** *n* Bleibt ihr zum Mittagessen?
bar [bar] *m* Vamos ao bar tomar uma cerveja.	**Bar** *f* Lass uns in die Bar gehen und ein Bier trinken.
café [kɐ'fɛ] *m* Pedro está a tomar um expresso no café.	**Café** *n*, **Wirtshaus** *n*, **Lokal** *n* Pedro trinkt gerade im Café einen Espresso.
colher [ku'ʎer] *f* Para tomar a sopa, precisa-se de uma colher.	**Löffel** *m* Um Suppe zu essen, braucht man einen Löffel.
comer [ku'mer] *v.* Neste restaurante come-se muito bem.	**essen** In diesem Restaurant isst man sehr gut.
comida [ku'miδɐ] *f* A comida está fria.	**Essen** *n* Das Essen ist kalt.
conta ['kõtɐ] *f* A conta, se faz favor!	**Rechnung** *f* Die Rechnung bitte!
dose ['dɔzə] *f* Uma dose de sardinhas assadas, se faz favor. *Bras.* **porção** [por'sãw] *f*	**Portion** *f* Eine Portion gebratene Sardinen, bitte!
delicioso [dəli'sjozu], **-a** *adj.* Esta sobremesa está deliciosa!	**köstlich, lecker** Dieser Nachtisch ist köstlich.
ementa [i'mẽtɐ] *f* Traga-me a ementa, por favor! *Bras.* **cardápio** [kar'dapju] *m*	**(Speise-)Karte** *f* Bringen Sie mir bitte die Speisekarte.

entrada [ẽ'traδɐ] *f* Em Portugal, para a entrada, há pão e queijo fresco.	**Vorspeise** *f* In Portugal gibt es als Vorspeise Brot und Frischkäse.
faca ['fakɐ] *f* Esta faca não corta bem.	**Messer** *n* Dieses Messer schneidet schlecht.
fome ['fomə] *f* Ai, tenho tanta fome!	**Hunger** *m* Ach, habe ich einen großen Hunger!
garfo ['garfu] *m* Os garfos estão na gaveta.	**Gabel** *f* Die Gabeln sind in der Schublade.
guardanapo [gwarδɐ'napu] *m* Os guardanapos não estão na mesa.	**Serviette** *f* Die Servietten sind nicht auf dem Tisch.
jantar [ʒɐ̃'tar] *m* O jantar vai ser cerca das oito horas.	**Abendessen** *n* Das Abendessen wird ungefähr um acht Uhr sein.
menu [mə'nu] *m* Escolhi o menu número 3. E tu?	**Menü** *n* Ich habe das Menü Nummer 3 gewählt. Und du?
pedir [pə'δir] *v.* Os senhores já pediram?	**bestellen** Haben Sie schon bestellt?
prato ['pratu] *m* Este prato é de vidro. A cataplana é um prato típico do Algarve.	**Teller** *m*, **Gericht** *n* Dieser Teller ist aus Glas. Die Cataplana ist ein typisches Gericht der Algarve.
provar [pru'var] *v.* Prove este vinho. É o melhor vinho do Porto.	**probieren** Probieren Sie diesen Wein! Es ist der beste Portwein.
pequeno-almoço [pə'kenu ał'mosu] *m* A que horas servem o pequeno-almoço? *Bras.* **café da manhã** [ka'fɛ da mɐ'ɲã] *m*	**Frühstück** *n* Um wie viel Uhr servieren Sie das Frühstück?
receita [ʀə'sejtɐ] *f* Podes dar-me a receita deste pudim?	**(Koch-)Rezept** *n* Könntest du mir das Rezept von diesem Pudding geben?
refeição [ʀəfej'sɐ̃w] *f* Tome dois comprimidos antes das refeições.	**Mahlzeit** *f*, **Essen** *n* Nehmen Sie zwei Tabletten vor den Mahlzeiten.

restaurante [ʀəʃtaw'rẽtə] *m* Há um restaurante aqui perto?	**Restaurant** *n*, **Gaststätte** *f* Gibt es hier in der Nähe ein Restaurant?
saboroso [sɐβu'rozu], **-a** *adj.* A comida está muito saborosa.	**schmackhaft** Das Essen ist sehr schmackhaft.
serviço [sər'visu] *m* O serviço está incluído?	**Bedienung** *f* Ist die Bedienung inbegriffen?
servir [sər'vir] *v.* O empregado de mesa está a servir os fregueses.	**bedienen, servieren, auftragen** Der Ober bedient die Gäste.

«2001–4000»

almoçar [ałmu'sar] *v.* Não quer almoçar cá?	**zu Mittag essen** Wollen Sie nicht bei uns zu Mittag essen?
apetite [ɐpə'titə] *m* Bom apetite! Ele não tem apetite.	**Appetit** *m* Guten Appetit! Er hat keinen Appetit.
assado [ɐ'saδu], **-a** *adj.* Gosto de galinha assada.	**gebraten** Ich mag gebratenes Hähnchen.
assar [ɐ'sar] *v.* Eu vou assar o peixe no forno.	**braten** Ich werde den Fisch im Ofen braten.
cozer [ku'zer] *v.* Para o jantar vou cozer batatas. *Bras.* **cozinhar** [kuzi'ɲar] *v.*	**kochen, garen** Zum Abendessen werde ich Kartoffeln kochen.
cozido [ku'ziδu], **-a** *adj.* Não gosta de bacalhau cozido? – Não, prefiro frito.	**gekocht** Mögen Sie keinen gekochten Stockfisch? – Nein, ich bevorzuge gebratenen.
cozido [ku'ziδu] *m* Comi cozido à portuguesa.	**Eintopf** *m* Ich habe einen Eintopf nach portugiesischer Art gegessen.
cozinhar [kuzi'ɲar] *v.* Madalena cozinha muito bem. Aprendeu a cozinhar com a sua mãe.	**kochen, das Essen zubereiten** Madalena kocht sehr gut. Sie hat das Kochen bei ihrer Mutter gelernt.

dieta ['djɛtɐ] *f* Gostava de comer um peixe sem sal. Estou de dieta.	**Diät** *f* Ich hätte gerne Fisch ohne Salz. Ich bin auf Diät.
empregado, -a de mesa [ẽ'prə'ɣaδu də 'mezɐ] *m, f* A empregada de mesa trouxe o pedido. *Bras.* **garçom** [gar'sõ] *m*; **garçonete** [garso'nɛtʃi] *f*	**Kellner(in)** *m(f)*, **Ober** *m* Die Kellnerin brachte die Bestellung.
engolir [ẽgu'lir] *v.* Ele engoliu tudo de uma vez.	**schlucken** Er schluckte alles auf einmal.
ferver [fər'ver] *v.* Cuidado! O leite já está a ferver!	**kochen** (Flüssigkeiten) Vorsicht! Die Milch kocht schon.
frigideira [frəʒi'δejrɐ] *f* Frite os bifes na frigideira!	**(Brat-)Pfanne** *f* Braten Sie die Steaks in der Pfanne!
fritar [fri'tar] *v.* Já fritou as batatas?	**frittieren, braten** Haben Sie die Kartoffeln schon gebraten?
grelhar [grə'ʎar] *v.* Para o jantar vou grelhar bifes.	**rösten, grillen** Zum Abendessen werde ich Steaks grillen.
grelhado [grə'ʎaδu], **-a** *adj.* Gosto de peixe grelhado.	**gegrillt** Ich mag gegrillten Fisch.
integral [ĩtə'ɣrał] *adj.* Este restaurante tem comida integral.	**Vollwert-** Dieses Restaurant hat Vollwertkost.
jantar [ʒɐ̃'tar] *v.* A que horas vocês jantam?	**zu Abend essen** Um wie viel Uhr esst ihr zu Abend?
lavar a louça [lɐ'var ɐ 'lousɐ] *v.* Ainda não lavei a louça.	**das Geschirr spülen, abwaschen** Ich habe das Geschirr noch nicht gespült.
pagar [pɐ'ɣar] *v.* Deseja mais alguma coisa? – Não, eu queria pagar.	**(be)zahlen** Möchten Sie noch etwas? – Nein, ich wollte zahlen.
panela [pɐ'nɛlɐ] *f* Cozer todos os ingredientes numa panela.	(großer) **Topf** *m* Kochen Sie alle Zutaten in einem Topf.

preparar [prəpɐ'rar] *v.* Às sete horas da manhã Maria prepara o pequeno-almoço para a família.	**zu-, vorbereiten** Um sieben Uhr morgens bereitet Maria das Frühstück für die Familie zu.
provar [pru'var] *v.* Quer provar a carne?	**versuchen, kosten, probieren** Möchten Sie das Fleisch kosten?
sabor [sɐ'βor] *m* O sabor das frutas aqui é melhor.	**Geschmack** *m* Der Geschmack der Früchte ist hier besser.
sobremesa [soβrə'mezɐ] *f* O que deseja para a sobremesa? – Uma mousse de chocolate, se faz favor.	**Nachtisch** *m* Was möchten Sie zum Nachtisch? – Eine Schokoladenmousse, bitte.
taberna [tɐ'βɛrnɐ] *f* Vai à taberna buscar vinho.	**Taverne** *f*, **Weinschenke** *f* Geh in die Taverne Wein holen.
tacho ['taʃu] *m* É melhor cozer o arroz num tacho. *Bras.* **panela** [pa'nɛla] *f*	(kleiner) **Kochtopf** *m* Es ist besser, den Reis in einem kleinen Topf zu kochen.
tampa ['tɐ̃pɐ] *f* Onde está a tampa da panela?	**Deckel** *m* Wo ist der Deckel des Kochtopfs?
ter gosto (de) [ter 'goʃtu] *v.* Prove este licor. Tem um gosto excelente. – Hmm! Tem gosto de maracujá!	**schmecken** (nach) Probieren Sie diesen Likör. Er schmeckt ausgezeichnet. – Hmm! Er schmeckt nach Maracuja.
tomar o pequeno-almoço [tu'mar u pə'kenu ał'mosu] *v.* A que horas tomamos o pequeno-almoço amanhã? *Bras.* **tomar o café da manhã** [to'mɑr u ka'fɛ da mɐ'ɲã] *v.*	**frühstücken** Um wie viel Uhr frühstücken wir morgen?

1.2.3.2 LEBENSMITTEL, SPEISEN
(Siehe auch OBST UND GEMÜSE 1.2.3.3)

«1–2000»

açúcar [ɐ'sukɐr] *m* Tomás, tomas café com ou sem açúcar?	**Zucker** *m* Tomás, trinkst du Kaffee mit oder ohne Zucker?
azeite [ɐ'zejtə] *m* Dá-me uma lata de azeite.	**Olivenöl** *n* Gib mir eine Büchse Olivenöl.
bacalhau [bɐkɐ'ʎaw] *m* O bacalhau é um peixe seco conservado em sal.	**Stockfisch** *m* Der Stockfisch ist ein getrockneter, mit Salz konservierter Fisch.
batatas fritas [bɐ'tatɐs 'fritɐʃ] *f/pl.* Ali tem batatas fritas feitas à mão.	**Pommes frites** *pl.* Dort gibt es handgemachte Pommes frites.
bife ['bifə] *m* Bife com salada, se faz favor.	**Steak** *n* Steak mit Salat, bitte.
bolo ['bolu] *m* Aceita um pedaço de bolo?	**Kuchen** *m*, **Torte** *f* Nehmen Sie ein Stück Kuchen?
carne ['karnə] *f* Não como carne porque sou vegetariana.	**Fleisch** *n* Ich esse kein Fleisch, weil ich Vegetarierin bin.
carne de vaca ['karnə də 'vakɐ] *f* Desejo um bife de carne de vaca mal passado, se faz favor.	**Rindfleisch** *n* Ich möchte ein Rindersteak, nicht ganz durch, bitte.
chocolate [ʃuku'latə] *m* Queria um gelado de chocolate, se faz favor.	**Schokolade** *f* Ich hätte gern ein Schokoladeneis.
doce ['dosə] *m* Há vários doces para a sobremesa.	**Süßigkeit** *f*, **Süßspeise** *f* Es gibt viele Süßspeisen zum Nachtisch.
fatia [fɐ'tiɐ] *f* No pequeno-almoço Maria come uma fatia de pão com queijo.	**(Brot-)Scheibe** *f* Zum Frühstück isst Maria eine Scheibe Brot mit Käse.

fiambre ['fjẽbrə] *m* Eu queria 250 gramas de fiambre. *Bras.* **presunto** [pre'zũtu] *m*	(gekochter) **Schinken** *m* Ich möchte 250 Gramm gekochten Schinken.
frango ['frẽɣu] *m* Eu prefiro frango assado.	**Hähnchen** *n* Ich bevorzuge gebratenes Hähnchen.
gelado [ʒə'laδu] *m* Agora gostaria de comer um gelado de chocolate. *Bras.* **sorvete** [sor'vetʃi] *m*	**(Speise-)Eis** *n* Jetzt würde ich gerne ein Schokoladeneis essen.
manteiga [mẽ'tejɣɐ] *f* O meu filho gosta de torradas com manteiga.	**Butter** *f* Mein Sohn mag Toastbrot mit Butter.
marisco [mɐ'riʃku] *m* A sopa de marisco está uma delícia!	**Muschel** *f* Die Muschelsuppe ist köstlich.
óleo ['ɔlju] *m* Falta óleo.	**Öl** *n* Es fehlt Öl.
ovo ['ovu] *m* Vou fritar dois ovos.	**Ei** *n* Ich werde zwei Eier braten.
pão [pɐ̃w] *m* Compraste um pão branco? Mas eu queria um pão integral.	**Brot** *n* Hast du ein Weißbrot gekauft? Ich wollte aber ein Vollkornbrot.
peixe ['pejʃə] *m* O peixe predileto dos portugueses é o bacalhau.	**Fisch** *m* Der beliebteste Fisch der Portugiesen ist der Stockfisch.
porco ['porku] *m* João pediu um bife de porco grelhado.	**Schwein(efleisch)** *n* João hat ein gegrilltes Schweinesteak bestellt.
pudim [pu'δĩ] *m* Hoje há pudim para a sobremesa.	**Pudding** *m* Heute gibt es zum Nachtisch Pudding.
queijo ['kejʒu] *m* Queres uma fatia de pão com queijo?	**Käse** *m* Willst du eine Scheibe Brot mit Käse?
rodela [ʀu'δɛlɐ] *f* Corte as cebolas em rodelas.	**Scheibe** *f* Schneiden Sie die Zwiebeln in Scheiben.

salada [sɐ'laδɐ] *f*	**Salat** *m*
Que salada a senhora deseja? Salada de alface, de tomate ou mista?	Welchen Salat wünschen Sie? Grünen Salat, Tomatensalat oder gemischten Salat?
sande ['sẽdə] *f* F	**belegtes Brötchen** *n*, **Sandwich** *n*
Duas sandes de fiambre, por favor!	Zwei Brötchen mit gekochtem Schinken, bitte.
Bras. **sanduíche** [sãdu'iʃi] *m*	
sal [saɫ] *m*	**Salz** *n*
O arroz está sem sal.	Der Reis ist ohne Salz.
sopa ['sopɐ] *f*	**Suppe** *f*
A sopa de rabo de boi é típica na região de Trás-os-Montes.	Die Ochsenschwanzsuppe ist typisch für die Region Trás-os -Montes.
vitela [vi'tɛlɐ] *f*	**Kalb(fleisch)** *n*
Hoje vamos ter vitela assada.	Heute gibt es Kalbsbraten.

«2001–4000»

alimento [ɐlimẽtu] *m*	**Nahrung** *f*, **Lebensmittel** *pl.*
Há poucos alimentos em casa, precisamos de ir às compras.	Es sind wenig Lebensmittel zu Hause, wir müssen einkaufen.
alimentar [ɐlimẽ'tar] *v.*	**ernähren**
Ele tem de alimentar a família.	Er muss die Familie ernähren.
assado [ɐ'saδo] *m*	**Braten** *m*
O assado de cabrito está ó(p)timo.	Der Ziegenbraten ist hervorragend.
banha ['bɐɲɐ] *f*	**Schmalz** *n*, **Fett** *n*
Unte o tabuleiro com/de banha.	Streichen Sie das Blech mit Fett ein.
bombom [bõ'bõ] *m*	**Praline** *f*
Ele trouxe-me uma caixa de bombons.	Er brachte mir eine Schachtel Pralinen.
cabrito [kɐ'βritu] *m*	**Zicklein(fleisch)** *n*
Eu gosto muito de assado de cabrito.	Ich mag gebratenes Zicklein sehr.
chouriço [ʃo'risu] *m*	(geräucherte) **Wurst** *f*
Eu queria um chouriço.	Ich möchte eine geräucherte Wurst.
Bras. **lingüiça** [lĩ'gwisa] *f*	

comida [ku'miδɐ] *f* A comida está uma delícia.	**Essen** *n*, **Nahrung** *f*, **Kost** *f* Das Essen ist köstlich.
cordeiro [kur'δejru] *m* Ontem tinha carneiro assado.	**Hammel-** *m*, **Lamm(fleisch)** *n* Gestern gab es Hammelbraten.
costeleta [kuʃtə'letɐ] *f* Recomendo-lhe as costeletas à moda da casa. São ó(p)timas!	**Kotelett** *n* Ich empfehle Ihnen die Koteletts nach Art des Hauses. Sie sind ausgezeichnet.
cru [kru], **-a** *adj.* Esta carne está crua.	**roh** Dieses Fleisch ist roh.
especialidade [iʃpəsjɐli'δaδə] *f* A especialidade da casa é a caldeirada.	**Spezialität** *f* Die Spezialität des Hauses ist die „Caldeirada“. (Spezialität aus Meeresfrüchten)
farinha [fɐ'riɲɐ] *f* O bolo leva 250 gramas de farinha.	**Mehl** *n* In den Kuchen kommen 250 Gramm Mehl.
frutos do mar ['frutus do mar] *m/pl.* A especialidade deste restaurante são os frutos do mar.	**Meeresfrüchte** *f/pl.* Die Spezialität dieses Restaurants sind Meeresfrüchte.
gorduroso [gurδu'rozu], **-a** *adj.* Esta carne de porco está muito gordurosa.	**fett** Dieses Schweinefleisch ist sehr fett.
iogurte [jo'gurtə] *m* Costumo comer um iogurte ao pequeno-almoço.	**Joghurt** *m,n* Ich habe die Gewohnheit, zum Frühstück einen Joghurt zu essen.
massa ['masɐ] *f* Para fazer-se a massa são necessários: a farinha, os ovos, a água e o sal. O meu filho gosta de comer massa ao alho e óleo.	**Teig** *m*, **Nudel** *f* Um den Teig zu machen, benötigt man: Mehl, Eier, Wasser und Salz. Mein Sohn isst gerne Nudeln mit Knoblauch und Olivenöl.
nata ['natɐ] *f* Gosto muito de morangos com nata.	**Sahne** *f*, **Rahm** *m* Ich mag Erdbeeren mit Sahne sehr.
pastel de nata [pɐʃ'tɛɫ də 'natɐ] *m* Eu prefiro um pastel de nata.	**Sahnetörtchen** *n* Ich bevorzuge ein Sahnetörtchen.

pimenta [pi'mẽtɐ] *f* Corte os bifes e tempere-os com sal, pimenta e alho.	**Pfeffer** *m* Schneiden Sie die Steaks und würzen Sie sie mit Salz, Pfeffer und Knoblauch.
presunto [prə'zũtu] *m* Eu queria uma sandes de presunto.	(roher) **Schinken** *m* Ich möchte ein Schinkenbrötchen.
rebuçado [ʀəβu'saδu] *m* As crianças gostam de rebuçados. *Bras.* **bala** ['bala] *f*	**Bonbon** *m,n* Die Kinder mögen Bonbons.
vinagre [vi'naɣrə] *m* Pode dar-me o vinagre e o óleo, se faz favor!	**Essig** *m* Können Sie mir bitte Essig und Öl reichen?

1.2.3.3 OBST UND GEMÜSE

«1–2000»

arroz [ɐ'ʀoʃ] *m* É melhor cozer o arroz num tacho.	**Reis** *m* Es ist besser, den Reis in einem kleinen Topf zu kochen.
azeitona [ɐzej'tonɐ] *f* O empregado de mesa trouxe-nos primeiro uma porção de azeitonas.	**Olive** *f* Der Ober hat uns zuerst eine Portion Oliven gebracht.
batata [bɐ'tatɐ] *f* O bacalhau é acompanhado de batatas.	**Kartoffel** *f* Der Stockfisch wird mit Kartoffeln serviert.
cenoura [sə'norɐ] *f* A cenoura é saudável.	**Möhre** *f*, **Karotte** *f* Karotten sind gesund.
cereja [sə'reʒɐ] *f* As cerejas estão maduras.	**Kirsche** *f* Die Kirschen sind reif.
couve ['kovə] *f* A couve está cara.	**Kohl** *m* Der Kohl ist teuer.
doce (de fruta) ['dosə (də 'frutɐ)] *m* Podias passar-me o doce?	**Marmelade** *f* Könntest du mir die Marmelade reichen?

ervilhas [ir'viʎɐʃ] *f/pl.* Uma das especialidades do Ribatejo é o "arroz com ervilhas".	**grüne Erbsen** *f/pl.* Eine der Spezialitäten des Ribatejo ist „Reis mit grünen Erbsen".
figo ['fiɣu] *m* Os figos estão maduros.	**Feige** *f* Die Feigen sind reif.
fruta ['frutɐ] *f* Na quinta comíamos frutas frescas todos os dias.	**Obst** *n* Auf dem Landgut aßen wir jeden Tag frisches Obst.
fruto ['frutu] *m* O fruto da oliveira é a azeitona.	**Frucht** *f* Die Frucht des Olivenbaumes ist die Olive.
feijão [fej'ʒɐ̃w] *m* Queria um quilo de feijão branco.	**Bohne** *f* Ich hätte gern ein Kilo weiße Bohnen.
laranja [lɐ'rɐ̃ʒɐ] *f* O sumo de laranja fresco é excelente!	**Apfelsine** *f*, **Orange** *f* Der frisch gepresste Orangensaft ist hervorragend.
legumes [lə'ɣuməʃ] *m/pl.* Coma mais legumes. É saudável.	**Gemüse** *n* Essen Sie mehr Gemüse. Es ist gesund.
maçã [mɐ'ʃɐ̃] *f* Esta maçã é muito saborosa.	**Apfel** *m* Dieser Apfel ist sehr schmackhaft.
pêra ['perɐ] *f* As pêras ainda estão verdes.	**Birne** *f* Die Birnen sind noch grün.
tomate [tu'matə] *m* Os tomates estão maduros.	**Tomate** *f* Die Tomaten sind reif.
uva ['uvɐ] *f* Quanto custam as uvas?	**(Wein-)Traube** *f* Wie viel kosten die Trauben?

«2001–4000»

ameixa [ɐ'mejʃɐ] *f* As ameixas já estão maduras.	**Pflaume** *f* Die Pflaumen sind schon reif.
amargo [ɐ'marɣu], **-a** *adj.* Há amêndoas doces e amargas.	**bitter** Es gibt süße und bittere Mandeln.
azedo [ɐ'zeδu], **-a** *adj.* O leite está azedo.	**sauer** Die Milch ist sauer.

banana [bɐ'nɐnɐ] *f* Fui ao mercado e comprei bananas.	**Banane** *f* Ich war auf dem Markt und habe Bananen gekauft.
cozido [ku'ziðu], **-a** *adj.* Gosto de batatas cozidas.	**gekocht, gar** Ich mag gekochte Kartoffeln.
damasco [dɐ'maʃku] *m* Quanto custam os damascos?	**Aprikose** *f* Wie viel kosten die Aprikosen?
doce ['dosə] *adj.* As melancias estão doces?	**süß** Sind die Wassermelonen süß?
framboesa [frɐ̃'βwezɐ] *f* Hoje há framboesas para a sobremesa.	**Himbeere** *f* Heute gibt es Himbeeren zum Nachtisch.
limão [li'mɐ̃w] *m* Tempera-se o bacalhau com sal e sumo de limão.	**Zitrone** *f*, **Limone** *f* Man würzt den Stockfisch mit Salz und Zitronensaft.
maduro [mɐ'ðuru], **-a** *adj.* O melão está maduro.	**reif** Die Melone ist reif.
melão [mə'lɐ̃w] *m* O melão está doce?	**Melone** *f* Ist die Melone süß?
morango [mu'rɐ̃ɣu] *m* Ontem havia morangos para a sobremesa.	**Erdbeere** *f* Gestern gab es Erdbeeren zum Nachtisch.
pêssego ['pesəɣu] *m* Os pêssegos são do nosso quintal.	**Pfirsich** *m* Die Pfirsiche sind aus unserem Garten.
pimento [pi'mẽtu] *m* Os pimentos são da feira? *Bras.* **pimentão** [pimẽ'tɐ̃w] *m*	**Paprikaschote** *f* Sind die Paprikaschoten vom Markt?
repolho [ʀə'poʎu] *m* Queria um quilo de batatas e um repolho, se faz favor.	**Weißkohl** *m*, **Kraut** *n* Ich hätte gern ein Kilo Kartoffeln und einen Weißkohl.

1.2.3.4 TRINKEN, RAUCHEN

«1–2000»

água mineral ['aɣwɐ minə'raɫ] *f* Gostaria de um copo de água mineral sem gás, por favor!	**Mineralwasser** *n* Bitte, ich möchte gerne ein Glas stilles Mineralwasser.

beber [bə'βer] *v.* Bebes vinho ou cerveja?	**trinken** Trinkst du Wein oder Bier?
café [kɐ'fɛ] *m* Preferes um café ou um sumo?	**Kaffee** *m* Bevorzugst du Kaffee oder Saft?
cerveja [sər'veʒɐ] *f* Só temos cerveja em garrafa.	**Bier** *n* Wir haben nur Flaschenbier.
chá [ʃa] *m* Os ingleses bebem muito mais chá do que café.	**Tee** *m* Die Engländer trinken viel mehr Tee als Kaffee.
chávena ['ʃavənɐ] *f* Para tomar chá ou café usamos uma chávena. *Bras.* **xícara** ['ʃikara] *f*	**Tasse** *f* Zum Trinken von Tee oder Kaffee benutzen wir eine Tasse.
cigarro [si'ɣaʀu] *m* Impaciente, o homem disse: – Dá-me um cigarro.	**Zigarette** *f* Ungeduldig sagte der Mann: „Gib mir eine Zigarette!"
copo ['kɔpu] *m* Traga-me um copo limpo, por favor.	**Glas** *n* Bringen Sie mir bitte ein sauberes Glas.
fumador [fumɐ'δor] *m* No restaurante é permitido fumar nas áreas reservadas a fumadores. *Bras.* **fumante** [fu'mãtʃi] *m*	**Raucher** *m* Im Restaurant ist das Rauchen in der Raucherzone erlaubt.
fumar [fu'mar] *v.* Importa-se que eu fume?	**rauchen** Stört es Sie, wenn ich rauche?
garrafa [gɐ'ʀafɐ] *f* Uma garrafa de água com gás, faz favor!	**Flasche** *f* Bitte, eine Flasche Wasser mit Kohlensäure.
gelo ['ʒelu] *m* Toma uísque com gelo?	**Eis(würfel)** *n(m)* Trinken Sie Whiskey mit Eis?
leite ['lejtə] *m* O leite é saudável.	**Milch** *f* Milch ist gesund.
maço ['masu] *m* Um maço de cigarros, se faz favor!	**Schachtel** *f* Eine Schachtel Zigaretten, bitte.
sede ['seδə] *f* Tenho muita sede.	**Durst** *m* Ich habe viel Durst.

sumo ['sumu] *m* Todos os dias bebíamos sumo de fruta fresco. *Bras.* **suco** ['suku] *m*	**Saft** *m* Jeden Tag tranken wir frischen Fruchtsaft.
tabaco [tɐ'βaku] *m* Este tabaco tem um aroma agradável.	**Tabak** *m* Dieser Tabak hat ein angenehmes Aroma.
vinho ['viɲu] *m* O "vinho verde" é uma especialidade de Portugal.	**Wein** *m* Der „vinho verde" ist eine portugiesische Spezialität.

«2001–4000»

álcool ['ałkwɔł] *m* Não beba álcool antes de conduzir.	**Alkohol** *m* Trinken Sie keinen Alkohol vor dem Fahren.
aperitivo [ɐpəri'tivu] *m* Desejam um aperitivo? – Não, obrigado. / – Sim, um Porto, faz favor.	**Aperitif** *m* Möchten Sie einen Aperitif? – Nein, danke. / – Ja, einen Portwein bitte.
bêbedo ['beβəδu], **-a** *adj.* Bebeu tanta aguardente que ficou bêbedo. *Bras.* **bêbado** ['bebadu] **-a**	**betrunken** Er trank so viel Schnaps, dass er betrunken wurde.
bebida [bə'βiδɐ] *f* Que bebida é esta?	**Getränk** *n* Was für ein Getränk ist das?
bica ['bikɐ] *f* F Eu queria duas bicas, por favor.	(kleiner) **Kaffee** *m*, **Espresso** *m* Ich hätte gerne zwei Kaffee, bitte.
cachimbo [kɐ'ʃĩbu] *m* O meu pai gosta de fumar cachimbo.	**(Tabaks-)Pfeife** *f* Mein Vater raucht gerne Pfeife.
cinzeiro [sĩ'zejru] *m* O empregado de mesa trouxe-nos um cinzeiro limpo.	**Aschenbecher** *m* Der Kellner brachte uns einen sauberen Aschenbecher.
encher o copo [ẽ'ʃer u 'kɔpu] *v.* Ela não encheu o meu copo.	**eingießen, einschenken** Sie hat mein Glas nicht voll gegossen.
isqueiro [iʃ'kejru] *m* Pode emprestar-me o seu isqueiro?	**Feuerzeug** *n* Können Sie mir Ihr Feuerzeug leihen?

laranjada [lɐrẽʒaδɐ] *f*
Ao invés de laranjada prefiro um sumo de laranja natural.

Orangensaftgetränk *n*
Statt eines Orangensaftgetränks bevorzuge ich einen frischen Orangensaft.

---

limonada [limu'naδɐ] *f*
A limonada é a mistura de água, sumo de limão e açúcar.

(Zitronen-)Limonade *f*
Limonade ist eine Mischung aus Wasser, Zitronensaft und Zucker.

---

lume ['lumə] *m*
Dá-me lume para acender o meu cigarro.
Bras. **fogo** ['fogu] *m*

Feuer *f*
Gib mir Feuer, damit ich meine Zigarette anzünden kann.

---

refresco [ʀə'frɛʃku] *m*
O que tomas como aperitivo? Um vinho do Porto? – Não, prefiro um refresco.

Erfrischungsgetränk *n*
Was nimmst du als Aperitif? Einen Portwein? – Nein, ich bevorzuge ein Erfrischungsgetränk.

---

rolha ['ʀoʎɐ] *f*
A rolha é feita da casca do sobreiro.

Korken *m*, **Pfropfen** *m*
Der Korken wird aus der Rinde der Korkeiche gemacht.

---

saca-rolhas [sakɐ'ʀoʎɐʃ] *m*
O saca-rolhas está na gaveta.

Korkenzieher *m*
Der Korkenzieher ist in der Schublade.

---

tira-cápsulas [tirɐ'kapsulɐʃ] *m*
E o tira-cápsulas está na gaveta também.
Bras. **abridor de garrafa** [abri'dor dʒi ga'ʀafə] *m*

Flaschenöffner *m*
Und der Flaschenöffner ist auch in der Schublade.

---

tomar [tu'mar] *v.*
Já tomaste o vinho do Porto?

trinken
Hast du schon den Portwein getrunken?

1.2.4 SCHULE UND AUSBILDUNG

(Siehe auch LERNEN UND WISSEN 1.1.2.9)

1.2.4.1 ALLGEMEINES

«1–2000»

aluno [ɐ'lunu] *m*, **-a** *f*
Nesta classe há 40 alunos.

Schüler(in) *m(f)*
In dieser Klasse sind 40 Schüler.

aprender [ɐprẽ'der] *v.* Quando é que tu aprenderás a falar português, meu amor?	**lernen** Wann wirst du endlich Portugiesisch sprechen lernen, mein Lieber?
aula ['awlɐ] *f* Amanhã temos aula de inglês.	**Unterrichtsstunde** *f* Morgen haben wir Englischunterricht.
classe ['klasə] *f* Em minha classe há muitos estrangeiros.	**Klasse** *f* In meiner Klasse sind viele Ausländer.
ensino [ẽ'sinu] *m* O sistema de ensino é diferente nos países europeus.	**Bildung(swesen)** *f(n)* Das Bildungswesen ist in den europäischen Ländern unterschiedlich.
escola [iʃ'kɔlɐ] *f* Por motivo de doença, os meus filhos não foram à escola hoje.	**Schule** *f* Wegen Krankheit sind meine Kinder heute nicht in die Schule gegangen.
escola básica [iʃ'kɔlɐ 'bazikɐ] *f* Em Portugal um aluno frequenta a escola básica por nove anos.	**Hauptschule** (1.–9. Schuljahr) *f* In Portugal besucht ein Schüler neun Jahre lang die Hauptschule.
escola primária [iʃ'kɔlɐ pri'mariɐ] *f* Os meus filhos ainda estão na escola primária.	**Grundschule** (1.–4. Schuljahr) *f* Meine Kinder sind noch in der Grundschule.
escola secundária [iʃ'kɔlɐ səkũ'darjɐ] *f* O José anda na escola secundária.	**Hauptschule** (7.–9. Schuljahr) *f* José geht in die Hauptschule.
escola secundária complementar [iʃ'kɔlɐ səkũ'darjɐ kõplɛmẽ'tar] *f* A escola secundária complementar é composta por três anos.	**Gymnasium** *n*, **Sekundarstufe** *f* Das Gymnasium umfasst drei Schuljahre.
escolar [iʃkɔ'lar] *adj.* Quando será a abertura do ano escolar?	**Schul...** Wann wird das Schuljahr beginnen?
estágio [iʃ'taʒju] *m* O meu filho está a fazer um estágio em França.	**Praktikum** *n* Mein Sohn macht ein Praktikum in Frankreich.

estudante [iʃtu'δẽtə] *m/f*	**Sekundarschüler(in)** *m(f)*, **Gymnasiast(in)** *m(f)*, **Student(in)** *m(f)*
Eles são estudantes do liceu.	Sie sind Gymnasiasten.
Ele é estudante de direito.	Er ist Jurastudent.
estudar [iʃtu'δar] *v.*	**studieren, lernen**
Ele estuda na Universidade de Coimbra.	Er studiert an der Universität von Coimbra.
Preciso de estudar para a prova de matemática.	Ich muss für die Mathematikprüfung lernen.
estudos [iʃtu'δus] *m/pl.*	**Studium** *n*
Já terminaste os teus estudos? – Não, ainda faltam dois anos.	Hast du dein Studium schon beendet? – Nein, mir fehlen noch zwei Jahre.
férias ['fɛrjɐʃ] *f/pl.*	**Ferien** *pl.*
Nas férias escolares as crianças viajarão com os avós.	In den Schulferien werden die Kinder mit den Großeltern verreisen.
formação [furma'sɐ̃w] *f*	**Ausbildung** *f*
Na escola profissional o aluno tem uma boa formação.	In der Berufsschule hat der Schüler eine gute Ausbildung.
instrução [ĩʃtru'sɐw] *f*	**Ausbildung** *f*, **Unterweisung** *f*
A maioria dos canditados não tem instrução suficiente.	Die meisten Bewerber verfügen nicht über eine ausreichende Ausbildung.
jardim de infância [ʒɐr'δĩ də ĩ'fɐ̃sjɐ] *m*	**Kindergarten** *m*
Preciso de levar as crianças ao jardim de infância.	Ich muss die Kinder in den Kindergarten bringen.
liceu [li'sew] *m*	**Gymnasium** *n*
O meu filho está no liceu.	Mein Sohn ist auf dem Gymnasium.
Bras. **ginásio** [ʒi'nazju] *m*	
professor [prufə'sor] *m*, **-a** *f*	**Lehrer(in)** *m(f)*
A professora abriu o livro e leu uma história.	Die Lehrerin öffnete das Buch und las eine Geschichte vor.
professor(-a) catedrático (-a) [prufə'sor kɐtə'δratiku] *m(f)*	**(Hochschul-)Professor(in)** *m(f)*
Sou professor catedrático na Universidade de Lisboa.	Ich bin Professor an der Universität von Lissabon.

universidade [univərsi'δaδə] *f*	**Universität** *f*
Fiz o meu doutoramento na Universidade de Coimbra.	Ich habe meine Promotion an der Universität von Coimbra gemacht.

«2001–4000»

aprendiz [ɐprẽ'diʃ] *m*	**Lehrling** *m*, **Auszubildende(r)** *f(m)*
O número de aprendizes na indústria descresceu, porque os jovens decidem-se cada vez mais pelo ensino universitário.	Die Zahl der Lehrlinge in der Industrie ist zurückgegangen, weil die Jugendlichen sich immer mehr für ein Hochschulstudium entscheiden.
bolsa de estudos ['bɔłsɐ də iʃ'tuδus] *f*	**Stipendium** *n*
Vou candidatar-me a uma bolsa de estudos.	Ich werde mich um ein Stipendium bewerben.
colégio [ku'lɛʒju] *m*	**(Privat-)Schule** *f*
Estudei num colégio particular.	Ich habe eine Privatschule besucht.
educação [idukɐ'sɐ̃w] *f*	**Erziehung** *f*
Naquela época a educação era mais rígida do que hoje.	Damals war die Erziehung strenger als heute.
ensinar [ẽsi'nar] *v.*	**unterrichten, lehren, beibringen**
Hoje o professor está a ensinar a gramática.	Heute unterrichtet der Lehrer Grammatik.
A minha mãe ensinou-me a cozinhar.	Meine Mutter hat mir das Kochen beigebracht.
início das aulas [i'nisju dɐs 'awlɐs] *m*	**Schulanfang** *m*, **-beginn** *m*
O início das aulas é daqui a um mês.	Der Schulanfang ist in einem Monat.
matricular-se [mɐtriku'larsə] *v.*	**einschreiben**
O meu irmão matriculou-se num curso de inglês.	Mein Bruder hat sich bei einem Englischkurs eingeschrieben.
mochila [mu'ʃilɐ] *f*	**Schultasche** *f*, **Schulmappe** *f*, (kleiner) **Rucksack** *m*
Pôs a mochila às costas e foi-se.	Er nahm die Schultasche auf den Rücken und ging.

principiante [prĩsi'pjẽtə] *m/f* Estou a fazer um curso de inglês para principiantes.	**Anfänger(in)** *m(f)* Ich besuche einen Englischkurs für Anfänger.
recreio [ʀə'kreju] *m* No recreio as crianças estão a brincar.	**(Schul-)Pause** *f* In der Pause spielen die Kinder.
sala de aula ['salɐ də 'awlɐ] *f* Sabes onde é a nossa sala de aula?	**Klassenzimmer** *n* Weißt du, wo unser Klassenzimmer ist?

1.2.4.2 UNTERRICHT UND PRÜFUNG

«1–2000»

caderno [kɐ'dɛrnu] *m* Tenho de comprar um caderno novo.	**Heft** *n* Ich muss ein neues Heft kaufen.
certificado [sərtəfi'kaδu] *m* Mostre-me o certificado, se faz favor!	**(Abschluss-)Zeugnis** *n* Zeigen Sie mir bitte Ihr Zeugnis.
curso ['kursu] *m* O curso de português é oferecido na universidade.	**Kurs** *m*, **Lehrgang** *m* Der Portugiesischkurs wird an der Universität angeboten.
deveres de casa [də'vereʃ də 'kasɐ] *m/pl.* O meu filho precisa de fazer os deveres de casa. *Bras.* **tema de casa** ['tema dʒi 'kaza] *m*	**Hausaufgaben** *f/pl.* Mein Sohn muss Hausaufgaben machen.
disciplina [disi'plinɐ] *f* Quantas disciplinas o seu filho tem na escola?	**Fach** *n* Wie viele Fächer hat Ihr Sohn in der Schule?
exame [i'zɐmə] *m* Ele perguntou-me como tinha corrido o meu exame.	**Prüfung** *f*, **Examen** *n* Er fragte mich, wie meine Prüfung verlaufen ist.
exame final do liceu [i'zɐmə fi'nał du li'sew] *m* O meu filho está a fazer o exame final do liceu.	**Abitur** *n* Mein Sohn macht das Abitur.
exercício [izer'sisju] *m* Não gosto de fazer exercícios de gramática.	**Übung** *f* Ich mag keine Grammatikübungen.

física ['fizikɐ] *f*	**Physik** *f*
Nunca tive boas notas em física.	Ich hatte nie gute Noten in Physik.
geografia [ʒjuɣrɐ'fiɐ] *f*	**Erdkunde** *f*, **Geographie** *f*
Em geografia estamos a estudar a vegetação de Portugal.	In Erdkunde lernen wir gerade die Vegetation Portugals.
história [iʃ'tɔrjɐ] *f*	**Geschichte** *f*
Que matérias tens hoje? – Matemática, geografia e história.	Welche Fächer hast du heute? – Mathematik, Erdkunde und Geschichte.
horário [u'rarju] *m*	**Stundenplan** *m*
Quando tens aula de inglês? – Deixa-me ver o horário.	Wann hast du Englisch? – Lass mich mal den Stundenplan sehen.
lição [li'sɐ̃w] *f*	**Lektion** *f*
O rapaz estuda a lição em casa.	Der Junge lernt die Lektion zu Hause.
língua estrangeira ['lĩgwɐ iʃtrɐ̃'zejrɐ] *f*	**Fremdsprache** *f*
Que língua estrangeira estuda?	Welche Fremdsprache lernen Sie?
livro do aluno ['livru do ɐ'lunu] *m*	**Schulbuch** *n*
Já compraste o material escolar do Joãozinho? – Sim, falta apenas o livro do aluno.	Hast du schon das Schulmaterial für Joãozinho gekauft? – Ja, es fehlt nur noch das Schulbuch.
matemática [mɐtəmatikɐ] *f*	**Mathematik** *f*
Ele tirou o curso de matemática.	Er hat Mathematik studiert.
matéria [mɐ'tɛrjɐ] *f*	**Unterrichtsstoff** *m*, **Fach** *n*
Já reviste a matéria para o teste de amanhã?	Hast du schon den Unterrichtsstoff für den Test morgen durchgesehen?
Que matérias preferes?	Welche Fächer bevorzugst du?
nota ['nɔtɐ] *f*	**Note** *f*, **Zensur** *f*
A minha filha teve boas notas.	Meine Tochter hatte gute Noten.
passar [pɐ'sar] *v.*	**bestehen** (Prüfung)
Se não estudas, não passas.	Wenn du nicht lernst, bestehst du (die Prüfung) nicht.

prestar [prəʃ'tar] *v.*	**machen, ablegen** (Prüfung)
Vou prestar os exames no final do ano.	Ich werde Ende des Jahres die Prüfungen ablegen.
tradução [trɐδu'sɐ̃w] *f*	**Übersetzung** *f*
A tradução desta frase é ruim.	Die Übersetzung dieses Satzes ist schlecht.

«2001–4000»

biologia [bjulu'ʒiɐ] *f*	**Biologie** *f*
Quando andava na escola, biologia era a minha matéria preferida.	Als ich in der Schule war, war Biologie mein Lieblingsfach.
corrigir [kuʀi'ʒir] *v.*	**korrigieren, verbessern**
O professor corrige a composição.	Der Lehrer korrigiert den Aufsatz.
dicionário [disju'narju] *m*	**Wörterbuch** *n*
O tradutor utiliza o dicionário.	Der Übersetzer benutzt das Wörterbuch.
diploma [di'plomɐ] *m*	**Diplom** *n*, **Zeugnis** *n*
No fim do curso receberei um diploma.	Am Ende des Studiums werde ich ein Diplom bekommen.
ditado [di'taδu] *m*	**Diktat** *n*
Preciso de estudar inglês. Amanhã a professora vai fazer um ditado.	Ich muss Englisch lernen. Morgen wird die Lehrerin ein Diktat schreiben lassen.
erro ['ɛʀu] *m*	**Fehler** *m*
O texto contém muitos erros ortográficos.	Der Text enthält viele orthographische Fehler.
escrito [iʃ'kritu], **-a** *adj.*	**schriftlich**
Quando é a prova escrita?	Wann ist die schriftliche Prüfung?
exame [i'zɐmə] *m*	**Prüfung** *f*, **(Teil-)Prüfung** *f*
Na primeira parte do exame eu tive dificuldades.	Im ersten Teil der Prüfung hatte ich Schwierigkeiten.
facultativo [fɐkułta'tivu], **-a** *adj.*	**wahlfrei, fakultativ**
Estas disciplinas são facultativas.	Diese Fächer sind fakultativ.
ginástica [ʒi'naʃtikɐ] *f*	**Gymnastik** *f*, **Turnen** *n*
A minha filha prefere as aulas de ginástica.	Meine Tochter bevorzugt das Turnen.

latim [lɐ'tĩ] *m* Tiveste latim na escola?	**Latein** *n* Hattest du Latein in der Schule?
obrigatório [obriɣɐ'tɔrju], **-a** *adj.* A escolaridade é obrigatória até o nono ano escolar.	**obligatorisch, Pflicht...** Schulpflicht ist bis zum neunten Schuljahr.
oral [o'raɫ] *adj.* Quando é a prova oral?	**mündlich(e Prüfung)** *adj. (f)*, **Mündliche(s)** *n* Wann ist die mündliche Prüfung?
prova de aferição ['provɐ də ɐferi'sɐ̃w] *f* Os alunos que pretendem ingressar no nível superior têm que prestar as provas de aferição. *Bras.* **vestibular** [vestʃibu'lar] *m*	**(Universitäts-)Aufnahmeprüfung** *f* Die Schüler, die ein Hochschulstudium beabsichtigen, müssen die Aufnahmeprüfungen machen.
quadro ['kwaδru] *m* O que está escrito no quadro?	**Tafel** *f* Was steht an der Tafel?
química ['kimikɐ] *f* A prova de química é sempre muito difícil.	**Chemie** *f* Die Chemieprüfung ist immer sehr schwer.
repetir [ʀəpə'tir] *v.* Dois alunos terão de repetir o ano.	**sitzen bleiben, wiederholen** Zwei Schüler müssen das Schuljahr wiederholen.
tarefa [tɐ'rɛfɐ] *f* O professor deu-lhes tarefas diferentes.	**Aufgabe** *f* Der Lehrer gab ihnen unterschiedliche Aufgaben.
tema ['temɐ] *m* Qual é o tema da sua tese?	**Thema** *n* Welches Thema hat Ihre Dissertation?
tirar o curso de [ti'rar u 'kursu də] *v.* Ele tirou o curso de medicina.	**studieren** Er hat Medizin studiert.
traduzir [trɐδu'zir] *v.* Como se traduz esta frase?	**übersetzen** Wie übersetzt man diesen Satz?

1.2.5 ARBEITSWELT

«1–2000»

chefe ['ʃɛfə] *m/f* Desde ontem temos um novo chefe.	**Chef(in)** *m(f)* Seit gestern haben wir einen neuen Chef.
desemprego [dəzẽ'preɣu] *m* O desemprego aumentou nos últimos anos.	**Arbeitslosigkeit** *f* Die Arbeitslosigkeit ist in den letzten Jahren gestiegen.
empregado [ẽprə'ɣaδu] *m*, **-a** *f* O patrão demitiu cinco empregados.	**Angestellte(r)** *f(m)*, **Arbeitnehmer(in)** *m(f)* Der Arbeitgeber hat fünf Angestellten gekündigt.
entidade patronal [ẽti'δaδə pɐtru'nał] *f* A entidade patronal adiou a reunião com o sindicato.	**Arbeitgeber(seite)** *m(f)* Der Arbeitgeber hat die Versammlung mit der Gewerkschaft verschoben.
escritório [iʃkri'tɔrju] *m* Onde é o escritório do Dr. Vieira?	**Büro** *n* Wo ist das Büro von Dr. Vieira?
fábrica ['fabrikɐ] *f* O José ainda trabalha naquela fábrica de produtos químicos?	**Fabrik** *f* Arbeitet José noch in dieser Chemiefabrik?
férias ['fɛrjɐʃ] *f/pl.* Quando as férias acabaram, ele regressou à cidade.	**Urlaub** *m* Als der Urlaub zu Ende war, ist er in die Stadt zurückgekehrt.
greve ['grɛvə] *f* Há vários motivos para a greve dos pilotos.	**Streik** *m* Es gibt viele Gründe für den Streik der Piloten.
mão-de-obra [mɐ̃w-də-'ɔbrɐ] *f* A mão-de-obra é barata no terceiro mundo.	**Arbeitskraft** *f* Arbeitskraft ist in der Dritten Welt billig.
operário [opə'rarju] *m*, **-a** *f* Os operários fizeram reivindicações justas.	**Arbeiter(in)** *m(f)* Die Arbeiter stellten berechtigte Forderungen.
patrão [pɐ'trɐ̃w] *m*, **-oa** *f* O patrão não admite que os seus funcionários cheguem atrasados.	**Chef(in)** *m(f)*, **Arbeitgeber(in)** *m(f)* Der Chef erlaubt es nicht, dass seine Angestellten sich verspäten.

posto de trabalho ['poʃtu də trɐ'baʎu] *m*	**Arbeitsplatz** *m*
O governo quer criar 5.000 postos de trabalho na indústria automobilística.	Die Regierung will 5000 Arbeitsplätze in der Automobilindustrie schaffen.
salário [sɐ'larju] *m*	**Gehalt** *n*, **Lohn** *m*
Os trabalhadores reivindicam melhores salários.	Die Arbeiter fordern bessere Löhne.
secretária [səkrə'tarjɐ] *f*	**Sekretärin** *f*
Maria Teresa é secretária.	Maria Teresa ist Sekretärin.
sindicato [sĩdi'katu] *m*	**Gewerkschaft** *f*
Os sindicatos pediram explicações ao ministro.	Die Gewerkschaften haben den Minister um Erklärungen gebeten.
trabalhar [trɐbɐ'ʎar] *v.*	**arbeiten, berufstätig sein**
Trabalho como assessor do presidente.	Ich arbeite als Berater des Präsidenten.
trabalho [trɐ'baʎu] *m*	**Arbeit** *f*
O meu trabalho é cansativo.	Meine Arbeit ist ermüdend.

«2001–4000»

apto ['aptu], **-a** *adj.*	**geeignet, qualifiziert, fähig**
Este candidato está apto a exercer o cargo de guarda-livros.	Dieser Bewerber ist für die Stelle als Buchhalter geeignet.
candidato [kẽdi'δatu] *m*, **-a** *f*	**Bewerber(in)** *m(f)*, **Kandidat(in)** *m(f)*
Dona Maria, a senhora já entrevistou os candidatos novos?	Frau (Familienname), haben Sie die Bewerber schon befragt?
cansativo [kẽsɐ'tivu], **-a** *adj.*	**anstrengend, ermüdend**
Este trabalho é muito cansativo e monótono.	Diese Arbeit ist sehr anstrengend und langweilig.
cargo ['karɣu] *m*	**Posten** *m*, **Stelle** *f*
Quem vai ocupar o cargo de dire(c)tor?	Wer wird die Stelle des Direktors übernehmen?
desempregado [dəzẽprə'ɣaδu] *m*, **-a** *f*	**Arbeitslose(r)** *f(m)*
O número de desempregados está a crescer anualmente na Europa.	Die Zahl der Arbeitslosen steigt in Europa jährlich.

despedir [dəʃpə'ðir] *v.* O dono do restaurante despediu dois criados de mesa.	**kündigen, entlassen** Der Besitzer des Restaurants hat zwei Kellnern gekündigt.
emprego [ẽ'preɣu] *m* Já arranjaste um emprego novo?	**Beschäftigung** *f*, **Stelle** *f* Hast du schon eine neue Stelle?
função [fũ'sɐ̃w] *f* Agora ele está a exercer uma nova função.	**Amt** *n*, **Tätigkeit** *f* Jetzt übt er ein neues Amt aus.
funcionário [fũsju'narju] *m*, **-a** *f* O sr. Silva é funcionário público.	**Beamter** *m*, **Beamtin** *f* Herr Silva ist Beamter.
nomear [nu'mjar] *v.* O novo vice-presidente vai ser nomeado amanhã.	**ernennen** Der neue Vizepräsident wird morgen ernannt.
oficina [ofə'sinɐ] *f* O meu carro está na oficina.	**Werkstatt** *f* Mein Auto ist in der Werkstatt.
organizar [orgɐni'zar] *v.* A nossa empresa organiza cursos de marketing.	**organisieren, veranstalten** Unser Betrieb veranstaltet Marketing-Kurse.
pagamento [pɐgɐ'mẽtu] *m* O pagamento será efe(c)tuado dentro de 14 dias.	**(Be-)Zahlung** *f* Die Zahlung wird in 14 Tagen erfolgen.
pessoal [pə'swał] *m* O chefe convidou o pessoal para o jantar.	**Personal** *n*, **Belegschaft** *f* Der Chef hat das Personal zum Abendessen eingeladen.
repartição [ʀəpɐrti'sɐ̃w] *f* Onde é a repartição de finanças?	**Amt** *n*, **Abteilung** *f* Wo ist das Finanzamt?

1.2.6 WIRTSCHAFTSLEBEN

1.2.6.1 ALLGEMEINES

«1–2000»

comércio [ku'mɛrsju] *m* O comércio de vinhos tem aumentado nos últimos anos.	**Handel** *m* Der Weinhandel hat in den letzten Jahren zugenommen.

consumo [kõ'sumu] *m* O consumo de bebidas alcoólicas também tem aumentado muito nos últimos anos.	**Verbrauch** *m*, **Konsum** *m* Der Alkoholkonsum ist in den letzten Jahren auch gestiegen.
dire(c)tor [dirɛ'tor] *m*, **-a** *f* O dire(c)tor da empresa nunca tem tempo para falar com os funcionários.	**Direktor(in)** *m(f)*, **Leiter(in)** *m(f)* Der Direktor des Unternehmens hat nie Zeit, mit den Angestellten zu sprechen.
economia [ikunu'miɐ] *f* A economia do Japão tem se desenvolvido muito nos últimos anos.	**Wirtschaft** *f* Die Wirtschaft Japans hat sich in den letzten Jahren sehr entwickelt.
económico [iku'nɔmiku], **-a** *adj.* As novas medidas económicas causaram muitos protestos.	**wirtschaftlich, Wirtschafts...** Die neuen Wirtschaftsmaßnahmen verursachten viele Proteste.
empresa [ẽ'prezɐ] *f* O que é que a vossa empresa fabrica?	**Unternehmen** *n*, **Betrieb** *m* Was produziert Ihr Unternehmen?
empresário [ẽprə'zarju] *m*, **-a** *f* O sindicato convocou uma reunião com os empresários.	**Unternehmer(in)** *m(f)* Die Gewerkschaft hat eine Versammlung mit den Unternehmern einberufen.
exportação [əʃpurtɐ'sɐ̃w] *f* O norte de Portugal dedica-se à exportação de vinhos e azeitonas.	**Export** *m*, **Ausfuhr** *f* Der Norden Portugals betreibt den Export von Wein und Oliven.
exportar [əʃpur'tar] *v.* Portugal exporta vinho e cortiça.	**exportieren, ausführen** Portugal exportiert Wein und Kork.
importação [ĩpurt'sɐ̃w] *f* Trabalho na repartição de importação.	**Import** *m*, **Einfuhr** *f* Ich arbeite in der Importabteilung.
importar [ĩpur'tar] *v.* Portugal tem de importar automóveis de outro países.	**importieren, einführen** Portugal muss Autos aus anderen Ländern einführen.
mercadoria [mərkaδu'riɐ] *f* A maiora das mercadorias é transportada por camiões.	**Ware** *f* Die meisten Waren werden mit Lastwagen transportiert.

produção [pruδu'sɐ̃w] *f*	**Produktion** *f*, **Erzeugung** *f*
A produção industrial sempre deverá ser eficiente.	Die industrielle Produktion soll immer effizient sein.
produto [pru'δutu] *m*	**Produkt** *n*, **Erzeugnis** *n*, **Ware** *f*
Este produto é de qualidade muito boa.	Dieses Produkt ist von sehr guter Qualität.
produzir [pruδu'zir] *v.*	**produzieren, herstellen, erzeugen**
O que é que esta fábrica produz?	Was produziert denn diese Fabrik?
propaganda [prupɐ'ɣɐ̃dɐ] *f*	**Werbung** *f*
A propaganda é a alma do negócio.	Die Werbung ist die Seele des Geschäfts.

«2001–4000»

comercial [kumər'sjał] *adj.*	**Handels..., Geschäfts...**
A secretária fez um curso de correspondência comercial.	Die Sekretärin hat einen Kurs für Handelskorrespondenz gemacht.
Estavam a tratar de assuntos comerciais.	Sie befassten sich mit geschäftlichen Angelegenheiten.
comerciante [kumər'sjɐ̃tə] *m*	**Kaufmann** *m*, **-leute** *pl.*
Os comerciantes estão a discutir o aumento dos preços das mercadorias.	Die Kaufleute diskutieren über die Preiserhöhung der Waren.
compra ['kõprɐ] *f*	**(Ein-)Kauf** *m*
O sr. Oliveira dedica-se à compra de automóveis.	Herr Oliveira beschäftigt sich mit dem Einkauf von Autos.
concorrência [kõku'ʀẽsjɐ] *f*	**Konkurrenz** *f*, **Wettbewerb** *m*
Esta firma não teme a concorrência.	Diese Firma fürchtet keine Konkurrenz.
condição [kõdi'sɐ̃w] *f*	**Bedingung** *f*
Quais são as condições de pagamento?	Wie sind die Zahlungsbedingungen?
consumir [kõsu'mir] *v.*	**verbrauchen**
Nós consumimos muita energia elétrica.	Wir verbrauchen viel elektrische Energie.
contabilidade [kõtɐβəli'δaδə] *f*	**Buchführung** *f*, **Buchhaltung** *f*
A contabilidade é feita pelo guarda-livros.	Die Buchführung wird vom Buchhalter gemacht.

dire(c)ção [dirɛ'sɐ̃w] *f* A dire(c)ção da empresa desmentiu o escândalo.	**Direktion** *f*, **Leitung** *f* Die Leitung der Firma dementierte den Skandal.
firma ['firmɐ] *f* A firma foi à bancarrota.	**Firma** *f* Die Firma ist Bankrott gegangen.
fornecer [furnə'ser] *v.* Nós fornecemos os produtos conforme o vosso pedido.	**(be)liefern** Wir liefern Ihnen die Produkte laut Ihrer Bestellung.
guarda-livros ['gwarδɐ-'livruʃ] *m* O meu tio é guarda-livros numa empresa estrangeira. *Bras.* **contador** [kõta'dor] *m*	**Buchhalter** *m* Mein Onkel ist Buchhalter bei einer ausländischen Firma.
negócio [nə'ɣɔsju] *m* O negócio prometia um lucro compensador.	**Geschäft** *n* Das Geschäft versprach einen lohnenden Gewinn.
oferta [o'fɛrtɐ] *f* Por que não aproveitas a oferta?	**Angebot** *n* Warum nutzt du das Angebot nicht?
procura [pru'kurɐ] *f* Nesta época do ano a procura de casas de aluguer é maior.	**Nachfrage** *f* In dieser Jahreszeit ist die Nachfrage nach Mietwohnungen größer.
remessa [ʀə'mɛsɐ] *f* A remessa de vinhos será efe(c)tuada na próxima semana.	**Sendung** *f*, **Lieferung** *f* Die Weinlieferung wird in der kommenden Woche erfolgen.
venda ['vẽdɐ] *f* A venda dos produtos importados estagnou.	**Verkauf** *m* Der Verkauf von Importwaren stagnierte.

1.2.6.2 GESCHÄFTE, EINKAUF

«1–2000»

aberto [ɐ'βɛrtu], **-a** *adj.* Quando as lojas estão abertas?	**geöffnet, offen** Wann sind die Geschäfte geöffnet?

armazém [ɐrmɐ'zẽj] *m*	**Lager** *n*, **Kaufhaus** *n*
Há mais sacos no armazém.	Es sind noch mehr Säcke im Lager.
Ela comprou uma saia no armazém.	Sie hat im Kaufhaus einen Rock gekauft.
caixa ['kajʃɐ] *f*	**Kasse** *f*
Onde posso pagar? – Na última caixa.	Wo kann ich bezahlen? – An der letzten Kasse.
cliente ['kljẽtə] *m/f*	**Kunde** *m*, **Kundin** *f*
O senhor é nosso cliente?	Sind Sie bei uns Kunde?
comerciante [kumər'sjẽtə] *m/f*	**Händler(in)** *m(f)*
Um comerciante de automóveis nunca diz a verdade.	Ein Autohändler sagt nie die Wahrheit.
comprar [kõ'prar] *v.*	**kaufen**
Onde comprou os seus sapatos?	Wo haben Sie Ihre Schuhe gekauft?
compras ['kõprɐs] *f/pl.*	**Besorgungen** *f/pl.*, **Einkäufe** *m/pl.*
Todos os dias a minha mãe e eu íamos às compras juntas.	Meine Mutter und ich machten die Einkäufe jeden Tag zusammen.
fechado [fə'ʃaδu], **-a** *adj.*	**geschlossen**
Os bancos estão fechados aos feriados.	Die Banken sind an den Feiertagen geschlossen.
loja ['lɔʒɐ] *f*	**Geschäft** *n*, **Laden** *m*
A que horas a loja fecha?	Wann schließt das Geschäft?
mercado [mər'kaδu] *m*	**Markt** *m*
Se tiver tempo, vou ao mercado comprar legumes.	Wenn ich Zeit habe, gehe ich auf den Markt Gemüse kaufen.
mercearia [mərsjɐ'riɐ] *f*	**Lebensmittelgeschäft** *n*
Vou à mercearia da esquina.	Ich gehe ins Lebensmittelgeschäft an der Ecke.
padaria [pɐδɐ'riɐ] *f*	**Bäckerei** *f*
Onde compraste este pão delicioso? – Comprei-o na padaria.	Wo hast du dieses köstliche Brot gekauft? – Ich habe es in der Bäckerei gekauft.
pastelaria [pɐʃtəlɐ'riɐ] *f*	**Konditorei** *f*
Os pastéis de nata desta pastelaria são deliciosos.	Die Sahnetörtchen dieser Konditorei sind sehr lecker.

supermercado [supərmər'kaδu] *m*	**Supermarkt** *m*
O supermercado fica longe?	Ist es weit bis zum Supermarkt?
talho ['taʎu] *m*	**Metzgerei** *f*, **Fleischerei** *f*
O que vais fazer agora? – Vou ao talho. E tu?	Was machst du jetzt? – Ich gehe zur Metzgerei. Und du?
Bras. **açougue** [a'sogi] *m*	
vender [vẽ'der] *v.*	**verkaufen**
O senhor já vendeu a casa?	Haben Sie das Haus schon verkauft?

«2001–4000»

auto-serviço [awtusər'visu] *m*	**Selbstbedienung** *f*
Todos os supermercados têm auto-serviço.	Alle Supermärkte haben Selbstbedienung?
bicha ['biʃɐ] *f*	**Schlange stehen, anstehen**
Estive quase uma hora na bicha do banco.	Ich habe fast eine Stunde auf der Bank Schlange gestanden.
Bras. **fila** ['fila] *f*	
caixa ['kajʃɐ] *m/f*	**Kassierer(in)** *m(f)*
O caixa está a contar o dinheiro.	Der Kassierer zählt (gerade) das Geld.
clientela [kljẽ'telɐ] *f*	**Kundschaft** *f*
A clientela está satisfeita com os nossos produtos.	Die Kundschaft ist mit unseren Waren zufrieden.
comprador [kõpra'δor] *m*, **-a** *f*	**Käufer(in)** *m(f)*
O comprador está insatisfeito com os novos preços.	Der Käufer ist mit den neuen Preisen unzufrieden.
exposição na montra [eʃpuzi'sɐ̃w na 'mõtrɐ] *f*	**(Schaufenster-)Auslage** *f*
Todas as semanas, esta loja tem uma exposição diferente na montra.	Jede Woche hat dieses Geschäft eine andere Auslage.
Bras. **exposição na vitrine** [espozi'sãw na vi'trini] *f*	
freguês [frə'geʃ] *m*, **-a** *f*	**Käufer(in)** *m(f)*, **Kunde/-in** *m,f*
Somos fregueses da peixaria da Dona Maria.	Wir sind Kunden vom Fischladen der Dona Maria.

lavandaria [lɐvẽdɐ'riɐ] *f* O sr. Pereira sempre leva os seus fatos à lavandaria. *Bras.* **lavanderia** [lavãde'ria] *f*	**Wäscherei** *f*, **Reinigung** *f* Herr Pereira bringt seine Anzüge immer in die Reinigung.
livraria [livrɐ'riɐ] *f* Pode recomendar-me uma livraria?	**Buchhandlung** *f* Können Sie mir eine Buchhandlung empfehlen?
mais alguma coisa? [majʃ aɫ'ɣumɐ 'kojzɐ] Deseja mais alguma coisa?	**(bekommen Sie) sonst noch etwas?** Wünschen Sie noch (irgend-) etwas?
montra ['mõtrɐ] *f* Quanto custa aquela carteira que está na montra? *Bras.* **vitrine** [vi'trini] *f*	**Schaufenster** *n* Wie viel kostet diese Brieftasche im Schaufenster?
papelaria [pɐpəla'riɐ] *f* Podemos comprar as canetas e os envelopes na papelaria.	**Schreibwarengeschäft** *n* Wir können die Stifte und Umschläge im Schreibwarengeschäft kaufen.
se(c)ção [sɛ'ksɐ̃w] *f* Por favor, onde é que fica a se(c)ção de roupa de homem.	**Abteilung** *f* Bitte, wo ist die Herrenabteilung?
vendedor [vẽdə'ðor], **-a** *m,f* A vendedora mostrou-me os perfumes mais caros.	**Verkäufer(in)** *m(f)* Die Verkäuferin zeigte mir die teuersten Parfüme.

1.2.6.3 GELD

«1–2000»

banco ['bɐ̃ku] *m* Onde é que fica o banco?	**Bank** *f* Wo ist die Bank?
cambiar [kɐ̃'bjar] *v.* Vou ao banco cambiar dinheiro. *Bras.* **trocar** [tro'kar] *v.*	**umtauschen, wechseln** Ich gehe auf die Bank, Geld wechseln.
capital [kɐpi'taɫ] *m* A nossa empresa trabalha com capital estrangeiro.	**Kapital** *n* Unser Unternehmen arbeitet mit ausländischem Kapital.
caro ['karu], **-a** *adj.* Este hotel é caro demais! Não há outro mais barato?	**teuer** Dieses Hotel ist zu teuer. Gibt es kein billigeres?

cheque ['ʃɛkə] *m* O banco não pagou o cheque porque não tinha cobertura.	**Scheck** *m* Die Bank löste den Scheck nicht ein, weil er nicht gedeckt war.
conta ['kõtɐ] *f* A conta, se faz favor!	**Rechnung** *f* Bitte die Rechnung.
conta bancária ['kõtɐ bɐ̃'kariɐ] *f* A sua conta bancária apresenta um crédito de 1150$00.	**(Bank-)Konto** *n* Ihr Konto weist ein Guthaben von 1150 Escudos auf.
custar [kuʃ'tar] *v.* Quanto custa este livro?	**kosten** Wie viel kostet dieses Buch?
dinheiro [di'ɲejru] *m* Trabalho para ganhar dinheiro.	**Geld** *n* Ich arbeite, um Geld zu verdienen.
económico [iku'nɔmiku], **-a** *adj.* Este carro é económico, gasta menos combustível.	**sparsam, wirtschaftlich** Dieses Auto ist sparsam, es verbraucht weniger Treibstoff.
economizar [ikunumi'zar] *v.* Estou a economizar (um dinheiro) para comprar um computador.	**sparen** Ich spare Geld, um einen Computer zu kaufen.
ganhar [gɐ'ɲar] *v.* O senhor ganhou muito dinheiro trabalhando no exterior?	**verdienen** Haben Sie viel Geld im Ausland verdient?
gastar [gɐʃ'tar] *v.* Gastei todo o dinheiro.	**ausgeben** Ich habe das ganze Geld ausgegeben.
importância [ĩpur'tɐ̃sjɐ] *f* Qual é a importância do depósito?	**(Geld-)Summe** *f*, **Betrag** *m* Wie hoch ist der Betrag der Einzahlung?
livro de cheques ['livru də 'ʃɛkəʃ] *m* Esqueci-me do meu livro de cheques. *Bras.* **talão de cheques** [ta'lɐ̃w dʒi 'ʃɛkis] *m*	**Scheckheft** *n* Ich habe mein Scheckheft vergessen.

moeda ['mwɛδɐ] *f* Tens moedas para o automático? Trago comigo dólares, mas o pagamento tem de ser em moeda portuguesa.	**Geldstück** *n*, **Währung** *f* Hast du Geldstücke für den Automaten? Ich habe Dollar, aber die Zahlung muss in portugiesischer Währung erfolgen.
nota ['nɔtɐ] *f* As notas de cem dólares eram falsas.	**Geldschein** *m* Die Hundert-Dollar-Scheine waren falsch.
pagar [pɐ'ɣar] *v.* O cliente pagou a mercadoria e saiu.	**(be)zahlen** Der Kunde bezahlte die Ware und ging.
preço ['presu] *m* Os preços aqui são acessíveis.	**Preis** *m* Die Preise sind hier günstig.
trocar [tru'kar] *v.* Onde posso trocar os dólares? Desculpe, trocava-me 5000 escudos.	**(ein)wechseln, umtauschen** Wo kann ich Dollar umtauschen? Entschuldigen Sie, würden Sie mir 5000 Escudos wechseln?
troco ['troku] *m* O senhor não tem troco?	**Kleingeld** *n*, **Wechselgeld** *n* Haben Sie kein Kleingeld?
valer [vɐ'ler] *v.* Quanto vale este terreno?	**wert sein** Wie viel ist dieses Grundstück wert?

«2001–4000»

aluguer [ɐlu'ger] *m* Quanto custa o aluguer diário de um automóvel? *Bras.* **aluguel** [alu'gɛw] *m*	**Miete** *f* Wie viel kostet ein Mietwagen pro Tag?
a prestações [ɐ prəʃtɐ'sõjʃ] Nós comprámos a enciclopédia a prestações.	**auf Raten** Wir haben eine Enzyklopädie auf Raten gekauft.
barato [bɐ'ratu], **-a** *adj.* Tens razão. É mesmo barato.	**billig** Du hast Recht. Es ist wirklich billig.
câmbio ['kɐ̃bju] *m* Qual é o câmbio do escudo hoje?	**(Geldwechsel-)Kurs** *m* Wie ist der Kurs des Escudos heute?
crédito [krɛδitu] *m* Posso pagar com cartão de crédito?	**Kredit** *m* Kann ich mit Kreditkarte bezahlen?

depositar o dinheiro [dəposi'tar u di'ɲejru] *v.*	**Geld einzahlen**
Vou ao banco, pois tenho de depositar o dinheiro ainda hoje.	Ich gehe zur Bank, denn ich muss das Geld heute noch einzahlen.
desconto [dəʃ'kõtu] *m*	**Ermäßigung** *f*, **Rabatt** *m*
Tem desconto para estudantes?	Gibt es Studentenermäßigung?
Se a senhora comprar mais de dez unidades receberá um desconto de 30%.	Wenn Sie mehr als zehn Stück kaufen, bekommen Sie 30% Rabatt.
descontos [dəʃ'kõtuʃ] *m/pl.*	**Abzüge** *m/pl.*
Tem muitos descontos ao final do mês?	Haben Sie viele Abzüge am Ende des Monats?
despesas [dəʃ'pɛzɐʃ] *f/pl.*	**Ausgaben** *f/pl.*, **Kosten** *pl.*
O senhor tem muitas despesas ao final do mês?	Haben Sie viele Ausgaben am Ende des Monats?
dever [də'ver] *v.*	**schulden**
Quanto lhe devo?	Wie viel schulde ich Ihnen?
dívidas ['dividɐʃ] *f/pl.*	**Schulden** *f/pl.*
Não sei quando posso pagar as minhas dívidas.	Ich weiß nicht, wann ich meine Schulden bezahlen kann.
economias [ikunu'miɐʃ] *f/pl.*	**Ersparnisse** *f/pl.*
Depois de perder o meu emprego, tive de viver das economias.	Nachdem ich die Arbeit verloren hatte, musste ich von den Ersparnissen leben.
em dinheiro [ẽ di'ɲejru]	**bar**
Como é o pagamento?	Wie ist die Zahlung(sweise)?
Em cheque ou em dinheiro?	Mit Scheck oder in bar?
gorjeta [gur'ʒetɐ] *f*	**Trinkgeld** *n*
O empregado de mesa quase sempre recebe gorjetas dos turistas.	Der Ober bekommt fast immer Trinkgeld von den Touristen.
gratuito [grɐ'tujtu], **-a** *adj.*	**kostenlos, gratis**
Não precisa de pagar nada, estes jornais são gratuitos.	Sie müssen nichts bezahlen, diese Zeitungen sind gratis.
honorário [uno'rarju] *m*	**Honorar** *n*
Ele é um bom advogado, mas cobra uns honorários muito altos.	Er ist ein guter Rechtsanwalt, verlangt aber zu hohe Honorare.
imposto [ĩ'poʃtu] *m*	**Steuer** *f*
Todos os meses tenho de pagar os impostos.	Jeden Monat muss ich Steuern zahlen.

inde(m)nização [ĩdəmnizɐ'sɐ̃w] *f*	**Entschädigung** *f*
O meu pai também recebeu uma inde(m)nização da firma.	Mein Vater hat auch eine Entschädigung von der Firma bekommen.
juros ['ʒuruʃ] *m/pl.*	**Zinsen** *m/pl.*
Qual é a taxa de juros?	Wie hoch ist der Zinssatz?
levantar dinheiro [ləvɐ̃'tar di'ɲejru] *v.*	**Geld abheben**
Levantei todo o dinheiro da conta.	Ich habe das ganze Geld vom Konto abgehoben.
receber [ʀəsə'βer] *v.*	**bekommen, erhalten** (Geld)
Já recebeste o teu dinheiro?	Hast du schon dein Geld bekommen?
recursos [ʀə'kursuʃ] *m/pl.*	**(Geld-)Mittel** *(n)/pl.*
Os recursos financeiros destinados à construção da nova escola não foram suficientes.	Die Geldmittel, die für den Bau der neuen Schule bestimmt waren, waren nicht ausreichend.
reembolsar [ʀjẽboɫ'sar] *v.*	**zurückzahlen, erstatten**
Tomara que reembolsem as despesas!	Hoffentlich werden die Kosten erstattet!
recibo [ʀə'siβu] *m*	**Quittung** *f*
Aqui está o seu recibo.	Hier ist Ihre Quittung.
rendimento [ʀẽdi'mẽtu] *m*	**Einkommen** *n*
Qual é o seu rendimento mensal? *Bras.* **renda** ['rẽda] *f*	Wie hoch ist Ihr monatliches Einkommen?
transferir dinheiro [trɐ̃ʃfe'rir di'ɲejru] *v.*	**Geld überweisen**
O funcionário transferiu o dinheiro para sua conta.	Der Angestellte hat das Geld auf sein Konto überwiesen.
transferência bancária [trɐ̃ʃfə'rẽsja bɐ̃'kariɐ] *f*	**Überweisung** *f*
Queria fazer uma transferência para esta conta.	Ich möchte eine Überweisung auf dieses Konto vornehmen.
valioso [vɐ'ljozu], **-a** *adj.*	**wertvoll**
Esta moeda antiga é muito valiosa.	Diese alte Münze ist sehr wertvoll.
valor [vɐ'lor] *m*	**Wert** *m*
Qual é o valor desta antiguidade?	Wie hoch ist der Wert dieser Antiquität?

1.2.6.4 BESITZ
(Siehe auch POSSESSIVPRONOMEN 3.2.2)

«1–2000»

bens [bẽjʃ] *m/pl.* A familía dele adquiriu muitos bens.	**Vermögen** *n* Seine Familie hat viel Vermögen erworben.
de [də] *prep.* A bicicleta da (de+a) minha irmã tem cinco marchas.	**von** (meist mit Genitiv zu übersetzen) Das Fahrrad (von) meiner Schwester hat fünf Gänge.
pertencer (a) [pərtẽ'ser (ɐ)] *v.* Este dicionário pertence ao Pedro.	**gehören** Dieses Wörterbuch gehört Pedro.
pobre ['pɔβrə] *adj.* Há 20 anos era um homem muito pobre, hoje é milionário.	**arm** Vor 20 Jahren war er ein armer Mann, heute ist er Millionär.
possuir [pu'swir] *v.* Cada membro da família possui um automóvel próprio.	**besitzen** Jedes Familienmitglied besitzt ein eigenes Auto.
privado [pri'vaδu], **-a** *adj.* Ele nunca nos falou da sua vida privada.	**privat** Er hat nie mit uns über sein Privatleben gesprochen.
propriedade [pruprjə'δaδə] *f* Esta casa é propriedade do governo.	**Eigentum** *n*, **Besitz** *m* Dieses Haus ist Eigentum des Staates.
rico ['ʀiku], **-a** *adj.* A minha sobrinha casou-se com um rapaz muito rico.	**reich** Meine Nichte hat einen sehr reichen Mann geheiratet.
ter [ter] *v.* Dona Maria, quantas casas de aluguer a senhora tem?	**haben** Dona Maria, wie viele Mietwohnungen haben Sie?

«2001–4000»

coisas ['kojzɐʃ] *f/pl.* As coisas mais importantes que tenho são os meus livros.	**Sachen** *f/pl.* Die wichtigsten Sachen, die ich habe, sind meine Bücher.

dispor (de) [diʃ'por] *v.* — **verfügen** (über)
Infelizmente não dispomos mais de dinheiro para cobrir as despesas. — Leider verfügen wir nicht über das Geld, um die Kosten zu decken.

enriquecer [ẽʀikə'ser] *v.* — **reich werden**
O sr. Santos enriqueceu da noite para o dia. — Herr Santos ist über Nacht reich geworden.

faltar [fał'tar] *v.* — **nicht haben, Mangel haben**
Falta-me dinheiro. Podes emprestar-me 500 escudos? — Mir fehlt Geld. Kannst du mir 500 Escudos leihen?

herança [i'rẽsɐ] *f* — **Erbschaft** *f*
Depois de receber a herança, nunca mais precisei de trabalhar. — Nachdem ich die Erbschaft bekommen hatte, musste ich nie wieder arbeiten.

proprietário [pruprje'tarju] *m*, **-a** *f* — **Eigentümer(in)** *m(f)*, **Besitzer(in)** *m(f)*
Quem é o proprietário desta casa? — Wer ist der Eigentümer dieses Hauses?

próprio ['prɔprju], **-a** *adj.* — **eigen**
Sempre quis ter uma casa própria. — Ich wollte immer ein eigenes Haus haben.

riqueza [ʀi'kezɐ] *f* — **Reichtum** *m*
A riqueza não traz a felicidade. — Reichtum bringt kein Glück.

seguro [sə'ɣuru] *m* — **Versicherung** *f*
Quanto é que paga de seguro? — Wie viel Versicherung zahlen Sie?

1.2.7 RECHT UND VERWALTUNG

1.2.7.1 POST, TELEFON

«1–2000»

apartado [ɐpɐr'taδu] *m* — **Postfach** *n*
O número do apartado é 1813. — Die Postfachnummer ist 1813.
Bras. **caixa postal** ['kaiʃa pos'taw] *f*

bilhete postal [bi'ʎetə puʃ'tał] *m* — **Postkarte** *f*
Queria selos para estes bilhetes postais. — Ich möchte Briefmarken für diese Postkarten.
Bras. **cartão postal** [kar'tãw pos'taw] *m*

caixa do correio ['kajʃɐ du ku'ʀeju] *f* Mete a carta na caixa do correio!	**Briefkasten** *m* Wirf den Brief in den Briefkasten.
carta ['kartɐ] *f* A minha tia escreveu-me uma carta.	**Brief** *m* Meine Tante hat mir einen Brief geschrieben.
carteiro [kɐr'tejru] *m* O carteiro já trouxe a correspondência hoje?	**Briefträger** *m* Hat der Briefträger heute schon die Post gebracht?
correio [ku'ʀeju] *m* Onde é que fica o correio?	**Postamt** *n*, **Post** *f* Wo ist das Postamt?
correspondência [kuʀəʃpõ'dẽsjɐ] *f* O escritor recebe muita correspondência do exterior.	**Post** *f*, **Korrespondenz** *f* Der Schriftsteller bekommt viel Post aus dem Ausland.
dire(c)ção [dirɛ'sɐ̃w] *f* Qual é a dire(c)ção? – Rua São José, 210 – 4100 Porto. *Bras.* **endereço** [ẽde'resu] *m*	**Adresse** *f*, **Anschrift** *f* Wie ist die Adresse ? – Rua São José, 210 – 4100 Porto.
encomenda postal [ẽku'mẽdɐ puʃ'tał] *f* Podes ir ao correio enviar esta encomenda?	**Paket** *n* Kannst du auf die Post gehen und dieses Paket abschicken?
endereço [ẽdə'resu] *m* Por favor, qual é o seu endereço?	**Adresse** *f*, **Anschrift** *f* Wie ist Ihre Adresse, bitte?
envelope [ẽvə'lɔpə] *m* Onde posso comprar envelopes?	**(Brief-)Umschlag** *m* Wo kann ich Umschläge kaufen?
número do telefone ['numəru du tələ'fɔnə] *m* Qual é o número (do telefone) do João?	**Telefonnummer** *f* Wie ist die Telefonnummer von João?
selo ['selu] *m* Vou ao correio comprar selos.	**Briefmarke** *f* Ich gehe auf die Post, um Briefmarken zu kaufen.
telefonar [tələfu'nar] *v.* Posso telefonar daqui?	**telefonieren, anrufen** Darf ich von hier telefonieren?
telefone [tələ'fɔnə] *m* O telefone está impedido.	**Telefon** *n* Das Telefon ist besetzt.

telegrama [tələ'ɣrɐmɐ] *m* Queria mandar um telegrama para França.	**Telegramm** *n* Ich möchte ein Telegramm nach Frankreich schicken.

«2001–4000»

avariado [ɐvɐ'rjaδu], **-a** *adj.* O telefone da cabina está avariado. *Bras.* **quebrado** [ke'bradu, -a], **-a** *adj.*	**defekt, kaputt** Das Telefon in der Telefonzelle ist defekt.
cabina telefónica [kɐ'βinɐ tələ'fɔnikɐ] *f* A senhora pode telefonar da cabina (telefónica) em frente do supermercado. *Bras.* **cabine telefônica** [ka'bini tele'fonika] *f*	**Telefonzelle** *f* Sie können von der Telefonzelle vor dem Supermarkt aus telefonieren.
carta registada ['kartɐ ʀəʒiʃ'taδɐ] *f* Queria mandar uma carta registada para a Alemanha. *Bras.* **carta registrada** ['karta reʒis'trada] *f*	**Einschreiben** *n* Ich möchte einen Brief per Einschreiben nach Deutschland schicken.
chamada [ʃɐ'maδɐ] *f* Queria fazer uma chamada para a Alemanha. *Bras.* **ligação** [liga'sãw] *f*	**Anruf** *m* Ich möchte einen Anruf nach Deutschland machen.
código postal ['kɔδiɣu puʃ'tał] *m* Qual é o código postal da sua cidade?	**Postleitzahl** *f* Welche Postleitzahl hat Ihre Stadt?
correios [ku'ʀejuʃ] *m/pl.* Pode dizer-me onde ficam os correios?	**Post** *f*, **Postamt** *n* Können Sie mir sagen, wo die Post ist?
destinatário [dəʃtinɐ'tarju] *m*, **-a** *f* Esta carta chega amanhã ao destinatário?	**Empfänger(in)** *m(f)* Bekommt der Empfänger morgen den Brief?
está lá [iʃ'ta la] *interj.* Está lá, donde fala? *Bras.* **alô** [a'lo]	**hallo!, ja bitte?** Hallo, wer ist da?

impedido [ĩpə'δiδu], **-a** *adj.* Como a linha está impedida, vou telefonar mais tarde. *Bras.* **ocupado, -a** [oku'padu, -a] *adj.*	**besetzt, belegt** Da die Leitung besetzt ist, werde ich später anrufen.
impresso [ĩ'prɛsu] *m* Esta carta pode ir como impresso.	**Drucksache** *f* Dieser Brief kann als Drucksache geschickt werden.
indicativo [ĩdikɐ'tivu] *m* Qual é o indicativo da Alemanha? – 00 49. *Bras.* **código** ['kɔdʒigu] *m*	**Vorwahl(nummer)** *f*, **Vorwahl** *f* Wie ist die Vorwahl für Deutschland? – 00 49.
ligação [liɣa'sãw] *f* A ligação está ruim.	**(Telefon-)Verbindung** *f*, **Gespräch** *n* Die Verbindung ist schlecht.
lista telefónica ['liʃtɐ tələ'fɔnikɐ] *f* A senhora tem uma lista telefónica?	**Telefonbuch** *n* Haben Sie ein Telefonbuch?
morada [mu'raδɐ] *f* Complete esta ficha com o seu nome e a sua morada. *Bras.* **endereço** [ẽde'resu] *m*	**Adresse** *f*, **Anschrift** *f* Füllen Sie dieses Formular mit Ihrem Namen und Ihrer Adresse aus.
remetente [ʀəmə'tẽtə] *m* Esta carta está sem remetente.	**Absender** *m* Dieser Brief hat keinen Absender.
serviços postais e telefónicos [sər'visuʃ puʃ'taĩs ə tələ'fɔnikuʃ] *m/pl.* Os serviços postais e telefónicos não funcionam aos feriados.	**Post- und Fernmeldewesen** *n* Das Post- und Fernmeldewesen funktioniert an Feiertagen nicht.
aguardar [ɐɣwɐr'δar] *v.* Aguarde um momento, por favor!	**warten, am Apparat bleiben** Bitte warten Sie einen Augenblick.
tocar [tu'kar] *v.* Deixe o telefone tocar uma vez, depois pode atender.	**läuten, klingeln** Lassen Sie das Telefon einmal läuten, dann können Sie den Hörer abheben.

vale postal ['valə puʃ'tał] *m* Ontem recebi um vale postal dos meus pais.	**Postanweisung** *f* Gestern habe ich eine Postanweisung von meinen Eltern bekommen.
via aérea ['viɐ ɐ'ɛrjɐ] *adv.* Queria mandar este pacotinho via correio aéreo.	**mit** (oder **per**) **Luftpost** Ich möchte dieses Päckchen per Luftpost schicken.

1.2.7.2 BEHÖRDEN, POLIZEI

«1–2000»

administração [ɐdməniʃtrɐ'sɐ̃w] *f* A administração da cidade é na parte nova.	**Verwaltung** *f* Die Stadtverwaltung ist im Neubaugebiet.
alfândega [ał'fɐ̃dəɣɐ] *f* O funcionário da alfândega controla os passageiros.	**Zoll** *m* Der Zollbeamte kontrolliert die Passagiere.
assinar [ɐsi'nar] *v.* Por favor, assine aqui!	**unterschreiben** Unterschreiben Sie bitte hier.
assinatura [ɐsinɐ'turɐ] *f* Falta a sua assinatura!	**Unterschrift** *f* Ihre Unterschrift fehlt.
autoridades [awturi'δaδəʃ] *f/pl.* As autoridades presentes não se manifestaram contra a a(c)ção.	**Obrigkeit** *f*, **Staatsgewalt** *f* Die anwesende Obrigkeit hat sich zu der Aktion nicht geäußert.
Câmara Municipal ['kɐmɐrɐ munəsi'pał] *f* A Câmara Municipal fica no centro.	**Rathaus** *n*, **Gemeindeverwaltung** *f* Das Rathaus ist im Stadtzentrum.
consulado [kõsu'laδu] *m* Se faz favor, onde é que fica o Consulado do Brasil?	**Konsulat** *n* Entschuldigung, wo befindet sich das brasilianische Konsulat?
controlo [kõ'trolu] *m* Ali. Nós temos de passar pelo controlo. *Bras.* **controle** [kõ'troli] *m*	**Kontrolle** *f* Da. Wir müssen durch die Kontrolle.
dirigir-se (a) [dirə'ʒirsə] *v.* O senhor deve dirigir-se à repartição financeira.	**sich wenden** (an) Sie müssen sich an die Finanzabteilung wenden.

embaixada [ẽbaj'ʃaδɐ] *f* Por favor, a senhora pode dar-me o telefone da Embaixada da Alemanha?	**Botschaft** *f* Können Sie mir bitte die Telefonnummer der deutschen Botschaft geben?
funcionário público [fũsju'narju 'publiku] *m* Sou funcionário público.	**Beamter** *m* Ich bin Beamter.
guiché [gi'ʃɛ] *m* Depois de pagar a taxa, a senhora pode retirar o seu passaporte no guiché 3.	**Schalter** *m* Nachdem Sie die Gebühr bezahlt haben, können Sie Ihren Pass am Schalter 3 abholen.
polícia [pu'lisjɐ] *m* O polícia prendeu o condutor por excesso de bebida alcoólica. *Bras.* **policial** [puli'siaw] *m*	**Polizist** *m*, **Schutzmann** *m* Der Polizist hat den Fahrer wegen Alkoholmissbrauchs festgenommen.
polícia [pu'lisjɐ] *f* A polícia agrediu os manifestantes.	**Polizei** *f* Die Polizei hat die Demonstranten angegriffen.
posto policial ['poʃtu puli'sjał] *m* O posto policial é na próxima rua à esquerda. *Bras.* **delegacia de polícia** [delega'sia dʒi pu'lisia] *f*	**Polizeirevier** *n*, **Polizeiwache** *f* Die Polizeiwache ist in der nächsten Straße links.

«2001–4000»

bombeiros [bõ'bejruʃ] *m/pl.* O incêndio foi extinto pelos bombeiros.	**Feuerwehr** *f* Der Brand wurde von der Feuerwehr gelöscht.
cargo ['karɣu] *m* Estou a exercer o cargo de Presidente da Câmara desde o ano passado.	**Amt** *n*, **Funktion** *f* Ich übe seit letztem Jahr das Amt des Bürgermeisters aus.
controlar [kõtru'lar] *v.* O polícia controlou o carro.	**kontrollieren** Der Polizist hat das Auto kontrolliert.
deter [də'ter] *v.* O ladrão foi detido pelo polícia.	**verhaften** Der Dieb ist von dem Polizisten verhaftet worden.

denúncia [də'nũsjɐ] *f* Se o senhor quiser, pode fazer uma denúncia.	**Anzeige** *f*, **Klage** *f* Wenn Sie wollen, können Sie eine Anzeige machen.
ficheiro [fi'ʃejru] *m* O senhor pode verificar no ficheiro, por favor? *Bras.* **fichário** [fi'ʃarju] *m*	**Kartei** *f*, **Datei** *f* Können Sie bitte in der Kartei nachprüfen?
impresso [ĩ'prɛsu] *m* Preencha este impresso, se faz favor! *Bras.* **formulário** [formu'larju] *m*	**Formular** *n* Füllen Sie bitte dieses Formular aus!
oficial [ofi'sjał] *adj.* Na televisão foi feito um comunicado oficial.	**offiziell, amtlich, behördlich** Im Fernsehen wurde eine offizielle Mitteilung verlesen.
Presidente da Câmara [prəzi'dẽtə dɐ 'kɐmɐrɐ] *m* O Presidente da Câmara não cumpriu com as suas promessas.	**Bürgermeister** *m* Der Bürgermeister hat seine Versprechungen nicht erfüllt.
questionário [kəʃtju'narju] *m* O senhor precisa de preencher este questionário.	**Fragebogen** *m* Sie müssen diesen Fragebogen ausfüllen.
registar [ʀəʒiʃ'tar] *v.* A reclamação foi registada na semana passada. *Bras.* **registrar** [ʀeʒis'trar] *v.*	**registrieren, aufnehmen** Die Beschwerde ist letzte Woche aufgenommen worden.
repartição pública [ʀəpɐrti'sɐ̃w 'publikɐ] *f* Ele trabalha numa repartição pública.	**Dienststelle** *f*, **Amt** *n* Er arbeitet in einem Amt.
requerimento [ʀəkəri'mẽtu] *m* O senhor já entregou o requerimento?	**Antrag** *m* Haben Sie den Antrag schon abgegeben?
serviços públicos [sər'visuʃ 'publikuʃ] *m/pl.* Os serviços públicos não estão a funcionar hoje.	**Behörde** *f* Die Behörden arbeiten heute nicht.
solicitar [suləsi'tar] *v.* O meu visto está a vencer. Por isso, solicito-lhes uma prorrogação.	**beantragen** Mein Visum ist bald abgelaufen. Deshalb beantrage ich eine Verlängerung.

válido ['valiδu], **-a** *adj.* A sua carta de condução já não é válida, caducou há dois meses.	**(rechts)gültig** Ihr Führerschein ist nicht mehr gültig, er ist seit zwei Monaten abgelaufen.
visto de permanência ['viʃtu də pərmɐ'nẽsjɐ] *m* O senhor já solicitou o seu visto de permanência?	**Aufenthaltserlaubnis** *f* Haben Sie schon Ihre Aufenthaltserlaubnis beantragt?

1.2.7.3 RECHTSWESEN, DELIKTE

«1–2000»

acusado [ɐku'zaδu] *m* Por falta de provas, o acusado foi posto em liberdade.	**Angeklagter** *m* Mangels Beweisen wurde der Angeklagte freigesprochen.
acusar [ɐku'zar] *v.* O político foi acusado de corrupção.	**anklagen** Der Politiker wurde wegen Korruption angeklagt.
advogado [ɐdvu'ɣaδu] *m* O meu filho está a estudar Direito, ele quer ser advogado.	**(Rechts-)Anwalt** *m* Mein Sohn studiert Jura, er will Rechtsanwalt werden.
assalto [ɐ'saɫtu] *m* Supõe-se que uma quadrilha internacional planeou o assalto.	**Überfall** *m* Man vermutet, dass eine internationale Bande den Überfall geplant hat.
castigar [kɐʃti'ɣar] *v.* Os criminosos devem ser castigados severamente.	**bestrafen** Die Verbrecher müssen streng bestraft werden.
condenar [kɔdẽ'nar] *v.* O réu foi condenado a vinte anos de prisão.	**verurteilen, bestrafen** Der Angeklagte wurde zu 20 Jahren Gefängnis verurteilt.
culpado [kuɫ'paδu], **-a** *adj.* O tribunal declarou-o culpado.	**schuldig** Das Gericht hat ihn für schuldig erklärt.
direito [di'rejtu] *m* Todo o acusado tem o direito de ter um advogado de defesa. Ele estuda Direito.	**Recht** *n*, **Jura** Jeder Angeklagte hat das Recht auf einen Verteidiger. Er studiert Jura.
inocente [inu'sẽtə] *adj.* O réu foi declarado inocente.	**unschuldig** Der Angeklagte wurde für unschuldig erklärt.

juiz ['ʒwiʃ] *m* O juiz pôs em dúvida a sinceridade do réu.	**Richter** *m* Der Richter stellte die Glaubwürdigkeit des Angeklagten infrage.
julgamento [ʒułɣɐ'mẽtu] *m* O julgamento é à porta fechada.	**Gerichtsverhandlung** *f* Die Gerichtsverhandlung findet hinter geschlossenen Türen statt.
justiça [ʒuʃ'tisɐ] *f* Lutamos por justiça! A justiça persegue os infra(c)tores de impostos.	**Gerechtigkeit** *f*, **Justiz** *f* Wir kämpfen für Gerechtigkeit! Die Justiz verfolgt Steuerhinterziehung.
justo ['ʒuʃtu], **-a** *adj.* Na minha opinião o veredi(c)to foi justo.	**gerecht** Meiner Meinung nach war der Urteilsspruch gerecht.
ladrão [lɐ'drɐ̃w] *m* Não sei se já apanharam os ladrões.	**Dieb** *m* Ich weiß nicht, ob sie die Diebe schon ergriffen haben.
lei [lej] *f* O senhor desobedeceu às leis!	**Gesetz** *n* Sie haben das Gesetz missachtet.
multar [muł'tar] *v.* O polícia multou o condutor desatento.	**bestrafen** (finanziell) Der Polizist hat den unachtsamen Fahrer bestraft.
pena ['penɐ] *f* O criminoso foi condenado à pena de morte.	**Strafe** *f* Der Verbrecher wurde zum Tode verurteilt.
prender [prẽ'der] *v.* A polícia prendeu três jovens por tráfico de drogas.	**verhaften, festnehmen** Die Polizei hat drei Jugendliche wegen Drogenhandels verhaftet.
processo [pru'sɛsu] *m* Como está o andamento do processo?	**Gerichtsverfahren** *n* Wie läuft das Gerichtsverfahren?
regulamento [ʀəɣulɐ'mẽtu] *m* O senhor já conhece este regulamento?	**Vorschrift** *f* Kennen Sie schon diese Vorschrift?
réu [ʀew] *m* Embora o advogado tenha feito uma defesa brilhante, o réu não foi absolvido.	**Angeklagter** *m* Obwohl der Anwalt eine brillante Verteidigung machte, ist der Angeklagte nicht freigesprochen worden.

roubar [ʀo'βar] *v.* Um dos mandamentos diz: não roubarás.	stehlen Eines der Gebote heißt: Du sollst nicht stehlen.
tribunal [triβu'nał] *m* O tribunal condenou-os à prisão perpétua.	**Gericht** *n* Das Gericht hat sie zu lebenslanger Haft verurteilt.

«2001–4000»

assaltar [ɐsɐł'tar] *v.* Três homens assaltaram uma bomba de gasolina ontem à noite.	**überfallen** Drei Männer haben gestern Abend eine Tankstelle überfallen.
cometer [kumə'ter] *v.* O réu cometeu cinco crimes.	**begehen** Der Angeklagte hat fünf Verbrechen begangen.
confessar [kõfə'ʃar] *v.* O réu confessou o assassínio.	**gestehen** Der Angeklagte hat den Mord gestanden.
crime ['krimə] *m* Foi um crime horrível.	**Verbrechen** *n* Es war ein schreckliches Verbrechen.
criminoso [krəmi'nozu] *m* Em breve descobrirão o criminoso.	**Verbrecher** *m* Bald werden sie den Verbrecher entdecken.
culpa ['kułpɐ] *f* Não sei quem é que teve a culpa do acidente.	**Schuld** *f* Ich weiß nicht, wer an dem Unfall Schuld hatte.
declarar as próprias culpas [dəklɐ'rar ɐz 'prɔprjɐʃ 'kułpɐʃ] *v.* O condutor declarou as próprias culpas.	**gestehen** Der Fahrer hat seine Schuld gestanden.
delito [də'litu] *m* Foi preso por ter cometido um delito grave.	**Vergehen** *n*, **Delikt** *n* Er ist wegen eines schwerwiegenden Vergehens verhaftet worden.
gatuno [gɐ'tunu] *m* F Por onde entraram os gatunos?	**Einbrecher** *m*, **Dieb** *m* Wo sind die Einbrecher reingekommen?
injustiça [ĩʒuʃ'tisɐ] *f* O mundo está cheio de injustiça.	**Ungerechtigkeit** *f* Die Welt ist voller Ungerechtigkeit.

jurar [ʒu'rar] *v.*	schwören
O réu jurou dizer a verdade.	Der Angeklagte schwor, die Wahrheit zu sagen.
multa ['mułtɐ] *f*	**Geldstrafe** *f*
Ah! Aqui é proibido estacionar, por isso eu tenho de pagar esta multa.	Ach! Hier ist das Parken verboten, deshalb muss ich eine Geldstrafe zahlen.
prisão [pri'ʒɐ̃w] *f*	**Gefängnis** *n*
Ele ficou três anos na prisão.	Er war drei Jahre im Gefängnis.
furto ['furtu] *m*	**Diebstahl** *m*
Não se sabe ao certo quando foi o furto.	Man weiß nicht genau, wann sich der Diebstahl ereignet hat.
sentença [sẽ'tẽsɐ] *f*	**Urteil** *n*
Depois que a sentença foi proferida, houve protestos.	Nachdem das Urteil verkündet worden war, gab es Einwände.
testemunha [təʃtə'muɲɐ] *m/f*	**Zeuge** *m*, **Zeugin** *f*
Se o senhor viu o acidente, terá de ser testemunha.	Wenn Sie den Unfall gesehen haben, müssen Sie als Zeuge fungieren.
violência [vju'lẽsjɐ] *f*	**Gewalt(tätigkeit)** *f*
A violência dos terroristas deixou a cidade toda em pânico.	Die Gewalttätigkeit der Terroristen versetzte die ganze Stadt in Panik.

1.2.8 ARZT UND KRANKENHAUS

(Siehe auch KÖRPER 1.1.1.1, GESUNDHEIT UND KRANKHEIT 1.1.1.7)

«1–2000»

dentista [də'tiʃtɐ] *m/f*	**Zahnarzt** *m*, **-ärztin** *f*
Preciso de ir ao dentista.	Ich muss zum Zahnarzt gehen.
doutor [do'tor] *m*	**Doktor** *m*, **Arzt** *m*
Senhor Doutor, sinto-me mal.	Herr Doktor, ich fühle mich krank.
enfermeiro [ẽfər'mejru] *m*, **-a** *f*	**Krankenschwester** *f*, **-pfleger** *m*
A enfermeira cuida dos doentes.	Die Krankenschwester pflegt die Kranken.
farmácia [fɐr'masjɐ] *f*	**Apotheke** *f*
O senhor sabe onde é que fica a farmácia mais próxima?	Wissen Sie, wo die nächste Apotheke ist?

hospital [ɔʃpi'taɫ] *m* Onde é que fica o hospital?	**Krankenhaus** *n* Wo ist das Krankenhaus?
medicamento [meδikɐ'mẽtu] *m* O paciente pergunta ao médico como deve tomar o medicamento.	**Medikament** *n*, **Arzneimittel** *n* Der Patient fragt den Arzt, wie das Medikament eingenommen werden soll.
médico ['mɛδiku] *m*, **-a** *f* O médico examinou o paciente.	**Arzt** *m*, **Ärztin** *f* Der Arzt untersuchte den Patienten.
operação [opərɐ'sɐ̃w] *f* A operação está marcada para a próxima semana.	**Operation** *f* Die Operation ist für nächste Woche vorgesehen.
remédio [ʀə'mɛδju] *m* O remédio é bom contra/para a gripe.	**Medizin** *f*, **(Heil-)Mittel** *n*, **Arznei** *f* Das Mittel ist gut gegen Grippe.
tratar [trɐ'tar] *v.* O médico trata as doenças dos seus pacientes.	**pflegen, behandeln** Der Arzt behandelt die Krankheiten seiner Patienten.

«2001–4000»

ambulância [ɐ̃bu'lɐ̃sjɐ] *f* É preciso chamar uma ambulância imediatamente!	**Krankenwagen** *m* Es ist nötig, sofort einen Krankenwagen zu rufen.
cirurgião [sirur'ʒjɐ̃w] *m*, **-ã** *f* A operação é feita pelo cirurgião.	**Chirurg(in)** *m(f)* Die Operation wird vom Chirurgen durchgeführt.
comprimido [kõpri'miδu] *m* Dê-me um comprimido para dores de cabeça, por favor.	**Tablette** *f* Geben Sie mir bitte eine Kopfschmerztablette.
consulta [kõ'suɫtɐ] *f* Hoje tenho uma consulta.	**(Arzt-)Termin** *m*, **Arztsprechstunde** *f* Ich habe heute einen Arzttermin.
farmacêutico [fɐrmɐ'sewtiku] *m*, **-a** *f* O farmacêutico recomendou-me um chá de camomila.	**Apotheker(in)** *m(f)* Der Apotheker hat mir Kamillentee empfohlen.

inje(c)ção [ĩʒɛ'sɐ̃w] *f* A enfermeira deu-lhe uma inje(c)ção contra as dores.	**Injektion** *f*, **Spritze** *f* Die Krankenschwester gab ihm eine Spritze gegen die Schmerzen.
médico especialista ['mɛδiku iʃpəsjɐ'liʃtɐ] *m* Preciso de consultar urgentemente um médico especialista.	**Facharzt** *m* Ich muss dringend einen Facharzt aufsuchen.
operar [opə'rar] *v.* O médico está a operar o paciente.	**operieren** Der Arzt operiert gerade den Patienten.
paciente [pɐ'sjẽtə] *m/f* O paciente tem tensão arterial alta.	**Patient(in)** *m(f)*, **Kranke(r)** *f(m)* Der Patient hat hohen Blutdruck.
penso ['pẽsu] *m* A enfermeira está a pôr um penso adesivo na minha perna. *Bras.* **curativo** [kura'tʃivu] *m*	**Verband** *m*, **Pflaster** *n* Die Krankenschwester klebt ein Pflaster auf mein Bein.
pílula ['pilulɐ] *f* Ela já não toma a pílula.	**Pille** *f* Sie nimmt die Pille nicht mehr.
radiografia [ʀaδjuɣrɐ'fiɐ] *f* É melhor tirar uma radiografia para fazer um diagnóstico.	**Röntgenaufnahme** *f* Es ist besser, eine Röntgenaufnahme zu machen, um eine Diagnose stellen zu können.
receita [ʀə'sejtɐ] *f* O médico esqueceu de dar-me a receita.	**Rezept** *n* Der Arzt hat vergessen, mir das Rezept zu geben.
seguro social [sə'ɣuru su'sjaɫ] *m* Todo empregado tem um seguro social.	**Sozialversicherung** *f* Alle Angestellten haben eine Sozialversicherung.
tensão arterial [tẽ'sɐ̃w ɐrte'riaɫ] *f* O meu avô tem tensão arterial alta.	**Blutdruck** *m* Mein Großvater hat hohen Blutdruck.
tratamento [trɐtɐ'mẽtu] *m* O médico disse que o tratamento vai demorar.	**Behandlung** *f* Der Arzt sagte, dass die Behandlung lange dauern wird.

1.3 Interessen

1.3.1 KUNST

1.3.1.1 THEATER, FILM, BILDENDE KUNST

«1–2000»

a(c)tor [a'tor] *m*, **a(c)triz** [a'triʃ] *f* Este a(c)tor representa muito mal.	**Schauspieler(in)** *m(f)* Dieser Schauspieler spielt sehr schlecht.
arte ['artə] *f* Ontem fomos a uma exposição de arte impressionista.	**Kunst** *f* Gestern sind wir in eine Ausstellung impressionistischer Kunst gegangen.
artista [ɐr'tiʃtɐ] *m/f* A artista expõe seus quadros na galeria de arte.	**Künstler(in)** *m(f)* Die Künstlerin stellt ihre Gemälde in der Kunstgalerie aus.
cinema [si'nemɐ] *m* Gosto muito de ir ao cinema.	**Kino** *n* Ich gehe gern ins Kino.
desenho [də'zeɲu] *m* Os desenhos da sua filha são muito criativos.	**Zeichnung** *f*, **Zeichnen** *n* Die Zeichnungen Ihrer Tochter sind sehr kreativ.
desenhar [dəzə'ɲar] *v.* A artista está a desenhar com carvão.	**zeichnen** Die Künstlerin zeichnet mit Kohle.
famoso [fɐ'mozu], **-a** *adj.* Como se chama aquele pintor famoso que viveu em Taiti?	**berühmt** Wie heißt dieser berühmte Maler, der in Tahiti lebte?
filme ['fiɫmə] *m* Lembras-te do último filme que vimos juntos?	**Film** *m* Erinnerst du dich an den letzten Film, den wir zusammen gesehen haben?
museu [mu'zew] *m* O museu é um centro de cultura.	**Museum** *n* Das Museum ist ein Kulturzentrum.
papel [pɐ'pɛɫ] *m* Ele já não queria representar aquele papel.	**Rolle** *f* Er möchte diese Rolle nicht mehr spielen.

peça de teatro ['pɛsɐ də 'tjatru] *f*	**(Theater-)Stück** *n*
Achei a peça de teatro fantástica!	Ich fand das Theaterstück einfach toll!
pintar [pĩ'tar] *v.*	**malen**
Ele está a pintar um quadro no atelier.	Er malt gerade im Atelier ein Bild.
pintor [pĩ'tor] *m*, **-a** *f*	**Maler** *m*
O meu pintor preferido é Vincent van Gogh.	Mein Lieblingsmaler ist Vincent van Gogh.
pintura [pĩ'turɐ] *f*	**Malerei** *f*, **Gemälde** *n*
A pintura moderna agrada-me.	Die moderne Malerei gefällt mir.
Esta pintura é muito valiosa.	Dieses Gemälde ist sehr wertvoll.
programa [pru'ɣrɐmɐ] *m*	**Programm** *n*
A dire(c)ção do Teatro Nacional teve de mudar o programa.	Die Direktion des Nationaltheaters musste das Programm ändern.
público ['publiku] *m*	**Publikum** *n*
O público aplaudiu entusiasmado.	Das Publikum klatschte begeistert Beifall.
quadro ['kwaδru] *m*	**Bild** *n*, **Gemälde** *n*
Os quadros de Cézanne são muito apreciados.	Die Gemälde von Cezanne sind sehr geschätzt.
representar [ʀəprəzẽ'tar] *v.*	**spielen**
Gostei muito deste a(c)tor. Representa muito bem.	Ich mag diesen Schauspieler. Er spielt sehr gut.
teatro ['tjatru] *m*	**Theater** *n*
Vamos ao teatro hoje?	Gehen wir heute ins Theater?

«2001–4000»

a(c)to ['atu] *m*	**Akt** *m*, **Aufzug** *m*
A comédia possui cinco a(c)tos.	Die Komödie hat fünf Akte.
apresentação [ɐprəzẽtɐ'sɐ̃w] *f*	**Aufführung** *f*
Hoje será a última apresentação da peça "Romeu e Julieta".	Heute wird die letzte Aufführung des Stückes „Romeo und Julia" stattfinden.

bilhete [bi'ʎetə] *m* Havia tantas pessoas na bicha para comprar bilhete que desisti. *Bras.* **ingresso** [ĩ'grɛsu] *m*	**(Eintritts-)Karte** *f* Es standen so viele Leute in der Schlange, um eine Eintrittskarte zu kaufen, dass ich es aufgegeben habe.
bilheteira [biʎə'tejrɐ] *f* Apressa-te! Espero que não haja bicha na bilheteira. *Bras.* **bilheteria** [biʎete'ria] *f*	**(Kino-/Theater-)Kasse** *f* Beeile dich! Ich hoffe, es gibt keine Schlange an der Kasse.
cena ['senɐ] *f* Gostei muito da cena de amor.	**Szene** *f* Mir hat die Liebesszene sehr gut gefallen.
comédia [ku'mɛδjɐ] *f* Trata-se de uma comédia?	**Komödie** *f*, **Lustspiel** *n* Handelt es sich um eine Komödie?
desenhos animados [də'zeɲuʃ ɐni'maδuʃ] *m/pl.* As crianças gostam de desenhos animados.	**Zeichentrickfilm** *m* Kinder mögen Zeichentrickfilme.
divertir-se [divər'tirsə] *v.* Ontem nós divertimo-nos muito.	**belustigen, unterhalten, sich amüsieren** Wir haben uns gestern sehr amüsiert.
drama ['drɐmɐ] *m* A peça de teatro é baseada num drama de Shakespeare.	**Drama** *n* Dieses Theaterstück basiert auf einem Drama von Shakespeare.
encenador [ẽsənɐ'δor] *m* Quem é o encenador da peça?	**(Bühnen-)Regisseur** *m* Wer ist der Regisseur des Stücks?
escultor [iʃkuɫ'tor] *m* Dizem que é um escultor muito famoso.	**Bildhauer** *m* Man sagt, dass er ein berühmter Bildhauer ist.
escultura [iʃkuɫ'turɐ] *f* As esculturas de Rodin são muito famosas.	**Bildhauerkunst** *f*, **Skulptur** *f* Die Skulpturen von Rodin sind sehr berühmt.
espe(c)táculo [iʃpɛ'takulu] *m* No fim-de-semana passado fomos à tourada. Foi um ó(p)timo espe(c)táculo.	**Vorstellung** *f*, **Schauspiel** *n*, **Aufführung** *f* Letztes Wochenende waren wir beim Stierkampf. Es war eine gute Vorstellung.

espectador [iʃpɛ'tɐ'ðor] *m*, **-a** *f* Os espectadores assistiram entusiasmados à comédia.	**Zuschauer(in)** *m(f)* Die Zuschauer schauten begeistert der Komödie zu.
estátua [iʃ'tatwɐ] *f* Esta estátua é de mármore.	**Statue** *f*, **Standbild** *n* Diese Statue ist aus Marmor.
estilo [iʃ'tilu] *m* Embora os pintores sejam da mesma época, têm estilos completamente diferentes.	**Stil** *m* Obwohl die Maler aus derselben Zeit stammen, haben sie ganz unterschiedliche Stile.
estrela [iʃ'trɛlɐ] *f* As estrelas do show devem chegar em poucos instantes.	**Star** *m* Die Stars der Show müssten in wenigen Minuten ankommen.
exposição [əʃpuzi'sɐ̃w] *f* A exposição vai ter lugar na galeria de arte.	**Ausstellung** *f* Die Ausstellung wird in der Kunstgalerie stattfinden.
intervalo [ĩtər'valu] *m* Depois do segundo a(c)to há um intervalo de 30 minutos.	**Pause** *f* Nach dem zweiten Akt ist eine Pause von 30 Minuten.
obra-prima ['ɔbrɐ-'primɐ] *f* Considero este quadro de Vieira da Silva uma verdadeira obra-prima.	**Meisterwerk** *n* Ich halte dieses Bild von Vieira da Silva für ein echtes Meisterwerk.
palco ['pałku] *m* Ao final os a(c)tores voltaram ao palco.	**Bühne** *f* Am Schluss kehrten die Schauspieler auf die Bühne zurück.
personagem [pɛrsu'naʒɐ̃j] *m/f* Na minha opinião, a personagem mais interessante do filme foi o amigo do protagonista.	**Person** *f*, **Gestalt** *f* Meiner Meinung nach war die interessanteste Gestalt des Filmes der Freund der Hauptfigur.
realizador [ʀjɐlizɐ'ðor] *m* Quem é o realizador?	**(Film-)Regisseur** *m* Wer ist der Regisseur des Films?

1.3.1.2 MUSIK

«1–2000»

canção [kɐ̃'sɐ̃w] *f* Esta canção lembra-me dos meus tempos de estudante.	**Lied** *n* Dieses Lied erinnert mich an meine Studentenzeit.
cantar [kɐ̃'tar] *v.* O fadista canta muito bem.	**singen** Der Fadosänger singt sehr gut.

canto ['kẽtu] *m* Gostas de canto gregoriano?	**Gesang** *m* Magst du den gregorianischen Gesang?
cantor [kẽ'tor] *m*, **-a** *f* Qual é o seu cantor preferido?	**Sänger(in)** *m(f)* Wer ist Ihr Lieblingssänger?
concerto [kõ'sertu] *m* Os meus pais vão assistir a um concerto de piano.	**Konzert** *n* Meine Eltern werden in ein Klavierkonzert gehen.
instrumento [ĩʃtru'mẽtu] *m* Que instrumentos são estes? – Uma guitarra e uma viola.	**Instrument** *n* Was für (Musik-)Instrumente sind das? – Eine Gitarre und eine Bratsche.
música ['muzikɐ] *f* A amiga dela interessa-se por música clássica.	**Musik** *f* Ihre Freundin interessiert sich für klassische Musik.
músico ['muziku] *m*, **-a** *f* Qual é a sua profissão? – Sou músico.	**Musiker(in)** *m(f)* Was sind Sie von Beruf? – Ich bin Musiker.
ópera ['ɔpərɐ] *f* Tu que entendes de música, fala-me dessa ópera.	**Oper** *f* Du verstehst etwas von Musik, erzähl mir über diese Oper.
orquestra [ɔr'kɛʃtrɐ] *f* A orquestra de câmara realizará um concerto amanhã.	**Orchester** *n*, **Kapelle** *f* Das Kammerorchester wird morgen ein Konzert geben.
piano ['pjɐnu] *m* O senhor sabe tocar piano?	**Klavier** *n* Können Sie Klavier spielen?
tocar [tu'kar] *v.* Que instrumentos tocas?	**spielen, musizieren** Welche Instrumente spielst du?

«2001–4000»

compositor [kɔmpuzi'tor] *m* Um dos compositores mais famosos é Mozart.	**Komponist** *m* Einer der berühmtesten Komponisten ist Mozart.
fado ['faδu] *m* O fado é uma música típica de Portugal.	**Fado** *m* Der Fado ist eine typische Musik Portugals.
flauta ['flautɐ] *f* Interessavam-se por música: ele tocava piano e ela flauta.	**Flöte** *f* Sie interessierten sich für Musik: Er spielte Klavier und sie Flöte.

guitarra [gi'tarɐ] *f* Que interessante! Nunca tinha visto uma guitarra portuguesa.	**Gitarre** *f* Wie interessant! Ich hatte noch nie eine portugiesische Gitarre gesehen.
melodia [məlu'ðiɐ] *f* Esta música tem uma melodia bonita.	**Melodie** *f* Diese Musik hat eine schöne Melodie.
popular [pupu'lar] *adj.* Também em Portugal a música brasileira é popular.	**populär, beliebt** Brasilianische Musik ist auch in Portugal populär.
regente [ʀə'ʒẽtə] *m* Como se chama o regente?	**Dirigent** *m* Wie heißt der Dirigent?
ritmo ['ʀitmu] *m* O ritmo africano é muito popular.	**Rhythmus** *m* Der afrikanische Rhythmus ist sehr beliebt.
som [sõ] *m* A guitarra portuguesa tem um som maravilhoso.	**Klang(farbe)** *m(f)*, **Ton** *m* Die portugiesische Gitarre hat einen wunderschönen Klang.
tom [tõ] *m* O tom desta canção é dó maior.	**Ton(art)** *m(f)*, **Laut** *m* Die Tonart des Liedes ist C-Dur.
violino [vjo'linu] *m* Ela toca violino desde os cinco anos de idade.	**Geige** *f*, **Violine** *f* Sie spielt seit dem fünften Lebensjahr Geige.
voz [vɔʃ] *f* A cantora tem uma voz muito bonita.	**Stimme** *f* Die Sängerin hat eine sehr schöne Stimme.

1.3.2 MEDIEN

«1–2000»

banda desenhada ['bẽdɐ dəze'ɲaðɐ] *f* As crianças gostam de banda desenhada. *Bras.* **história em quadrinhos** [is'tɔria ẽ kwa'driɲus] *f*	**Comic** *m* Kinder mögen Comics.
(fita) cassete [('fitɐ) kɐ'sɛtə] *f* Tenho mais cassetes do que CDs.	**Kassette** *f* Ich habe mehr Kassetten als CDs.

disco ['diʃku] *m* Podes emprestar-me aquele disco antigo do Elvis Presley?	**(Schall-)Platte** *f* Könntest du mir diese alte Schallplatte von Elvis Presley ausleihen?
disco compacto ['diʃku kõ'paktu] *m* O meu namorado deu-me um disco compacto de música brasileira.	**CD** *f* Mein Freund hat mir eine CD mit brasilianischer Musik gegeben.
imagem [i'maʒẽj] *f* A imagem está ruim.	**Bild** *n* Das Bild ist schlecht.
imprensa [ĩ'prẽsɐ] *f* A notícia foi anunciada pela imprensa.	**Presse** *f* Die Nachricht ist durch die Presse bekannt gemacht worden.
jornal [ʒur'nał] *m* O meu pai lê jornal diariamente antes do pequeno-almoço.	**Zeitung** *f* Mein Vater liest täglich vor dem Frühstück die Zeitung.
meios de comunicação de massa ['mejuʃ də kumunikɐ'sɐ̃w de 'masɐ] *m/pl.* Os meios de comunicação de massa têm grande poder.	**Massenmedien** *pl.* Die Massenmedien haben große Macht.
programa [pru'ɣrɐmɐ] *m* As crianças vêem o programa infantil.	**Sendung** *f* Die Kinder sehen die Kindersendung.
rádio ['ʀaδju] *m* De manhã geralmente ouço as notícias no rádio.	**Radio(gerät)** *n* Morgens höre ich meistens die Nachrichten im Radio.
revista [ʀə'viʃtɐ] *f* Eu sempre leio revistas sobre temas especiais relacionados com a minha profissão.	**Zeitschrift** *f* Ich lese immer Zeitschriften mit speziellen Themen, die mit meinem Beruf zu tun haben.
televisão [tələvi'ʒɐ̃w] *f* O técnico arranjou a televisão.	**Fernseher** *m*, **Fernsehen** *n* Der Techniker hat den Fernseher repariert.
ver televisão [ver tələvi'ʒɐ̃w] *v.* Queres ver televisão?	**fernsehen** Willst du fernsehen?

videocassete [viδjukɐ'sɛtə] *f* Comprámos uma videocassete em língua portuguesa. *Bras.* **fita de vídeo** ['fita dʒi 'vidʒju] *f*	**Video(kassette)** *n(f)* Wir haben ein Video in portugiesischer Sprache gekauft.
vídeo ['viδju] *m* Comprámos um vídeo.	**Video(gerät)** *n* Wir haben ein Videogerät gekauft.

«2001–4000»

anúncio [ɐ'nũsju] *m* Já leu os anúncios?	**Anzeige** *f*, **Annonce** *f* Haben Sie schon die Anzeigen gelesen?
apresentador [ɐprəzẽta'δor] *m*, **-a** *f* Não gosto deste apresentador. Tem uma voz irritante!	**Ansager(in)** *m(f)*, **Sprecher(in)** *m(f)* Ich mag diesen Ansager nicht. Er hat eine unangenehme Stimme.
canal [kɐ'nał] *m* No canal dois está a passar uma reportagem sobre a União Europeia.	**Sender** *m*, **(Fernseh-)Kanal** *m* Im zweiten Kanal läuft gerade eine Reportage über die Europäische Union.
cartaz [kɐr'taʃ] *m* Alguém colou os cartazes?	**Plakat** *n* Hat jemand die Plakate aufgehängt?
entrevista [ẽtrə'viʃtɐ] *f* O senhor viu a entrevista na televisão ontem?	**Interview** *n* Haben Sie das Interview gestern im Fernsehen gesehen?
espectador [iʃpɛtɐ'δor] *m*, **-a** *f* Os telespectadores vêem o programa.	**(Fernseh-)Zuschauer(in)** *m(f)* Die Fernsehzuschauer sehen die Sendung an.
gira-discos [ʒirɐ'diʃkuʃ] *m* O teu aparelho tem gira-discos? *Bras.* **toca-discos** ['tɔka'-'dʒiskus] *m*	**Plattenspieler** *m* Hat deine Anlage einen Plattenspieler?
gravador [grɐvɐ'δor] *m* Preciso de um gravador para gravar a entrevista.	**(Ton-)Bandgerät** *n*, *auch* **Kassettenrekorder** *m*, *auch* **Filmaufnahmegerät** *n* Ich brauche ein Tonbandgerät, um das Interview aufzunehmen.

imprimir [ĩprə'mir] *v.* Queria imprimir este texto, mas a impressora não está a funcionar.	**drucken** Ich wollte diesen Text ausdrucken, aber der Drucker funktioniert nicht.
leitor de cassetes [lej'tor də kɐ'sɛtə] *m* O seu carro tem um leitor de cassete? *Bras.* **toca-fitas** ['tɔka'-'fitas] *m*	**Kassettenabspielgerät** *n* Hat dein Auto ein Kassettenabspielgerät?
noticiário [nuti'sjarju] *m* A que horas começa o noticiário?	**(Fernseh-)Nachrichten** *f/pl.* Wann beginnen die Nachrichten?
ouvinte [o'vĩtə] *m,f* Este programa destina-se a ouvintes que se interessam pela música clássica.	**Hörer(in)** *m(f)* Diese Sendung richtet sich an Hörer, die sich für klassische Musik interessieren.
propaganda [prupɐ'ɣẽδɐ] *f* Há propaganda demais na televisão.	**Werbung** *f*, **Propaganda** *f* Es gibt im Fernsehen zu viel Werbung.
publicar [publi'kar] *v.* O artigo vai ser publicado numa revista especializada.	**veröffentlichen** Der Artikel wird in einer Fachzeitschrift veröffentlicht.
publicidade [publəsi'δaδə] *f* Para o sucesso deste produto, muito contribuiu a publicidade.	**Publizität** *f*, **Reklame** *f*, **Werbung** *f* Die Werbung hat zum Erfolg dieses Produktes viel beigetragen.
repórter [ʀə'pɔrtɛr] *m/f* Ele é repórter para um jornal.	**Reporter** *m*, **Berichterstatter** *m* Er ist Reporter für eine Zeitung.

1.3.3 ERHOLUNG UND FREIZEIT

1.3.3.1 FREIZEITBESCHÄFTIGUNGEN

«1–2000»

brincar [brĩ'kar] *v.* As crianças estão a brincar lá fora.	**spielen** Die Kinder spielen draußen.
câmara ['kɐmɐrɐ] *f* Eu perdi a minha câmara.	**Fotoapparat** *m* Ich habe meinen Fotoapparat verloren.

dança ['dɐ̃sɐ] *f* Estou a frequentar um curso de dança.	**Tanz** *m* Ich besuche (gerade) einen Tanzkurs.
dançar [dɐ̃'sar] *v.* Ela dança bem.	**tanzen** Sie tanzt gut.
descansar [dəʃkɐ̃'sar] *v.* Estamos cansados de tanto andar, temos de descansar um bocadinho.	**ausruhen, erholen** Wir sind müde vom vielen Laufen, wir müssen uns ein bisschen ausruhen.
divertir(-se) [divər'tir(sə)] *v.* Divertiram-se muito?	**sich amüsieren, sich unterhalten** Habt ihr euch gut amüsiert?
excursão [əʃkur'sɐ̃w] *f* Amanhã faremos uma excursão para Sintra.	**Ausflug** *m*, **Fahrt** *f* Morgen werden wir einen Ausflug nach Sintra machen.
fazer campismo [fɐ'zer kɐ̃'piʒmu] *v.* Este ano ela não teve férias, portanto não foi com os amigos fazer campismo.	**zelten** Dieses Jahr hatte sie keine Ferien, also hat sie nicht mit den Freunden gezeltet.
fazer trabalhos manuais [fɐ'zer trɐ'baʎuʃ mɐnu'aiʃ] *v.* Meus filhos fazem trabalhos manuais na escola.	**basteln, Handarbeiten machen** Meine Kinder basteln in der Schule.
foto ['fɔtu] *f* Querem ver as fotos que tirei nas minhas férias?	**Foto** *n*, **Bild** *n*, **Aufnahme** *f* Wollt ihr die Fotos sehen, die ich in den Ferien gemacht habe?
jardim [ʒɐr'δĩ] *m* O meu passatempo preferido é cuidar do jardim.	**Garten** *m* Mein liebstes Hobby ist es, den Garten zu pflegen.
jogar [ʒu'ɣar] *v.* Vamos jogar às cartas?	**spielen** Wollen wir Karten spielen?
jogo ['ʒoɣu] *m* Em que estádio vai ser o jogo?	**Spiel** *n* In welchem Stadion wird das Spiel stattfinden?
passear [pɐ'sjar] *v.* Todos os dias passeávamos na cidade.	**spazieren gehen, spazieren fahren** Wir gingen jeden Tag in der Stadt spazieren.

passeio [pɐ'seju] *m*	**Spaziergang** *m*, **Spazierfahrt** *f*
Fizemos um passeio numa pequena aldeia de pescadores.	Wir haben einen Spaziergang durch ein kleines Fischerdorf gemacht.
pescar [pəʃ'kar] *v.*	**fischen**
Queres ir pescar connosco?	Willst du mit uns fischen gehen?
pescar à linha [pəʃ'kar a 'liɲɐ] *v.*	**angeln**
Prefiro pescar à linha.	Ich angle lieber.
praia ['prajɐ] *f*	**Strand** *m*
Queres ir à praia comigo?	Gehst du mit mir an den Strand?

«2001–4000»

brinquedo [brĩ'keδu] *m*	**Spielzeug** *n*
O menino estava a chorar porque tinha perdido o seu brinquedo.	Der Junge weinte, weil er sein Spielzeug verloren hatte.
bronzear-se [brõ'zjarsə] *v.*	**bräunen, braun werden**
No Verão as raparigas estão a bronzear-se na praia.	Im Sommer bräunen sich die Mädchen am Strand.
cole(c)ção [kulɛ'sɐ̃w] *f*	**Sammlung** *f*
Não quer ver a minha cole(c)ção de selos?	Möchten Sie nicht meine Briefmarkensammlung sehen?
cole(c)cionar [kulɛ'siunar] *v.*	**sammeln**
O meu tio cole(c)ciona moedas.	Mein Onkel sammelt Münzen.
descanso [dəʃ'kɐ̃su] *m*	**Ruhe** *f*, **Erholung** *f*
Depois de tanto trabalho e incomodações, estou a precisar de descanso.	Nach so viel Arbeit und Ärger brauche ich Erholung.
diapositivo [diɐpuzi'tivu] *m*	**Dia(positiv)** *n*
Queria um filme, por favor. – Para foto ou diapositivo?	Ich möchte bitte einen Film. – Für Bilder oder Dias?
distrair-se [diʃtrɐ'irsə] *v.*	**ablenken, zerstreuen**
Foram ao cinema para distrair -se.	Sie sind ins Kino gegangen, um sich abzulenken.
divertido [divər'tiδu], **-a** *adj.*	**amüsant, lustig**
O passeio de barco foi muito divertido.	Die Bootsfahrt war sehr lustig.

divertimento [divərti'mẽtu] *m* Conversar e jogar às cartas é um bom divertimento.	**Unterhaltung** *f*, **Freizeitbeschäftigung** *f* Sich unterhalten und Karten spielen ist eine gute Freizeitbeschäftigung.
filme ['fiłmə] *m* Onde é que eu posso comprar filmes para a minha câmara?	**Film** *m* Wo kann ich Filme für meine Kamera kaufen?
fotografar [futuɣrɐ'far] *v.* Gosto de fotografar paisagens.	**fotografieren** Ich fotografiere gerne Landschaften.
máquina de filmar ['makinɐ də fił'mar] *f* Qual é a marca da sua máquina de filmar? *Bras.* **filmadora** [fiwma'dora] *f*	**(Film-)Kamera** *f* Wie heißt die Marke deiner Kamera?
máquina fotográfica ['makinɐ futu'ɣrafikɐ] *f* A senhora podia tirar uma foto com a minha máquina fotográfica, por favor?	**Fotoapparat** *m* Könnten Sie bitte ein Foto mit meiner Kamera machen?
passatempo ['pɐsɐ'tẽpu] *m* Qual é o seu passatempo preferido?	**Hobby** *n* Was ist Ihr liebstes Hobby?
pesca ['pɛʃkɐ] *f* Aqui a pesca é proibida!	**Fischfang** *m*, **Angeln** *n* Hier ist Angeln verboten!
pescador [pəʃkɐ'ðor] *m* Meu pai foi pescador.	**Fischer** *m*, **Angler** *m* Mein Vater war Fischer.
tempos livres ['tẽpuʃ 'livrəʃ] *m/pl.* O que fazes nos tempos livres? *Bras.* **horas livres** ['ɔras 'livris] *f/pl.*	**Freizeit(beschäftigung)** *f* Was machst du in der Freizeit?
tomar banho [tu'mar 'bɐɲu] *v.* Eu vou tomar banho no mar.	**baden** Ich gehe im Meer baden.

1.3.3.2 SPORT

«1–2000»

alpinismo [ałpə'niʒmu] *m* O meu irmão pratica alpinismo.	**Bergsteigen** *n* Mein Bruder betreibt Bergsteigen.

andar de esqui [ẽ'dar də iʃ'ki] *v.* Estive em Sankt Moritz para andar de esqui.	Ski laufen, Ski fahren Ich war in Sankt Moritz Ski laufen.
baliza [bɐ'lizɐ] *f* A bola não entrou na baliza. *Bras.* **gol** ['gow] *m*	**Tor** *n* Der Ball ist nicht ins Tor gegangen.
bola ['bɔlɐ] *f* O jogador atira a bola ao colega.	(größerer) **Ball** *m* Der Spieler wirft dem Mitspieler den Ball zu.
bolinha [bɔ'liɲɐ] *f* Vamos jogar ténis de mesa? – Sim, mas onde está a bolinha?	(kleinerer) **Ball** *m* Spielen wir Tischtennis? – Ja, aber wo ist der Ball?
caça ['kasɐ] *f* A caça é proibida nesta região.	**Jagd** *f* Die Jagd ist in dieser Region verboten.
competição [kõpəti'sẽw] *f* Quando é a competição?	**Wettkampf** *m*, **Wettbewerb** *m* Wann ist der Wettkampf?
corrida [ku'ʀiδɐ] *f* Quando começa a corrida de 400 m?	**Lauf** *m*, **Rennen** *n* Wann beginnt der 400-Meter-Lauf?
desportista [dəʃpɔr'tiʃtɐ] *m/f* Os desportistas já se encontram no estádio. *Bras.* **esportista** [espor'tʃista] *m/f*	**Sportler(in)** *m(f)* Die Sportler befinden sich schon im Stadion.
desportivo [dəʃpɔr'tivu], **-a** *adj.* O hotel oferece diferentes a(c)tividades desportivas. *Bras.* **esportivo** [espor'tʃivu], **-a** *adj.*	**sportlich** Das Hotel bietet verschiedene sportliche Aktivitäten.
desporto [dəʃ'pɔrtu] *m* O windsurf é um desporto saudável. *Bras.* **esporte** [es'pɔrtʃi] *m*	**Sport** *m* Windsurfen ist ein gesunder Sport.
equipa [i'kipɐ] *f* Ontem a equipa jogou bem. *Bras.* **equipe** [e'kipi] *f*; **time** ['tʃimi] *m*	**Mannschaft** *f* Gestern hat die Mannschaft gut gespielt.

esqui [iʃ'ki] *m* Nas próximas férias vou fazer um curso de esqui.	**Ski** *m*, **Skifahren** *n*, **Skilaufen** *n* Im nächsten Urlaub werde ich einen Skikurs machen.
estádio [iʃ'taδju] *m* O estádio estava lotado.	**Stadion** *n* Das Stadion war voll besetzt.
futebol [futə'bɔɫ] *m* O senhor quer assistir à partida de futebol?	**Fußball** *m* Wollen Sie sich das Fußballspiel ansehen?
ganhar [gɐ'ɲar] *v.* Quem ganhou a maratona?	**gewinnen** Wer hat den Marathonlauf gewonnen?
nadar [nɐ'δar] *v.* O meu irmão sabe nadar bem de costas.	**schwimmen** Mein Bruder kann gut Rückenschwimmen.
natação [nɐtɐ'sɐ̃w] *f* A natação é um desporto muito saudável.	**Schwimmen** *n*, **Schwimmsport** *m* Schwimmen ist ein sehr gesunder Sport.
partida [pɐr'tiδɐ] *f* A senhora joga uma partida de xadrez comigo?	**Partie** *f*, **Spiel** *n*, **Wettbewerb** *m* Spielen Sie eine Partie Schach mit mir?
piscina [pi'sinɐ] *f* Este hotel tem piscina?	**Schwimmbad** *n* Hat dieses Hotel ein Schwimmbad?
ténis ['tɛniʃ] *m* Os meus pais praticam ténis.	**Tennis** *n* Meine Eltern spielen Tennis.
ténis de mesa ['tɛniʃ də 'mezɐ] *m* Jogas ténis de mesa?	**Tischtennis** *n* Spielst du Tischtennis?

«2001–4000»

adversário [ɐdvər'sarju] *m* Quem será o adversário?	**Gegner** *m* Wer wird der Gegner sein?
árbitro ['arβitru] *m* O árbitro interrompeu o jogo.	**Schiedsrichter** *m* Der Schiedsrichter hat das Spiel unterbrochen.
caçador [kɐsɐ'δor] *m* Todo o caçador precisa de uma permissão de caça.	**Jäger** *m* Jeder Jäger braucht eine Jagdgenehmigung.

caçar [kɐ'sar] *v.* O pai do Manuel caçou três perdizes.	jagen Manuels Vater hat drei Rebhühner gejagt.
campo desportivo ['kẽpu dəʃpɔr'tivu] *m* Nesta cidade há dois campos desportivos. *Bras.* **campo de esportes** [kãpu dʒi es'pɔrtʃis] *m*	**Sportplatz** *m* In dieser Stadt gibt es zwei Sportplätze.
campeão [kẽ'pjẽw] *m*, **-ã** *f* Viva! Ele é o campeão mundial!	**Meister(in)** *m(f)* Hurra! Er ist der Weltmeister!
condição física [kõdi'sẽw 'fizikɐ] *f* O desportista está em boa condição física.	**Kondition** *f*, **Verfassung** *f*, **Form** *f* Der Sportler ist in guter Verfassung.
escalar [iʃka'lar] *v.* O alpinista está a escalar o Monte Everest.	**einen Berg besteigen, klettern** Der Bergsteiger besteigt den Mount Everest.
esquiador [iʃkiɐ'δor] *m*, **-a** *f* Quem é o melhor esquiador do 'slalom'?	**Skifahrer(in)** *m(f)* Wer ist der beste Skifahrer im Slalom?
mergulhar [mərgu'ʎar] *v.* Onde é que é mais apropriado para mergulhar?	**tauchen** Wo ist es geeigneter, um zu tauchen?
perder [pɛr'δer] *v.* A nossa equipa perdeu o jogo.	**verlieren** Unsere Mannschaft hat das Spiel verloren.
recorde [ʀə'kɔrδə] *m* Quem é que bateu o recorde mundial?	**Rekord** *m* Wer hat den Weltrekord gebrochen?
saltar [saɫ'tar] *v.* Caramba! Ela salta magnificamente!	**springen** Donnerwetter! Sie kann fabelhaft springen.
telesqui [təle'ʃki] *m* Sem telesqui eu não gosto de andar de esqui.	**Skilift** *m* Ohne Skilift mag ich nicht Ski fahren.
treinar [trej'nar] *v.* Os atletas precisam de treinar constantemente.	**trainieren** Die Athleten müssen ständig trainieren.
vela ['vɛlɐ] *f* A vela é um desporto interessante.	**Segel** *n*, **Segeln** *n* Segeln ist ein interessanter Sport.

vencer [vẽ'ser] *v.* — gewinnen
O atleta português vence a competição. — Der portugiesische Athlet gewinnt den Wettbewerb.

voleibol [volej'bɔɫ] *m* — **Volleyball** *n*
A Ana joga voleibol no clube. — Ana spielt Volleyball im Verein.
Bras. **vôlei** ['volej] *m*

1.4 Öffentliches Leben

1.4.1 STAATSWESEN

1.4.1.1 STAAT UND POLITIK

«1–2000»

capital [kɐpi'taɫ] *f* — **Hauptstadt** *f*
Lisboa é a capital de Portugal. — Lissabon ist die Hauptstadt Portugals.

democracia [dəmukrɐ'siɐ] *f* — **Demokratie** *f*
A instauração da democracia provocou alterações na sociedade portuguesa. — Die Errichtung der Demokratie verursachte Veränderungen in der portugiesischen Gesellschaft.

democrático [dəmu'kratiku], **-a** *adj.* — **demokratisch**
Hoje Portugal é um país democrático. — Heute ist Portugal ein demokratisches Land.

eleição [ilej'sɐ̃w] *f* — **Wahl** *f*
No próximo ano teremos eleições. — Im nächsten Jahr finden Wahlen statt.

estado [iʃ'taδu] *m* — **Staat** *m*
Isto é um segredo de Estado! — Dies ist ein Staatsgeheimnis.

estrangeiro [istrɐ̃'ʒejru] *m*, **-a** *f* — **Ausländer(in)** *m(f)*, **Ausland** *n*
Sou estrangeira. — Ich bin Ausländerin.
Sem a ajuda financeira dos pais, ela não estaria a estudar no estrangeiro. — Ohne die finanzielle Hilfe der Eltern könnte sie nicht im Ausland studieren.

estrangeiro [istrɐ̃'ʒejru], **-a** *adj.* — **ausländisch**
A chapa do carro era estrangeira. — Das Nummernschild des Autos war ausländisch.

fronteira [frõ'tejrɐ] *f* Na União Europeia não há mais controlo nas fronteiras.	**Grenze** *f* In der Europäischen Union gibt es keine Grenzkontrollen mehr.
governo [gu'vernu] *m* O governo não faz nada contra o desemprego.	**Regierung** *f* Die Regierung tut nichts gegen die Arbeitslosigkeit.
internacional [ĩtərnɐsju'nał] *adj.* De que estão a falar? – De política internacional.	**international** Wovon reden Sie? – Von internationaler Politik.
maioria [mɐju'riɐ] *f* O meu candidato obteve a maioria dos votos.	**Mehrheit** *f* Mein Kandidat erhielt die Mehrheit der Stimmen.
manifestar-se [mɐnifəʃ'tarsə] *v.* Os sindicatos já se manifestaram contra estas leis laboriais. Ontem muitas pessoas manifestaram-se contra os testes nucleares.	**sich äußern, bekunden, demonstrieren** Die Gewerkschaften haben sich schon gegen diese Arbeitsgesetze geäußert. Gestern haben viele Leute gegen die Atomversuche demonstriert.
ministro [mə'niʃtru] *m* Deputados, ministros e secretários, todos estavam esgotados após o debate.	**Minister** *m* Abgeordnete, Minister und Sekretäre, alle waren nach der Debatte erschöpft.
mundo ['mũdu] *m* Representantes de todo o mundo lamentaram o acontecido.	**Welt** *f* Repräsentanten der ganzen Welt haben den Vorfall bedauert.
nação [nɐ'sɐ̃w] *f* Quase todas as nações são membros da ONU.	**Nation** *f* Fast alle Nationen sind Mitglieder der UNO.
oposição [upuzi'sɐ̃w] *f* Os deputados da oposição exigiram um rigoroso inquérito.	**Opposition** *f* Die Abgeordneten der Opposition haben eine strenge Untersuchung gefordert.
país [pɐ'iʃ] *m* A Alemanha é um país que tem muitas fronteiras.	**Land** *n* Deutschland ist ein Land, das viele Grenzen hat.
parlamento [pɐrlɐ'mẽtu] *m* O parlamento está a discutir os problemas ecológicos.	**Parlament** *n* Das Parlament diskutiert gerade über die Umweltprobleme.

partido [pɐr'tiδu] *m* A dire(c)ção do partido expulsará alguns membros.	**Partei** *f* Die Parteiführung wird einige Mitglieder ausschließen.
poder [pu'δer] *m* O partido social-democrata está no poder.	**Macht** *f* Die sozialdemokratische Partei ist an der Macht.
político [pu'litiku] *m*, **-a** *f* Os políticos fazem promessas que não passam de pura demagogia.	**Politiker(in)** *m(f)* Die Politiker machen Versprechungen, die nicht mehr als reine Demagogie sind.
político [pu'litiku], **-a** *adj.* Foi perseguido por motivos políticos.	**politisch** Er wurde aus politischen Gründen verfolgt.
política [pu'litikɐ] *f* Como é a política social do governo alemão?	**Politik** *f* Wie ist die Sozialpolitik der deutschen Regierung?
povo ['povu] *m* O povo deve votar o presidente.	**Volk** *n* Das Volk soll den Präsidenten wählen.
presidente [prəzi'δẽtə] *m* Os jornalistas perguntaram ao presidente qual era a sua opinião sobre os testes nucleares.	**Präsident** *m* Die Journalisten fragten den Präsidenten nach seiner Meinung über die Nukleartests.
regime [ʀə'ʒimə] *m* O regime político da Alemanha é o parlamentarismo.	**Regierungsform** *f*, **Regime** *n* Die Regierungsform Deutschlands ist der Parlamentarismus.
república [ʀə'publikɐ] *f* Portugal é uma república?	**Republik** *f* Ist Portugal eine Republik?

«2001–4000»

assembleia [ɐsẽm'blejɐ] *f* Elegeram-no para vice-presidente da Assembleia.	**(Volks-)Versammlung** *f* Sie wählten ihn zum Vizepräsidenten der (Volks-)Versammlung.
bandeira [bɐ̃'dejrɐ] *f* As cores da bandeira alemã são: preto, vermelho e dourado.	**Fahne** *f* Die Farben der deutschen Fahne sind Schwarz, Rot und Gold.
capitalismo [kapitɐ'liʒmu] *m* No capitalismo predomina a livre concorrência.	**Kapitalismus** *m* Im Kapitalismus herrscht der freie Wettbewerb.

capitalista [kɐpitɐ'liʃtɐ] *adj.* O Brasil é um país integrado no sistema capitalista.	**kapitalistisch** Brasilien ist ein Land, das in das kapitalistische System integriert ist.
comunidade [kumuni'ðaðə] *f* Dantes a União Europeia chamava-se Comunidade Europeia.	**Gemeinschaft** *f* Früher hieß die Europäische Union Europäische Gemeinschaft.
comunismo [kumu'niʒmu] *m* Marx foi o pai do comunismo.	**Kommunismus** *m* Marx war der Vater des Kommunismus.
comunista [kumu'niʃtɐ] *adj.* O regime comunista está em crise.	**kommunistisch** Das kommunistische Regime ist in einer Krise.
concelho [kõ'seʎu] *m* Um concelho é um conjunto de freguesias.	**(Stadt-, Land-)Kreis** *m* Ein Landkreis ist ein Zusammenschluss von Gemeinden.
conselho [kõ'seʎu] *m* O conselho ratificou os contratos.	**Rat(sversammlung)** *m(f)* Der Rat bestätigte die Verträge.
conservador [kõsərvɐ'ðor], **-a** *adj.* Infelizmente o partido conservador venceu as eleições.	**konservativ** Leider hat die konservative Partei die Wahlen gewonnen.
contrato [kõ'tratu] *m* Os contratos bilaterais normalmente são escritos em duas línguas.	**Vertrag** *m* Bilaterale Verträge sind normalerweise in zwei Sprachen geschrieben.
deputado [dəpu'taðu] *m* Ele foi eleito deputado.	**Abgeordneter** *m* Er wurde zum Abgeordneten gewählt.
direita [di'rejtɐ] *f* Ele sempre foi um político da direita.	**Rechte** *f* (Partei) Er war immer ein Politiker der Rechten.
distrito [dəʃ'tritu] *m* Ele nasceu no distrito do Porto.	**Distrikt** *m*, **Verwaltungsbezirk** *m* Er ist im Distrikt Porto geboren.
ditadura [ditɐ'ðurɐ] *f* Desde 1974 não há mais ditadura em Portugal.	**Diktatur** *f* Seit 1974 gibt es in Portugal keine Diktatur mehr.

eleger [ilə'ʒer] *v.*	**(er)wählen**
Os cidadãos portugueses elegerão os representantes para a Assembleia da República.	Die portugiesischen Bürger werden die Abgeordneten für das Parlament wählen.
esquerda [iʃ'kerδɐ] *f*	**Linke** *f* (Partei)
Ele é membro de um partido da esquerda.	Er ist Mitglied einer linken Partei.
freguesia [frəɣə'siɐ] *f*	**Gemeinde** *f*
O território nacional de Portugal está dividido em áreas administrativas: Freguesias, Concelhos e Distritos.	Das nationale Territorium Portugals ist in Verwaltungsgebiete eingeteilt: Gemeinden, Kreise und Distrikte.
independente [ĩdəpẽ'dẽtə] *adj.*	**unabhängig**
Desde 1822 o Brasil é um país independente.	Seit 1822 ist Brasilien ein unabhängiges Land.
liberdade [libər'δaδə] *f*	**Freiheit** *f*
A nossa liberdade acaba onde começa a dos outros.	Unsere Freiheit endet, wo die der anderen anfängt.
manifestação [mɐnifəʃtɐ'sɐ̃w] *f*	**Demonstration** *f*
Na manifestação estudantil morreram dois jovens.	Bei der Studentendemonstration sind zwei Jugendliche umgekommen.
pátria ['patrjɐ] *f*	**Vaterland** *n*
Muitos morreram por amor à pátria.	Viele sind aus Liebe zum Vaterland gestorben.
poder [pu'δer] *m*	**Macht** *f*
O poder dos banqueiros é grande.	Die Macht der Bankiers ist groß.
poderoso [puδə'rozu], **-a** *adj.*	**mächtig**
Aquele empresário é muito poderoso.	Dieser Unternehmer ist sehr mächtig.
província [pru'vĩsjɐ] *f*	**Provinz** *f*
O território continental português está dividido em onze províncias.	Das kontinentale Territorium Portugals ist in elf Provinzen unterteilt.
público ['publiku], **-a** *adj.*	**öffentlich**
Este é um prédio público.	Das ist ein öffentliches Gebäude.
reforma [ʀə'fɔrmɐ] *f*	**Reform** *f*
Fala-se sempre de reformas sociais.	Man redet immer über Sozialreformen.

região autónoma [Rə'ʒjɐ̃w aw'tɔnumɐ] *f*	**autonome Region** *f*
O arquipélago dos Açores é uma região autónoma.	Der Archipel der Azoren ist eine autonome Region.
rei [Rej] *m*, **rainha** [Rɐ'iɲɐ] *f*	**König(in)** *m(f)*
A rainha da Inglaterra foi convidada para as festividades.	Die Königin von England ist zu den Festlichkeiten eingeladen worden.
revolução [Rəvulu'sɐ̃w] *f*	**Revolution** *f*
A revolução organizada pelos rebeldes fracassou.	Die Revolution, die von den Rebellen organisiert worden war, scheiterte.
socialismo [susjɐ'liʒmu] *m*	**Sozialismus** *m*
O socialismo tem duas tendências: o socialismo radical e o socialismo democrátio.	Der Sozialismus hat zwei Strömungen, den radikalen Sozialismus und den demokratischen Sozialismus.
socialista [susjɐ'listɐ] *adj.*	**sozialistisch**
A França teve um presidente socialista.	Frankreich hatte einen sozialistischen Präsidenten.
votação [vutɐ'sɐ̃w] *f*	**Abstimmung** *f*, **Wahl** *f*
A votação foi empate.	Die Wahl war unentschieden.
votar [vu'tar] *v.*	**wählen, abstimmen**
Eu votei candidato dos Verdes.	Ich habe den Kandidaten der Grünen gewählt.
voto ['votu] *m*	**(Wahl-)Stimme** *f*
O nosso partido teve poucos votos.	Unsere Partei hat wenige Stimmen bekommen.

1.4.1.2 KRIEG UND FRIEDEN

«1–2000»

arma ['armɐ] *f*	**Waffe** *f*
As armas são cada vez mais sofisticadas.	Die Waffen werden immer perfektionierter.
atacar [ɐtɐ'kar] *v.*	**angreifen**
Os soldados atacaram o inimigo.	Die Soldaten haben den Feind angegriffen.
atirar [ɐti'rar] *v.*	**schießen**
Mãos ao alto! Senão eu atiro!	Hände hoch! Sonst schieße ich!

batalha [bɐ'taʎɐ] *f* Muitos soldados morreram na bathalha.	**Kampf** *m*, **Schlacht** *f* Viele Soldaten sind in der Schlacht gefallen.
defender [dəfẽ'der] *v.* Os soldados defendem o seu país.	**verteidigen** Die Soldaten verteidigen ihr Land.
defesa [də'fezɐ] *f* A Alemanha tem um exército só para a defesa.	**Verteidigung** *f* Deutschland hat eine Armee nur zur Verteidigung.
exército [i'zersitu] *m* O exército está a fazer uma manobra.	**Armee** *f* Die Armee führt ein Manöver durch.
guerra ['gɛʀɐ] *f* A guerra fez-nos perder tudo o que era nosso.	**Krieg** *m* Der Krieg nahm uns alles, was wir hatten.
inimigo [inə'miɣu], **-a** *adj.* O meu amigo fazia parte da tropa inimiga.	**feindlich** Mein Freund war bei den feindlichen Truppen.
inimigo [inə'miɣu] *m* O inimigo não tem piedade.	**Feind** *m* Der Feind kennt keine Gnade.
lutar [lu'tar] *v.* O soldado lutou e morreu pela pátria.	**kämpfen** Der Soldat kämpfte und fiel für das Vaterland.
oficial [ofi'sjał] *m* O oficial está no quartel.	**Offizier** *m* Der Offizier ist in der Kaserne.
ordem ['ɔrdẽj] *f* A ordem do general foi avançar!	**Befehl** *m* Der Befehl des Generals war: Vorwärts!
paz [paʃ] *f* Quando é que vamos ter paz mundial?	**Frieden** *m* Wann werden wir Frieden auf der Welt haben?
serviço militar [sər'visu məli'tar] *m* O meu irmão está a prestar o serviço militar.	**Militärdienst** *m*, **Wehrdienst** *m* Mein Bruder absolviert (gerade) den Wehrdienst.
soldado [soł'daδu] *m* Naquela época era soldado e vivia em Angola.	**Soldat** *m* Damals war ich Soldat und lebte in Angola.

«2001–4000»

ataque [ɐ'takə] *m* Quando foi o ataque?	**Angriff** *m* Wann war der Angriff?
acampamento [ɐkẽpɐ'mẽtu] *m* O acampamento foi descoberto pelo inimigo.	**Lager** *n* Das Lager ist vom Feind entdeckt worden.
bomba ['bõbɐ] *f* A bomba atómica destruirá a humanidade.	**Bombe** *f* Die Atombombe wird die Menschheit zerstören.
canhão [kɐ'ɲɐ̃w] *m* Este é um canhão antigo.	**Kanone** *f*, **Geschütz** *n* Dies ist eine alte Kanone.
derrota [də'ʀɔtɐ] *f* A derrota da Alemanha foi em Maio de 1945.	**Niederlage** *f* Die Niederlage Deutschlands erfolgte im Mai 1945.
destruir [dəʃ'trwir] *v.* Os inimigos destruíram nossas casas.	**zerstören** Die Feinde haben unsere Häuser zerstört.
fuga ['fuɣɐ] *f* O exército impediu a fuga de milhares de pessoas.	**Flucht** *f* Die Armee verhinderte die Flucht von Tausenden von Menschen.
fuzil [fu'ziɫ] *m* Os soldados utilizam fuzis e granadas.	**Gewehr** *n* Die Soldaten benutzen Gewehre und Granaten.
general [ʒẽnə'raɫ] *m* O meu avô foi general.	**General** *m* Mein Großvater war General.
glória ['glɔrjɐ] *f* De que vale a glória?	**Ruhm** *m* Was ist der Ruhm wert?
militar [məli'tar] *adj.* A polícia militar prendeu o desertor.	**militärisch, Militär...** Die Militärpolizei hat den Deserteur verhaftet.
míssil ['misiɫ] *m* Durante a Segunda Guerra Mundial foram lançados os primeiros mísseis.	**Rakete** *f* Während des Zweiten Weltkriegs wurden die ersten Raketen abgeschossen.
ocupar [oku'par] *v.* Depois da Segunda Guerra Mundial a Alemanha foi ocupada pelos Aliados.	**besetzen** Nach dem Zweiten Weltkrieg ist Deutschland von den Alliierten besetzt worden.

resistência [ʀəziʃ'tẽsjɐ] *f*	**Widerstand** *m*
A resistência dos rebeldes prolongou a revolução.	Der Widerstand der Rebellen verlängerte die Revolution.
tanque (de combate) [tẽkə (də kõbatə)] *m*	**Panzer** *m*
Os tanques de combate invadiram a cidade.	Die Panzer drangen in die Stadt ein.
tropas ['trɔpɐʃ] *f/pl.*	**Truppen** *f/pl.*
As tropas invadiram a cidade.	Die Truppen sind in die Stadt eingedrungen.
vencedor [vẽsə'ðor] *m*	**Sieger** *m*
O vencedor é o mais forte.	Der Sieger ist der Stärkste.
vencer [vẽ'ser] *v.*	**(be)siegen**
Os Aliados venceram a Segunda Guerra Mundial.	Die Alliierten siegten im Zweiten Weltkrieg.
vítima ['vitimɐ] *f*	**Opfer** *n*
A guerra sempre deixa vítimas.	Der Krieg hinterlässt immer Opfer.
vitória [vi'tɔrjɐ] *f*	**Sieg** *m*
A vitória dos Aliados foi inevitável.	Der Sieg der Alliierten war unvermeidlich.

1.4.2 KIRCHE UND RELIGION

«1–2000»

católico [kɐ'tɔliku], **-a** *adj.*	**katholisch**
É católica ou protestante?	Sind Sie katholisch oder protestantisch?
confessar(-se) [kõfə'sar(sə)] *v.*	**beichten**
Antes de morrer, ele confessou-se.	Bevor er starb, beichtete er.
crer [krer] *v.*	**glauben**
Eu creio em Deus.	Ich glaube an Gott.
cristão [kriʃ'tɐ̃w] *m*, **-ã** *f*	**Christ(in)** *m(f)*
Sempre fui um bom cristão.	Ich war immer ein guter Christ.
cristão [kriʃ'tɐ̃w], **-ã** *adj.*	**christlich**
As religiões cristãs predominam na Europa.	In Europa herrschen die christlichen Religionen vor.

Deus ['dewʃ] *m* Quem não crê em Deus é ateu.	**Gott** *m* Wer nicht an Gott glaubt, ist atheistisch.
igreja [i'grɛʒɐ] *f* A igreja católica é contra o aborto.	**Kirche** *f* (die Institution) Die katholische Kirche ist gegen die Abtreibung.
Natal [nɐ'tał] *m* Desejamos-lhes um feliz Natal.	**Weihnachten** *n* Wir wünschen euch frohe Weihnachten.
padre [paδrə] *m* O padre celebrou o batismo ao final da missa.	**Pater** *m* Der Pater nahm die Taufe am Ende der Messe vor.
Páscoa ['paʃkwɐ] *f* Na igreja ortodoxa a Páscoa é a maior festa.	**Ostern** *n*, **Osterfest** *n* In der orthodoxen Kirche ist Ostern das größte Fest.
pastor [pɐʃ'tor] *m* O meu irmão é pastor.	(evangelischer) **Pfarrer** *m* Mein Bruder ist evangelischer Pfarrer.
pecado [pə'kaδu] *m* Alguma vez já confessou os seus pecados?	**Sünde** *f* Haben Sie schon mal Ihre Sünden gebeichtet?
protestante [prutɛʃ'tẽtə] *adj.* Sou protestante.	**protestantisch, evangelisch** Ich bin evangelisch.
religião [ʀəli'ʒjɐ̃w] *f* Qual é a sua religião?	**Religion** *f*, **Glaube** *m* Was haben Sie für eine Religion?
sacerdote [sɐsər'δɔtə] *m* Muitos sacerdotes compareceram às solenidades.	**Priester** *m*, **Geistlicher** *m* Viele Geistliche nahmen an den Feierlichkeiten teil.
Semana Santa [sə'mɐnɐ 'sɐntɐ] *f* Na Semana Santa há muitas procissões.	**Karwoche** *f* In der Karwoche gibt es viele Prozessionen.

«2001–4000»

alma ['ałmɐ] *f* A alma é a parte imaterial do ser humano.	**Seele** *f* Die Seele ist der nicht materielle Teil des menschlichen Wesens.

bispo ['biʃpu] *m* O bispo é geralmente um homem.	**Bischof** *m* Der Bischof ist meistens ein Mann.
céu ['sɛw] *m* Os crentes vão para o céu.	**Himmel** *m* Die Gläubigen kommen in den Himmel.
consciência [kõ'sjẽsjɐ] *f* Estou com a consciência pesada.	**Gewissen** *n* Ich habe ein schlechtes Gewissen.
diabo ['djaβu] *m* O diabo é o mal.	**Teufel** *m* Der Teufel ist das Böse.
fé [fɛ] *f* Tenha fé em Deus!	**Glaube** *m* Glaube an Gott!
inferno [ĩ'fɛrnu] *m* Quem vai para o inferno?	**Hölle** *f* Wer kommt in die Hölle?
judeu [ʒu'ðew] *m*, **-ia** *f* Jesus Cristo foi judeu.	**Jude** *m*, **Jüdin** *f* Jesus Christus war Jude.
missa ['misɐ] *f* Aos domingos geralmente vou à missa.	**Messe** *f* Sonntags gehe ich meistens in die Messe.
Papa ['papɐ] *m* O Papa rezou a missa aos fiéis.	**Papst** *m* Der Papst hat die Messe für die Gläubigen gelesen.
oração [urɐ'sɐ̃w] *f* Está na hora da oração.	**Gebet** *n* Es ist die Stunde des Gebets.
orar [u'rar] *v.* Sempre oramos antes das refeições.	**beten** Wir beten immer vor dem Essen.
religioso [ʀəli'ʒjozu], **-a** *adj.* A minha avó sempre foi muito religiosa.	**religiös, kirchlich** Meine Oma war immer sehr religiös.
rezar [ʀə'zar] *v.* O bispo rezou a missa.	**die Messe lesen, beten** Der Bischof hat die Messe gelesen.
sagrado [ʃɐ'ɣraðu], **-a** *adj.* A Bíblia é o livro sagrado.	**heilig** Die Bibel ist das heilige Buch.
santo ['ʃɐ̃ntu] *m*, **-a** *f* A maioria dos santos são italianos.	**Heilige** *m/f* Die Mehrheit der Heiligen sind Italiener.

1.5 Umwelt

1.5.1 STADT UND DORF

«1–2000»

aldeia [aɫ'dejɐ] *f* Estivemos numa aldeia de pescadores.	**Dorf** *n* Wir waren in einem Fischerdorf.
bairro ['bajʀu] *m* Alfama é um bairro de Lisboa.	**(Stadt-)Viertel** *n*, **Stadtteil** *m* Alfama ist ein Stadtteil von Lissabon.
campo ['kɐ̃pu] *m* O camponês trabalha no campo.	(offenes) **Land** *n*, (offenes) **Feld** *n* Der Bauer arbeitet auf dem Land.
castelo [kɐʃ'tɛlu] *m* Qual é o elé(c)trico para o castelo?	**Schloss** *n* Welche Straßenbahn fährt zum Schloss?
centro ['sẽtru] *m* Como é que chego ao centro?	**(Stadt-)Zentrum** *n*, **Stadtmitte** *f* Wie komme ich zum Stadtzentrum?
centro comercial ['sẽtru kumər'sjaɫ] *m* Onde é que fica o novo centro comercial?	**Einkaufszentrum** *n* Wo ist das neue Einkaufszentrum?
cidade [si'δaδə] *f* Prefiro morar na cidade.	**Stadt** *f* Ich ziehe es vor, in der Stadt zu wohnen.
edifício [iδə'fisju] *m* Estes edifícios modernos são horríveis.	**Gebäude** *n* Diese modernen Gebäude sind schrecklich.
habitante [ɐβi'tẽtə] *m/f* Quantos habitantes tem esta cidade?	**Einwohner(in)** *m(f)* Wie viele Einwohner hat diese Stadt?
igreja [i'grɛʒɐ] *f* Quantas igrejas há em Braga?	**Kirche** *f* Wie viele Kirchen gibt es in Braga?
ponte ['põtə] *f* A Ponte 25 de Abril foi construída em 1966.	**Brücke** *f* Die Brücke „25. April“ wurde 1966 gebaut.

praça ['prasɐ] *f* O Rossio também é chamado Praça de Dom Pedro IV.	**Platz** *m* Der Rossio wird auch Platz Dom Pedro IV. genannt.
quinta ['kĩtɐ] *f* Os meus avós têm uma quinta no Alentejo. *Bras.* **sítio** ['sitʃju] *m*	**Bauernhof** *m*, **(Land-)Gut** *n* Meine Großeltern haben einen Bauernhof im Alentejo.
rua ['ʀuɐ] *f* A Rua Augusta é a rua central da Baixa.	**Straße** *f* Die Rua Augusta ist die zentrale Straße der Baixa.
subúrbio [su'burβju] *m* Os meus amigos moram no subúrbio de Lisboa.	**Vorort** *m* Meine Freunde wohnen im Vorort von Lissabon.

«2001–4000»

agrícola [ɐ'ɣrikulɐ] *adj.* A produção agrícola foi prejudicada devido à última seca.	**landwirtschaftlich, Agrar...** Die landwirtschaftliche Produktion wurde durch die letzte Trockenheit geschädigt.
agricultura [ɐɣrikuɫ'turɐ] *f* Em Portugal a economia depende muito da agricultura.	**Landwirtschaft** *f* In Portugal hängt die Wirtschaft sehr von der Landwirtschaft ab.
arredores [ɐʀə'δɔreʃ] *m/pl.* Em Lisboa e arredores há muitos sítios turísticos.	**Umgebung** *f* In Lissabon und Umgebung gibt es viele Sehenswürdigkeiten.
avenida [ɐvə'niδɐ] *f* A Avenida da Liberdade é uma das maiores avenidas de Lisboa.	**Allee** *f*, **Prachtstraße** *f* Die Avenida da Liberdade ist eine der größten Prachtstraßen von Lissabon.
Câmara Municipal ['kɐmɐrɐ munəsi'paɫ] *f* É proibido estacionar em frente da Câmara Municipal.	**Rathaus** *n* Es ist verboten, vor dem Rathaus zu parken.
catedral [kɐtə'δraɫ] *f* A Catedral de Notre Dame fica em Paris.	**Kathedrale** *f* Die Kathedrale von Notre Dame befindet sich in Paris.
cemitério [səmi'tɛrju] *m* Onde é que fica o cemitério?	**Friedhof** *m* Wo ist der Friedhof?
fonte ['fõtə] *f* Em Portugal há muitas fontes antigas.	**(Spring-)Brunnen** *m*, **Quelle** *f* In Portugal gibt es viele alte Brunnen.

largo ['larɣu] *m*
No Largo do Chiado há uma estátua de Fernando Pessoa.

(kleiner) **Platz** *m*
Auf dem Platz des Chiado gibt es eine Statue von Fernando Pessoa.

---

moinho ['mwiɲu] *m*
Na Holanda há muitos moinhos.

Mühle *f*
In Holland gibt es viele Mühlen.

---

monumento [munu'mẽtu] *m*
Um dos monumentos mais altos de Lisboa é o Padrão dos Descobrimentos.

Denkmal *n*, **Bauwerk** *n*
Eines der höchsten Bauwerke Lissabons ist der Padrão dos Descobrimentos.

---

municipal [munəsi'pał] *adj.*
Os funcionários municipais receberam um aumento de salário.

städtisch, Stadt...
Die städtischen Beamten haben eine Lohnerhöhung erhalten.

---

poço ['posu] *m*
Por falta de chuva, muitos poços secaram no Alentejo.

Brunnen *m*
Wegen des ausgebliebenen Regens sind viele Brunnen im Alentejo ausgetrocknet.

---

torre ['toʀə] *f*
A Torre de Belém é a torre mais conhecida em Portugal.

Turm *m*
Der Turm von Belém ist der bekannteste Turm Portugals.

1.5.2 LANDSCHAFT

«1–2000»

à beira-mar [a bejrɐ'mar]
Gostas das férias à beira-mar?

am Meer, an der See
Magst du Urlaub am Meer?

---

caminho [kɐ'miɲu] *m*
Também o caminho mais longo começa com o primeiro passo.

Weg *m*
Auch der längste Weg beginnt mit dem ersten Schritt.

---

campo ['kɐ̃pu] *m*
No Verão há tanta gente nas praias que prefiro a tranquilidade do campo.

Land *n*, **Feld** *n*, **Acker** *m*
Im Sommer gibt es so viele Leute an den Stränden, dass ich die Ruhe auf dem Land bevorzuge.

---

costa ['kɔʃtɐ] *f*
A costa portuguesa é umas vezes alta e rochosa, outras vezes baixa e arenosa.

Küste *f*
Die portugiesische Küste ist mal steil und felsig (und) mal flach und sandig.

floresta [flu'rɛʃtɐ] *f* Houve um incêndio na floresta.	**Wald** *m* Es gab einen Waldbrand.
ilha ['iʎɐ] *f* Terceira é uma ilha dos Açores.	**Insel** *f* Terceira ist eine Insel der Azoren.
lago ['laɣu] *m* Nos Alpes há muitos lagos.	**See** *m* In den Alpen gibt es viele Seen.
montanha [mõ'tɐɲɐ] *f* No Norte de Portugal há muitas montanhas.	**Gebirge** *n*, **Berg** *m* Im Norden Portugals gibt es viele Berge.
monte ['mõtə] *m* Que significa Trás-os-Montes? Atrás dos montes?	**Berg** *m* Was bedeutet Trás-os-Montes? Hinter den Bergen?
paisagem [paj'zaʒẽj] *f* Tenho visto paisagens muito lindas!	**Landschaft** *f* Ich habe sehr schöne Landschaften gesehen.
península [pə'nĩsulɐ] *f* Portugal fica na Península Ibérica.	**Halbinsel** *f* Portugal befindet sich auf der Iberischen Halbinsel.
praia ['prajɐ] *f* Aos fins-de-semana vou à praia.	**Strand** *m* An den Wochenenden gehe ich an den Strand.
região [ʀə'ʒjɐ̃w] *f* Nesta região há muita indústria.	**Gegend** *f*, **Gebiet** *n*, **Region** *f* In dieser Region gibt es viel Industrie.
rio [ʀiw] *m* O maior rio de Portugal é o Tejo.	**Fluss** *m* Der größte Fluss Portugals ist der Tejo.
vale ['valə] *m* Na Primavera os vales estão verdes.	**Tal** *n* Im Frühling sind die Täler grün.
vista ['viʃtɐ] *f* Que sítio lindo! E que vista maravilhosa!	**Aussicht** *f*, **Ausblick** *m* Welch schöner Platz! Und welch phantastische Aussicht!

«2001–4000»

cabo ['kaβu] *m* Quais são os cabos mais importantes de Portugal?	**Kap** *n* Was sind die bedeutendsten Kaps Portugals?
colina [ku'linɐ] *f* Em Lisboa há muitas colinas.	**Hügel** *m* In Lissabon gibt es viele Hügel.

corrente [ku'ʀẽtə] *f* As correntes do mar aqui são fortes e perigosas.	**Strömung** *f* Die Meeresströmungen sind hier stark und gefährlich.
deserto [də'zɛrtu] *m* O maior deserto do mundo fica na África.	**Wüste** *f* Die größte Wüste der Welt befindet sich in Afrika.
desfiladeiro [dəʃfilɐ'δejru] *m* Nos Alpes há muitos desfiladeiros.	**(Gebirgs-)Pass** *m* In den Alpen gibt es viele Pässe.
gruta ['grutɐ] *f* As grutas de Mira de Aire são as maiores de Portugal.	**Grotte** *f*, **Höhle** *f* Die Grotten von Mira de Aire sind die größten Portugals.
parque ['parkə] *m* Na Alemanha há alguns parques nacionais.	**Park** *m* In Deutschland gibt es einige Nationalparks.
pico ['piku] *m* No pico desta montanha sempre há neve.	**Gipfel(spitze)** *m(f)* Auf dem Gipfel dieses Berges liegt immer Schnee.
planalto [plɐ'naɫtu] *m* No Norte de Portugal há planaltos e montanhas.	**Hochebene** *f* Im Norden Portugals gibt es Hochebenen und Berge.
planície [plɐ'nisjə] *f* Em Portugal há poucas planícies.	**Ebene** *f* In Portugal gibt es wenige Ebenen.
relvado [ʀɛɫ'vaδu] *m* É proibido pisar no relvado. *Bras.* **gramado** [gra'madu] *m*	**Rasen(platz)** *m*, **Wiese** *f* Es ist verboten, den Rasen zu betreten.
rochedo ['ro'ʃeδu] *m* Na costa algarvia há muitos rochedos.	**Felsen** *m* An der algarvischen Küste gibt es viele Felsen.
terra ['tɛʀɐ] *f* Estas terras verdes lembram-me do meu país.	**Region** *f*, **Boden** *m*, **Land(-schaft)** *n(f)* Dieses grüne Land erinnert mich an mein Heimatland.

1.5.3 NATUR

1.5.3.1 ALLGEMEINES

«1–2000»

água ['aɣwɐ] *f* A água das montanhas é cristalina.	**Wasser** *n* Das Bergwasser ist kristallklar.
ar [ar] *m* O homem precisa do ar para respirar.	**Luft** *f* Der Mensch braucht die Luft zum Atmen.
campo ['kẽpu] *m* Gosto da cidade, mas prefiro a calma do campo.	**Land** *n* Ich mag die Stadt, aber ich bevorzuge die Stille auf dem Land.
céu ['sɛw] *m* Naquele dia fazia vento, mas o sol brilhava e o céu estava azul.	**Himmel** *m* An diesem Tag war es windig, aber die Sonne schien und der Himmel war blau.
estrela [iʃ'trɛlɐ] *f* Todas as noites admiro as estrelas.	**Stern** *m* Jede Nacht bewundere ich die Sterne.
fogo ['foɣu] *m* O fogo destruiu grande parte da floresta.	**Feuer** *n* Das Feuer zerstörte einen großen Teil des Waldes.
lua ['luɐ] *f* Hoje temos lua cheia.	**Mond** *m* Heute haben wir Vollmond.
luz [luʃ] *f* Da praia podia-se ver as luzes da cidade.	**Licht** *n* Vom Strand aus konnte man die Lichter der Stadt sehen.
mar [mar] *m* Cuidado! O mar hoje está perigoso.	**Meer** *n*, **See** *f* Vorsicht! Heute ist das Meer gefährlich.
meio ambiente ['meju ẽ'bjẽtə] *m* Deveríamos preservar melhor o meio ambiente.	**Umwelt** *f* Wir sollten die Umwelt besser schützen.
natureza [nɐtu'rezɐ] *f* Eu gosto muito da natureza.	**Natur** *f* Ich mag die Natur sehr.
sol [sɔɫ] *m* Hoje o sol está forte.	**Sonne** *f* Heute ist die Sonne stark.

terra ['tɛʀɐ] *f*
O planeta Terra gira em torno do sol.
Geralmente a terra junto ao rio é fértil.

Erde *f*, **(Erd-)Boden** *m*
Der Planet Erde dreht sich um die Sonne.
Die Erde ist in der Nähe eines Flusses meistens fruchtbar.

«2001–4000»

brilhar [bri'ʎar] *v.*
O sol brilha sobre o mar.

scheinen, glänzen
Die Sonne scheint über dem Meer.

---

escuridão [iʃkuri'ðɐ̃w] *f*
Tenho medo da escuridão.

Dunkelheit *f*
Ich habe Angst vor der Dunkelheit.

---

elemento [ilə'mẽtu] *m*
Há quatro elementos: o fogo, a terra, o ar e a água.

Element *n*
Es gibt vier Elemente: das Feuer, die Erde, die Luft und das Wasser.

---

escuro [iʃ'kuru], **-a** *adj.*
A rua estava vazia e escura.

dunkel, finster
Die Straße war leer und finster.

---

espaço [iʃ'pasu] *m*
A conquista do espaço contribuiu para os desenvolvimento técnico-científico.

Weltraum *m*
Die Eroberung des Weltraumes hat zur technisch-wissenschaftlichen Entwicklung beigetragen.

---

fumo ['fumu] *m*
As labaredas e o fumo tomaram conta do prédio rapidamente.
Bras. **fumaça** [fu'masa] *f*

Rauch *m*
Die Flammen und der Rauch breiteten sich schnell im Gebäude aus.

---

gás [gaʃ] *m*
A Rússia exporta gás natural.

Gas *n*
Russland exportiert Erdgas.

---

horizonte [uri'zõtə] *m*
O sol põe-se no horizonte.

Horizont *m*
Die Sonne geht am Horizont unter.

---

maré [mɐ'rɛ] *f*
A maré é influenciada pela lua.

Ebbe *f* **und Flut** *f*
Ebbe und Flut werden vom Mond beeinflusst.

---

natural [nɐtu'raɫ] *adj.*
Lá em casa só compramos produtos naturais.

natürlich, Natur...
Bei uns zu Hause kaufen wir nur Naturprodukte.

poluição do meio ambiente [pulwi'sɐ̃w do 'meju ɐ̃'bjẽtə] *f* A poluição do meio ambiente trará muitos problemas aos homens.	**Umweltverschmutzung** *f* Die Umweltverschmutzung wird den Menschen viele Probleme bringen.
raio ['ʀaju] *m* Não há tempestades sem raios.	**Blitz** *m*, **Strahl** *m* Es gibt keine Gewitter ohne Blitz.
sombra ['sõbrɐ] *f* Que calor! Descansemos um pouco na sombra.	**Schatten** *m* So eine Hitze! Ruhen wir uns ein wenig im Schatten aus.
vapor [vɐ'por] *m* As águas termais sempre têm vapor.	**Dampf** *m* Thermalquellen haben immer Dampf.

1.5.3.2 TIERE

«1–2000»

animal [ɐni'mał] *m* O camponês possui vários animais domésticos.	**Tier** *n* Der Bauer hat viele Haustiere.
ave ['avə] *f* A maior ave é o avestruz.	**Vogel** *m* Der größte Vogel ist der Strauß.
bezerro [bə'zeʀu] *m* O bezerro nasceu há pouco.	**Kalb** *n* Das Kalb ist gerade geboren worden.
boi [boj] *m* Já provou a sopa de rabo de boi?	**Ochse** *m* Hast du schon Ochsenschwanzsuppe probiert?
burro ['buʀu] *m* Em Portugal quase todo camponês possui um burro.	**Esel** *m* In Portugal hat fast jeder Bauer einen Esel.
cabra ['kaβrɐ] *f* Eu gosto muito do queijo de cabra.	**Ziege** *f* Ich mag Ziegenkäse sehr.
cão [kɐ̃w] *m* O cão é engraçado. *Bras.* **cachorro** [ka'ʃoʀu] *m*	**Hund** *m* Der Hund ist niedlich.
cavalo [kɐ'valu] *m* Este é um cavalo de raça?	**Pferd** *n* Ist das ein Rassepferd?

gado ['gaδu] *m* O gado está a pastar.	**(Rind-)Vieh** *n* Das Vieh weidet.
galinha [gɐ'liɲɐ] *f* A galinha põe ovos.	**Huhn** *n*, **Henne** *f* Das Huhn legt Eier.
galo ['galu] *m* O galo canta ao amanhecer.	**Hahn** *m* Der Hahn kräht am frühen Morgen.
gato ['gatu] *m*, **-a** *f* O gato é um animal doméstico.	**Kater** *m*, **Katze** *f* Die Katze ist ein Haustier.
inse(c)to [ĩ'sɛtu] *m* Apague a luz para que os inse(c)tos não entrem.	**Insekt** *n* Machen Sie das Licht aus, damit die Insekten nicht hereinkommen.
ovelha [o'veʎɐ] *f* O cão pastor cuida das ovelhas.	**Schaf** *n* Der Schäferhund passt auf die Schafe auf.
pássaro ['pasɐru] *m* O pássaro fugiu da gaiola.	**Vogel** *m* Der Vogel entflog aus dem Käfig.
porco ['porku] *m* O camponês deu comida aos porcos.	**Schwein** *n* Der Bauer gab den Schweinen zu fressen.
peixe ['pejʃə] *m* Há cinco tipos de peixe no aquário.	**Fisch** *m* Im Aquarium gibt es fünf Arten von Fischen.
touro ['toru] *m* Depois da tourada o touro é morto.	**Stier** *m*, **Bulle** *m* Nach dem Stierkampf wird der Stier getötet.
vaca ['vakɐ] *f* A vaca pôs-se a mugir.	**Kuh** *f* Die Kuh fing an zu muhen.

«2001–4000»

águia ['aɣjɐ] *f* A águia apanhou o coelho.	**Adler** *m* Der Adler hat das Kaninchen gefangen.
asa ['azɐ] *f* O pássaro estava ferido na asa esquerda.	**Flügel** *m* Der Vogel war am linken Flügel verletzt.
bico ['biku] *m* Este pássaro tem um bico pequeno.	**Schnabel** *m* Dieser Vogel hat einen kleinen Schnabel.

boca ['bokɐ] *f* O cão trazia o obje(c)to na boca.	**Maul** *n* Der Hund trug den Gegenstand im Maul.
borboleta [burβu'lətɐ] *f* A lagarta transformou-se numa linda borboleta.	**Schmetterling** *m* Die Raupe verwandelte sich in einen schönen Schmetterling.
cobra ['kɔβrɐ] *f* Muita gente tem medo de cobras.	**Schlange** *f* Viele Leute haben Angst vor Schlangen.
coelho ['kweʎu] *m* É pena que não tenhas visto os meus coelhos!	**Kaninchen** *n* Schade, dass du meine Kaninchen nicht gesehen hast!
cordeiro [kur'δejru] *m* O cordeiro preto desapareceu.	**Lamm** *n* Das schwarze Lamm ist verschwunden.
criar [krjar] *v.* Muitos animais são criados em cativeiro.	**züchten** Viele Tiere werden in Gefangenschaft gezüchtet.
fêmea ['femjɐ] *f* A cadela é a fêmea do cão.	**Weibchen** *n* Die Hündin ist das Weibchen des Hundes.
leão [ljɐ̃w] *m* O leão é o rei dos animais.	**Löwe** *m* Der Löwe ist der König der Tiere.
lebre ['lɛβrə] *f* O coelho e a lebre são animais distintos.	**Hase** *m* Das Kaninchen und der Hase sind verschiedene Tiere.
lobo ['loβu] *m* Em algumas regiões os lobos foram extintos.	**Wolf** *m* In einigen Gegenden sind die Wölfe ausgestorben.
macaco [mɐ'kaku] *m* No jardim zoológico vimos várias espécies de macacos.	**Affe** *m* Im Zoo haben wir viele Arten von Affen gesehen.
macho ['maʃu] *m* Queria um papagaio. – Prefere macho ou fêmea?	**Männchen** *n* Ich möchte einen Papagei. – Bevorzugen Sie ein Männchen oder ein Weibchen?
morder [mur'δer] *v.* O cão mordeu o visitante.	**beißen** Der Hund hat den Besucher gebissen.

mosca ['moʃkɐ] *f* A mosca transmite doenças.	**Fliege** *f* Die Fliege überträgt Krankheiten.
mosquito [muʃ'kitu] *m* Os mosquitos incomodam-me.	**(Stech-)Mücke** *f* Die (Stech-)Mücken belästigen mich.
ninho ['niɲu] *m* O ninho tem três ovos.	**Nest** *n* Im Nest sind drei Eier.
pata ['patɐ] *f* O leão feriu a pata.	**Pfote** *f* Der Löwe verletzte sich an der Pfote.
pato ['patu] *m* No lago há muitos patos.	**Ente** *f* Auf dem See gibt es viele Enten.
pegada [pə'ɣaδɐ] *f* No dia seguinte havíamos visto uma pegada estranha.	**Spur** *f* Am nächsten Tag hatten wir eine fremde Spur gesehen.
peru [pə'ru] *m* No Natal comemos peru.	**Truthahn** *m* Zu Weihnachten essen wir Truthahn.
pena ['penɐ] *f* O meu canário perdeu algumas penas.	**Feder** *f* Mein Kanarienvogel hat einige Federn verloren.
picar [pi'kar] *v.* Um inse(c)to venenoso picou-me no dedo.	**stechen** Ein giftiges Insekt stach mich in den Finger.
pomba ['põbɐ] *f* A pomba é um símbolo da paz.	**Taube** *f* Die Taube ist ein Friedenssymbol.
rabo ['ʀaβu] *m* Este cão não tem rabo.	**Schwanz** *m* Dieser Hund hat keinen Schwanz.
rato ['ʀatu] *m* O gato e o rato são inimigos.	**Maus** *f* Die Katze und die Maus sind Feinde.

1.5.3.3 PFLANZEN

«1–2000»

árvore ['arvurə] *f* Em Portugal há muitas árvores: a figueira, a oliveira, a amendoeira ...	**Baum** *m* In Portugal gibt es viele Bäume: den Feigenbaum, den Olivenbaum, den Mandelbaum ...
colheita [ku'ʎejtɐ] *f* A colheita da amêndoa é no final de Agosto.	**Ernte** *f* Die Mandelernte ist Ende August.
relva [ʀɛɫ'vɐ] *f* Não pise na relva. *Bras.* **grama** ['grama] *f*	**Gras** *n*, **Rasen** *m* Das Betreten des Rasens ist verboten!
flor [flor] *f* No jardim há muitas flores: rosas, cravos, violetas ...	**Blume** *f*, **Blüte** *f* Im Garten gibt es viele Blumen: Rosen, Nelken, Veilchen ...
folha ['foʎɐ] *f* Preciso regar esta planta. As folhas já estão a cair.	**Blatt** *n* Ich muss die Pflanze gießen. Die Blätter fallen schon ab.
planta ['plɐ̃tɐ] *f* A agave é uma planta típica do Algarve.	**Pflanze** *f* Die Agave ist eine typische Pflanze der Algarve.
ramo ['ʀɐmu] *m* A árvore tem cinco ramos. O chefe deu um ramo de flores à secretária.	**Zweig** *m*, **Ast** *m;* **Strauß** *m* Der Baum hat fünf Äste. Der Chef hat der Sekretärin einen Blumenstrauß geschenkt.
rosa ['ʀɔzɐ] *f* Ele deu-lhe uma rosa vermelha.	**Rose** *f* Er hat ihr eine rote Rose geschenkt.
trigo ['triɣu] *m* Compre pão de trigo.	**Weizen** *m* Kaufen Sie Weizenbrot.

«2001–4000»

carvalho [kɐr'vɐʎu] *m* Este armário é de carvalho.	**Eiche** *f* Dieser Schrank ist aus Eiche.
cogumelo [kuɣu'mɛlu] *m* Hoje há arroz de cogumelos ao jantar.	**Pilz** *m* Heute gibt es Reis mit Pilzen zum Abendessen.

colher [ku'ʎer] *v.* As azeitonas são colhidas em princípio de Novembro.	**pflücken, sammeln, ernten** Die Oliven werden Anfang November geerntet.
crescer [krəʃ'ser] *v.* A seringueira cresce na floresta tropical.	**wachsen** Der Gummibaum wächst im Tropenwald.
cultivar [kuɫti'var] *v.* O vinho do Porto é cultivado no vale do Douro.	**anbauen** Der Portwein wird im Dourotal angebaut.
florescer [flore'ʃer] *v.* A amendoeira floresce em Dezembro e Janeiro.	**blühen** Der Mandelbaum blüht im Dezember und Januar.
oliveira [oli'vejrɐ] *f* A azeitona é o fruto da oliveira.	**Olivenbaum** *m* Die Olive ist die Frucht des Olivenbaumes.
pinheiro [pi'ɲejru] *m* Os pinheiros são mais altos do que as oliveiras.	**Kiefer** *f*, **Pinie** *f* Pinien sind höher als Olivenbäume.
plantar [plẽ'tar] *v.* Antigamente a minha avó plantava as flores.	**pflanzen** Früher pflanzte meine Großmutter die Blumen.
raiz [ʀɐ'iʃ] *f* Esta raiz é comestível.	**Wurzel** *f* Diese Wurzel ist essbar.
regar [ʀə'ɣar] *v.* Eu sempre rego as plantas.	**gießen** Ich gieße immer die Pflanzen.
semear [sə'mjar] *v.* Em que mês deve semear-se a alface?	**säen** In welchem Monat soll man den Kopfsalat säen?
videira [vi'ðeirɐ] *f* O fruto da videira é a uva.	**Weinstock** *m* Die Frucht des Weinstocks ist die Traube.
vinha ['viɲɐ] *f* Na região do Douro há muitas vinhas.	**Weinberg** *m* Im Gebiet des Douros gibt es viele Weinberge.

1.5.3.4 WETTER UND KLIMA

«1–2000»

aguaceiro [ɐɣɐw'sejru] *m* No Inverno há muitos aguaceiros em Portugal.	**Regenschauer** *m* Im Winter gibt es in Portugal viele Regenschauer.

calor [kɐ'lor] *m* Que calor! Com este calor, é melhor ficar em casa!	**Wärme** *f*, **Hitze** *f* So eine Hitze! Bei dieser Hitze ist es besser, zu Hause zu bleiben.
chover [ʃu'ver] *v.* Como está o tempo aí? – Aqui está a chover.	**regnen** Wie ist das Wetter bei dir? – Hier regnet es.
chuva ['ʃuvɐ] *f* A chuva é necessária para as plantas.	**Regen** *m* Der Regen ist für die Pflanzen notwendig.
clima ['klimɐ] *m* Como é o clima no Verão?	**Klima** *n*, **Wetter** *n* Wie ist das Wetter im Sommer?
frio ['friw] *adj.* Ontem estava muito frio.	**kalt** Gestern war es sehr kalt.
nevoeiro [ne'vwejru] *m* Quando há nevoeiro, temos de conduzir com cuidado.	**Nebel** *m* Wenn Nebel herrscht, müssen wir vorsichtig fahren.
neve ['nɛvə] *f* Havia neve nas montanhas desde o mês de Outubro.	**Schnee** *m* Es gab seit Oktober Schnee in den Bergen.
quente ['kẽtə] *adj.* O clima no Verão é quente e húmido. Cuidado! Esta água está quente.	**warm, heiß** Im Sommer ist das Wetter warm und feucht. Vorsicht! Dieses Wasser ist heiß!
tempo ['tẽpu] *m* O tempo está agradável.	**Wetter** *n* Das Wetter ist angenehm.
trovoada [tru'vwaðɐ] *f* Levaste o guarda-chuva, Maria? Segundo o boletim meteorológico haverá trovoadas.	**Gewitter** *n* Maria, hast du den Regenschirm mitgenommen? Laut Wetterbericht wird es Gewitter geben.
vento ['vẽtu] *m* O vento está fortíssimo. Está muito vento hoje.	**Wind** *m* Der Wind ist sehr stark. Heute ist es sehr windig.

«2001–4000»

boletim meteorológico [bulə'tĩ mətjuru'lɔʒiku] *m* Segundo o boletim meteorológico é possível que chova amanhã.	**Wetterbericht** *m* Laut Wetterbericht ist es möglich, dass es morgen regnen wird.

congelar [kõʒə'lar] *v.* Nos Alpes há muitos lagos que congelam no Inverno.	**(ge)frieren** In den Alpen gibt es viele Seen, die im Winter zufrieren.
derreter [dəʀə'ter] *v.* Como a temperatura subiu, a neve logo derreteu.	**schmelzen** Weil die Temperatur gestiegen ist, ist der Schnee gleich geschmolzen.
fresco ['frɛʃku] *adj.* Nós todos saímos para tomar ar fresco.	**kühl, frisch** Wir sind alle hinausgegangen, um frische Luft zu schnappen.
frio ['friw] *m* Por causa do frio intenso, as minhas plantas no jardim morreram.	**Kälte** *f* Wegen der großen Kälte sind meine Gartenpflanzen eingegangen.
geada ['zjaδɐ] *f* A previsão do tempo diz que esta noite haverá geada.	**Frost** *m*, **Reif** *m* Laut Wetterbericht wird es diese Nacht Frost geben.
gelo ['ʒelu] *m* A temperatura esteve tão baixa que se formou uma camada de gelo sobre o pára-brisas.	**Eis** *n* Die Temperatur war so niedrig, dass sich eine Eisschicht auf der Windschutzscheibe gebildet hat.
húmido ['umiδu], **-a** *adj.* No Inverno o tempo é temperado e húmido. *Bras.* **úmido**, **-a** ['umidu, -ɐ] *adj.*	**feucht** Im Winter ist das Wetter gemäßigt und feucht.
molhado [mu'ʎaδu], **-a** *adj.* Estás todo molhado, menino! Muda já esta roupa, senão apanhas uma constipação.	**nass** Junge, du bist (ja) ganz nass! Zieh dich sofort um, sonst bekommst du noch eine Erkältung!
nevar [nə'var] *v.* Nevou tanto que a estrada ficou interrompida.	**schneien** Es hatte so viel geschneit, dass die Straße gesperrt war.
nublado [nu'βlaδu], **-a** *adj.* Que pena! Não podemos ir à praia hoje, pois o céu está nublado.	**bedeckt** Schade! Heute können wir nicht an den Strand gehen, denn der Himmel ist bedeckt.
nuvem ['nuvẽj] *f* As nuvens escuras geralmente trazem o mau tempo.	**Wolke** *f* Die dunklen Wolken bringen meistens schlechtes Wetter.

raio ['ʀaju] *m* O raio surge da colisão de nuvens com diferentes cargas elé(c)tricas.	**Blitz(strahl)** *m* Der Blitz entsteht durch den Zusammenstoß von Wolken mit unterschiedlicher elektrischer Ladung.
relâmpago [ʀə'lɐ'pɐɣu] *m* Durante a trovoada vimos relâmpagos.	**Blitz** *m* Während des Gewitters sahen wir Blitze.
seco ['seku] *adj.* No Algarve o clima é seco e quente.	**trocken** In der Algarve ist das Klima trocken und heiß.
agradável [ɐɣrɐ'δavɛɫ] *adj.* O tempo está agradável.	**angenehm, mild** Das Wetter ist angenehm.
temperatura [tẽpərɐ'turɐ] *f* A temperatura é 35 graus Celsius.	**Temperatur** *f* Die Temperatur beträgt 35 Grad Celsius.
tempestade [tẽpəʃ'taδə] *f* Para a tarde, está prevista uma tempestade.	**Sturm** *m* Für den Nachmittag ist ein Sturm vorhergesagt worden.
trovão [tru'vɐ̃w] *m* Com os trovões, o menino acordou e começou a chorar.	**Donner** *m* Durch den Donner ist der kleine Junge aufgewacht und hat angefangen zu weinen.

1.6 Technik und Materialien

1.6.1 TECHNIK

«1–2000»

aparelho [ɐpɐ'reʎu] *m* Que aparelho é este?	**Gerät** *n*, **Apparat** *m* Was ist das für ein Gerät?
computador [kõputɐ'δor] *m* Falta-me um computador.	**Computer** *m* Mir fehlt ein Computer.
ele(c)tricidade [ilɛtrəsi'δaδə] *f* Sem ele(c)tricidade a máquina não funciona.	**Elektrizität** *f*, **Strom** *m* Ohne Strom funktioniert die Maschine nicht.
elé(c)trico [i'lɛtriku], **-a** *adj.* Comprei uma máquina de escrever elé(c)trica.	**elektrisch** Ich habe eine elektrische Schreibmaschine gekauft.

ele(c)trónico [ilɛ'trɔniku], **-a** *adj.*	**elektronisch**
Os aparelhos ele(c)trónicos desta loja são baratos.	Die elektronischen Geräte dieses Geschäftes sind billig.
funcionar [fũsju'nar] *v.*	**laufen, funktionieren**
Este rádio tem vinte anos, mas ainda está a funcionar.	Dieses Radio ist zwanzig Jahre alt, aber es funktioniert noch.
indústria [ĩ'duʃtrjɐ] *f*	**Industrie** *f*
A indústria alemã exporta uma tecnologia altamente desenvolvida.	Die deutsche Industrie exportiert hochentwickelte Technologie.
industrial [ĩduʃ'trjał] *adj.*	**industriell, Industrie...**
Ele vive numa região industrial.	Er lebt in einem Industriegebiet.
invenção [ĩvẽ'sɐ̃w] *f*	**Erfindung** *f*
A invenção do telefone mudou o mundo.	Die Erfindung des Telefons hat die Welt verändert.
máquina ['makinɐ] *f*	**Maschine** *f*
Esta máquina produz mil peças por hora.	Diese Maschine produziert tausend Teile pro Stunde.
reparar [ʀəpɐ'rar] *v.*	**reparieren**
O mecânico está a reparar o carro.	Der Mechaniker repariert den Wagen.
técnico ['tɛkniku], **-a** *adj.*	**technisch**
Onde fica o atendimento técnico de vossa empresa?	Wo ist der technische Kundendienst Ihres Unternehmens?
tecnologia [tɛknulu'ʒiɐ] *f*	**Technologie** *f*
A tecnologia deste carro é altamente sofisticada.	Die Technologie dieses Autos ist hochentwickelt.

«2001–4000»

automático [awtu'matiku], **-a** *adj.*	**automatisch**
Esta é uma pistola automática.	Dies ist eine automatische Pistole.
central elé(c)trica [sẽ'trał i'lɛtrikɐ] *f*	**Kraftwerk** *n*
A central elé(c)trica foi atingida por um raio.	Das Kraftwerk wurde von einem Blitz getroffen.
conserto [kõ'sɛrtu] *m*	**Reparatur** *f*
O conserto da máquina de lavar foi caro.	Die Reparatur der Waschmaschine war teuer.

construção [kõʃtru'sɐ̃w] *f* A construção da nova auto-estrada já foi aprovado.	**Bau** *m*, **Konstruktion** *f* Der Bau der neuen Autobahn ist schon genehmigt worden.
corrente [ku'ʀẽtə] *f* Precisamos de chamar o técnico para verificar a corrente elé(c)trica.	**Strom** *m* Wir müssen den Techniker rufen, um den Strom zu prüfen.
energia [inər'ʒiɐ] *f* Poupe energia!	**Energie** *f* Sparen Sie Energie!
instalar [ĩʃtɐ'lar] *v.* O técnico instalou a máquina de lavar.	**einrichten, installieren** Der Techniker hat die Waschmaschine installiert.
linha ['liɲɐ] *f* A linha está interrompida.	**Leitung** *f* Die Leitung ist unterbrochen.
mina ['minɐ] *f* Faz anos que estão a trabalhar nesta mina.	**Bergwerk** *n*, **Mine** *f* Sie arbeiten schon seit Jahren in dieser Mine.
modelo [mu'ðelu] *m* Que modelo é este?	**Modell** *n* Was für ein Modell ist das?
montar [mõ'tar] *v.* O mecânico montou o motor.	**montieren** Der Mechaniker hat den Motor montiert.
nuclear [nu'kljar] *adj.* A energia nuclear tem vantagens e desvantagens.	**Kern..., Atom...** Die Kernenergie hat Vor- und Nachteile.
obras ['ɔbrɐʃ] *f/pl.* Esta estrada ainda está em obras.	**Baustelle** *f*, **Bauarbeiten** *pl.* In dieser Straße sind noch Baustellen.
peça ['pɛsɐ] *f* A peça principal desta máquina está avariada.	**(Ersatz-)Teil** *n* Das Hauptteil dieser Maschine ist kaputt.
pilha ['piʎɐ] *f* Com as pilhas novas, podemos alumiar a cave.	**Batterie** *f* Mit der neuen Batterie können wir den Keller beleuchten.
pressão [prə'sɐ̃w] *f* Antes de fazer uma viage, verifique a pressão dos pneus.	**Druck** *m* Prüfen Sie vor Ihrer Reise den Reifendruck.
robô [ro'βo] *m* Os robôs são apropriados para produção em série.	**Roboter** *m* Roboter sind für Serienproduktion geeignet.

série ['sɛrjə] *f* Os automóveis geralmente são produzidos em série.	**Serie** *f*, **Reihe** *f* Autos werden normalerweise in Serie produziert.
tubo ['tuβu] *m* O tubo de descarga do meu carro está danificado.	**Rohr** *n* Das Auspuffrohr meines Autos ist beschädigt.

1.6.2 MATERIALIEN

«1–2000»

algodão [ałɣu'δɐ̃w] *m* Este tecido é 100% de algodão.	**Baumwolle** *f* Dieser Stoff ist zu 100% aus Baumwolle.
carvão [kɐr'vɐ̃w] *m* Comprei um desenho a carvão.	**Kohle** *f* Ich habe eine Kohlezeichnung gekauft.
couro ['koru] *m* A carteira é de couro.	**Leder** *n* Die Brieftasche ist aus Leder.
de [də] *prep.* Os seus brincos são de ouro?	**aus** Sind Ihre Ohrringe aus Gold?
duro ['duru], **-a** *adj.* Esta madeira não serve para trabalhar. É dura demais.	**hart** Dieses Holz ist zur Bearbeitung ungeeignet. Es ist zu hart.
ferro ['fɛʀu] *m* Esta estátua é de ferro.	**Eisen** *n* Diese Statue ist aus Eisen.
madeira [mɐ'δejrɐ] *f* Esta mesa é de madeira.	**Holz** *n* Dieser Tisch ist aus Holz.
material [mɐtə'rjał] *m* De que material é feito este vaso?	**Stoff** *m*, **Material** *n* Aus welchem Material ist diese Vase gemacht?
metal [mə'tał] *m* Os metais são bons condutores.	**Metall** *n* Metalle sind gute Leiter.
ouro [o'ru] *m* Esta pulseira é de ouro.	**Gold** *n* Dieses Armband ist aus Gold.
papel [pɐ'pɛł] *m* Tem um papel para embrulhar esta prenda?	**Papier** *n* Haben Sie Papier, um das Geschenk einzuwickeln?
pedra ['pɛδrɐ] *f* O mármore é um tipo de pedra.	**Stein** *m* Marmor ist eine Steinart.

petróleo [pə'trɔlju] *m* Portugal importa petróleo.	**Erdöl** *n* Portugal importiert Erdöl.
plástico ['plaʃtiku] *m* Este brinquedo é feito de plástico.	**Kunststoff** *m*, **Plastik** *n* Dieses Spielzeug ist aus Plastik hergestellt.
tecido [tə'siδu] *m* Este tecido é impermeável?	**(Kleider-)Stoff** *m*, **Gewebe** *n* Ist dieser Stoff wasserdicht?

«2001–4000»

aço ['asu] *m* Este aço é inoxidável?	**Stahl** *m* Ist dieser Stahl rostfrei?
areia [ɐ'rejɐ] *f* Para a argamassa necessitamos de areia, cimento e água.	**Sand** *m* Für Mörtel brauchen wir Sand, Zement und Wasser.
azulejo [ɐzu'lɛʒu] *m* Em Portugal há muitas casas cujas fachadas são de azulejos.	**Kachel** *f*, **Fliese** *f* In Portugal gibt es viele Häuser, deren Fassaden aus Kacheln bestehen.
betão [bə'tɐ̃w] *m* As paredes externas são de betão. *Bras.* **concreto** [kõ'krɛtu] *m*	**Beton** *m* Die Außenwände sind aus Beton.
borracha [bu'ʀaʃɐ] *f* Os pneus são feitos de borracha.	**Gummi** *m/n* Die Reifen sind aus Gummi gemacht.
cobre ['kɔβrə] *m* O cobre é um dos materiais mais importantes para a indústria ele(c)trónica.	**Kupfer** *n* Kupfer ist eines der wichtigsten Materialien für die Elektronikindustrie.
frágil ['fraʒiɫ] *adj.* O vidro é um material frágil.	**zerbrechlich** Glas ist ein zerbrechliches Material.
lã [lɐ̃] *f* Este cachecol é de lã pura.	**Wolle** *f* Dieses Halstuch ist aus reiner Wolle.
líquido ['likiδu], **-a** *adj.* O farmacêutico preparou uma solução líquida.	**flüssig** Der Apotheker hat eine flüssige Lösung zubereitet.
misturar [miʃtu'rar] *v.* Oléo e água não se misturam.	**mischen** Öl und Wasser mischen sich nicht.

mole ['mɔlə] *adj.* A massa está mole.	**weich** Die Masse ist weich.
palha ['paʎɐ] *f* O espantalho é feito de palha.	**Stroh** *f* Die Vogelscheuche ist aus Stroh.
prata ['pratɐ] *f* O anel é de prata.	**Silber** *n* Der Ring ist aus Silber.
puro ['puru], **-a** *adj.* Isto é seda pura?	**rein** Ist das reine Seide?
seda ['seδɐ] *f* A blusa é de seda.	**Seide** *f* Die Bluse ist aus Seide.
sintético [sĩ'tɛtiku], **-a** *adj.* Sinto muito, mas esta blusa não é de seda pura, é sintética.	**synthetisch, künstlich** Tut mir Leid, aber diese Bluse ist nicht aus reiner, sondern aus synthetischer Seide.
sólido ['sɔliδu], **-a** *adj.* O mercúrio é o único metal que não é sólido.	**fest, solide** Quecksilber ist das einzige Metall, das nicht fest ist.
tijolo [ti'ʒolu] *m* O pedreiro necessita de tijolos.	**Ziegel(stein)** *m*, **Backstein** *m* Der Maurer braucht Backsteine.
vidro ['viδru] *m* Este vidro é à prova de fogo.	**Glas** *n* Dieses Glas ist feuerfest.

1.7 Reise und Verkehr

1.7.1 REISE

«1–2000»

atraso [ɐ'trazu] *m* O comboio para Madrid está com dez minutos de atraso. O atraso foi de duas horas.	**Verspätung** *f* Der Zug nach Madrid hat zehn Minuten Verspätung. Die Verspätung betrug zwei Stunden.
bagagem [bɐ'ɣɐʒẽj] *f* Pode levar a minha bagagem, por favor?	**Gepäck** *n* Können Sie bitte mein Gepäck tragen?

chegada [ʃəˈɣaδɐ] *f* A nossa chegada está marcada para o dia 15 de Junho próximo.	**Ankunft** *f* Unsere Ankunft ist für den 15. Juni vorgemerkt.
guia turístico [ˈgiɐ tuˈriʃtiku] *m* O guia turístico mostrou-nos a cidade.	**(Reise-)Führer** *m* (Person und Buch) Der Reiseführer zeigte uns die Stadt.
hotel [ɔˈtɛɫ] *m* O hotel tem preços razoáveis, mas é barulhento.	**Hotel** *n* Das Hotel hat günstige Preise, aber es ist laut.
ir [ir] *v.* Vais a pé, de carro ou de comboio? O Pedro vai para o Brasil.	**gehen, fahren, reisen** Gehst du zu Fuß oder fährst du mit dem Auto oder dem Zug? Pedro fährt nach Brasilien.
ligação [liɣɐˈsɐ̃w] *f* O comboio da ligação parte da linha seis. *Bras.* **conexão** [koneˈksɐ̃w] *f*	**Anschluss** *m* Der Anschlusszug fährt von Gleis sechs ab.
mala [ˈmalɐ] *f* A mala dela está pesada.	**Koffer** *m* Ihr Koffer ist schwer.
mapa [ˈmapɐ] *m* Mostre-me o caminho no mapa, por favor.	**Landkarte** *f*, **Plan** *m* Zeigen Sie mir bitte auf der Landkarte den Weg.
ocupado [ukuˈpaδu], **-a** *adj.* Infelizmente todos os quartos estão ocupados.	**besetzt, belegt** Leider sind alle Zimmer belegt.
partida [pɐrˈtiδɐ] *f* A partida do comboio é daqui a cinco minutos.	**Abreise** *f*, **Abfahrt** *f*, **Abflug** *m* Die Abfahrt des Zuges ist in fünf Minuten.
partir (para) [pɐrˈtir] *v.* O avião parte daqui a duas horas.	**(ab)reisen, (ab)fahren, (ab)fliegen** (nach) Das Flugzeug fliegt in zwei Stunden (ab).
passageiro [pɐsɐˈʒejru] *m* Os passageiros entraram para o autocarro.	**Fahrgast** *m* Die Fahrgäste stiegen in den Bus (ein).
pensão [pẽˈsɐ̃w] *f* A pensão da Sra. Silva é cara, mas confortável.	**Pension** *f* Die Pension von Frau Silva ist teuer, aber komfortabel.
regresso [ʀeˈɣrɛsu] *m* O regresso está marcado para o sábado.	**Rückreise** *f*, **Rückkehr** *f* Die Rückreise ist für Samstag vorgemerkt.

reservar [ʀəzɛr'var] *v.* Eu reservei dois lugares no comboio para Lisboa.	**reservieren, vorbestellen** Ich habe zwei Plätze für den Zug nach Lissabon reserviert.
turismo [tu'riʒmu] *m* Esta região vive do turismo.	**Fremdenverkehr** *m* Diese Region lebt vom Fremdenverkehr.
viagem ['vjaʒẽj] *f* Os meus amigos fizeram uma viagem em França.	**Reise** *f* Meine Freunde haben eine Reise durch Frankreich gemacht.
visitar [vəzi'tar] *v.* Vocês visitaram os sítios históricos?	**besuchen, besichtigen** Habt ihr die historischen Stätten besucht?
volta ['vɔɫtɐ] *f* A volta foi cansativa.	**Heimreise** *f*, **Heimfahrt** *f* Die Heimreise war ermüdend.
voltar ['vɔɫ'tar] *v.* Quando voltaram da viagem?	**zurückfahren, zurückkommen** Wann sind Sie von der Reise zurückgekommen?

«2001–4000»

agência de viagens [ɐ'ʒẽsjɐ də 'vja'ʒẽjʃ] *f* Eu trabalho numa agência de viagens.	**Reisebüro** *n* Ich arbeite in einem Reisebüro.
boleia [bu'lejɐ] *f* Teve de pedir boleia até à estação mais próxima. *Bras.* **carona** [ka'rona] *f*	**Trampen** *n*, **Fahren per Anhalter** *n* Er musste per Anhalter zur nächsten Station fahren.
campismo [kẽ'piʒmu] *m* Nós gostamos de fazer campismo nas férias.	**Camping** *n* Wir mögen es, in den Ferien Camping zu machen.
completo [kõ'plɛtu], **-a** *adj.* O autocarro está completo.	**besetzt, belegt, voll** Der Bus ist voll besetzt.
conta ['kõtɐ] *f* Podia dar-me a conta, por favor?	**(Hotel-)Rechnung** *f* Können Sie mir bitte die Rechnung geben?
despertar [dəʃpər'tar] *v.* Pode despertar-me às 7. horas, por favor?	**(auf)wecken** Können Sie mich um 7 Uhr wecken?

desvio [dəʒ'viw] *m* Na volta fazemos um desvio por lá.	**Umweg** *m*, **Umleitung** *f* Auf dem Rückweg machen wir einen Umweg dahin.
distância [diʃ'tẽsjɐ] *f* Qual é a distância entre Madrid e Lisboa?	**Entfernung** *f*, **Strecke** *f* Wie groß ist die Entfernung zwischen Madrid und Lissabon?
estada [iʃ'taδɐ] *f* Quanto custou a estada no hotel?	**Aufenthalt** *m* Wie viel kostete der Aufenthalt im Hotel?
folheto informativo [fu'ʎetu ĩfurma'tivu] *m* Antes de viajar, leia os folhetos informativos sobre as cidades.	**Prospekt** *m* Lesen Sie die Prospekte über die Städte, bevor Sie reisen.
posto de turismo ['poʃtu də tu'riʒmu] *m* Onde fica o posto de turismo?	**Fremdenverkehrsamt** *n*, **Verkehrsbüro** *n* Wo ist das Fremdenverkehrsamt?
lembrança [lẽ'brẽsɐ] *f* Ele ofereceu-me uma lembrança.	**Andenken** *n*, **Souvenir** *n* Er schenkte mir ein Andenken.
perder [pər'δer] *v.* Perdi o autocarro.	**verpassen, versäumen** Ich habe den Bus verpasst.
planta da cidade ['plẽtɐ dɐ si'δaδə] *f* Tenho aqui uma planta da cidade. *Bras.* **mapa da cidade** ['mapa da si'dadʒi] *m*	**Stadtplan** *m* Ich habe hier einen Stadtplan.
pousada da juventude [po'zaδɐ dɐ ʒuvẽ'tuδə] *f* Ela ficou na pousada da juventude.	**Jugendherberge** *f* Sie blieb in der Jugendherberge.
tenda ['tẽdɐ] *f* Quando viajo, sempre levo minha tenda. *Bras.* **barraca** [ba'ʀaka] *f*	**Zelt** *n* Wenn ich verreise, habe ich immer mein Zelt dabei.
turista [tu'riʃtɐ] *m/f* Há poucos turistas no hotel.	**Tourist(in)** *m(f)* Es sind wenig Touristen im Hotel.
viajar [vjɐ'ʒar] *v.* No ano passado viajámos para o Brasil.	**reisen** Letztes Jahr sind wir nach Brasilien gereist.

viajar à boleia [vjɐ'ʒar a bu'lejɐ] *v.* O meu filho viajou à boleia para Alemanha. *Bras.* **viajar de carona** [vjɐ'ʒar dʒi ka'rona] *v.*	**trampen, per Anhalter fahren** Mein Sohn ist per Anhalter nach Deutschland gefahren.
visita [və'zitɐ] *f* Recomendo uma visita ao Museu Nacional dos Coches.	**Besuch** *m*, **Besichtigung** *f* Ich empfehle eine Besichtigung des Nationalen Kutschenmuseums.
visto ['viʃtu] *m* O senhor já solicitou o visto para China?	**Visum** *n* Haben Sie das Visum für China schon beantragt?

1.7.2 VERKEHR

1.7.2.1 STRASSENVERKEHR

«1–2000»

acidente [ɐsi'δẽtə] *m* O senhor viu o acidente?	**Unfall** *m* Haben Sie den Unfall gesehen?
atravessar [ɐtrɐvə'sar] *v.* Fui atropelado quando atravessava a rua.	**überqueren, durchqueren** Ich bin angefahren worden, als ich die Straße überquerte.
auto-estrada [awtuəʃ'traδɐ] *f* Na auto-estrada houve um acidente grave.	**Autobahn** *f* Auf der Autobahn gab es einen schweren Unfall.
barulho [bɐ'ruʎu] *m* Neste sítio há muito barulho.	**Lärm** *m*, **Geräusch** *n* An diesem Ort herrscht viel Lärm.
bicicleta [bəsi'klɛtɐ] *f* Tenho uma bicicleta nova.	**Fahrrad** *n* Ich habe ein neues Fahrrad.
circular [sirku'lar] *v.* O elé(c)trico circula das 5 às 23 horas.	**fahren** (im Straßenverkehr), **verkehren** Die Straßenbahn fährt von 5 bis 23 Uhr.
condutor [kõdu'tor] *m* Pergunte ao condutor do autocarro. *Bras.* **motorista** [moto'rista] *m/f*	**Fahrer** *m* Fragen Sie den Busfahrer.

conduzir [kõdu'zir] *v.* O camionista não deveria conduzir mais de dez horas por dia. *Bras.* **dirigir** [dʒiri'ʒir] *v.*	(selbst) **fahren** Der Lastwagenfahrer sollte nicht länger als zehn Stunden am Tag fahren.
ir [ir] *v.* Vais a pé ou de elé(c)trico?	**gehen, fahren** Gehst du zu Fuß oder fährst du mit der Straßenbahn?
paragem [pɐ'raʒẽj] *f* Desculpe, onde fica a paragem do autocarro? *Bras.* **parada de ônibus** [pa'rada dʒi 'onibus] *f*	**Haltestelle** *f* Entschuldigung, wo ist die Bushaltestelle?
parar [pɐ'rar] *v.* Pare na próxima rua, por favor!	**anhalten** Halten Sie bitte an der nächsten Straße.
parque de estacionamento ['parkə də iʃtɐsjunɐ'mẽtu] *m* Este parque de estacionamento está completamente lotado. *Bras.* **estacionamento** [estasiona'mẽtu] *m*	**Parkplatz** *m* Dieser Parkplatz ist voll besetzt.
passar (por) [pɐ'sar] *v.* Eu passo por tua casa.	**vorbeifahren** (an) Ich fahre an deinem Haus vorbei.
peão [pjɐ̃w] *m* A maioria dos condutores já não respeita os peões. *Bras.* **pedestre** [pe'dɛstri] *m*	**Fußgänger** *m* Die Mehrheit der Autofahrer respektiert die Fußgänger nicht mehr.
semáforo [sə'mafuru] *m* O semáforo está vermelho.	**Ampel** *f* Die Ampel ist rot.
trânsito ['trɐ̃zitu] *m* Nesta rua o trânsito de camiões é proibido.	**Verkehr** *m* In dieser Straße ist der Verkehr für LKWs verboten.
travar [trɐ'var] *v.* Ele não travou a tempo e colidiu com um outro carro. *Bras.* **frear** [fre'ar] *v.*	**bremsen** Er bremste nicht rechtzeitig und fuhr gegen ein anderes Auto.
velocidade [vəlusi'δaδə] *f* Qual é a velocidade máxima permitida?	**Geschwindigkeit** *f*, **Tempo** *n* Was ist die erlaubte Höchstgeschwindigkeit?

virar [vi'rar] *v.* No semáforo vire à esquerda.	**abbiegen** Biegen Sie an der Ampel links ab!

«2001–4000»

arrancar [ɐʀɐ̃'kar] *v.* O carro arranca com dificuldade.	**anfahren, starten** Das Auto startet schlecht.
atropelar [ɐtrupə'lar] *v.* O condutor atropelou dois peões.	**überfahren** Der Autofahrer überfuhr zwei Fußgänger.
ciclista [sə'kliʃtɐ] *m/f* Cuidado com os ciclistas!	**Radfahrer(in)** *m(f)* Vorsicht bei Radfahrern!
colisão [kuli'sɐ̃w] *f* A colisão frontal provocou a morte dos condutores.	**Zusammenstoß** *m*, **Kollision** *f* Der Frontalzusammenstoß verursachte den Tod der Fahrer.
cruzamento [kruzɐ'mẽtu] *m* Siga sempre em frente e vire à esquerda no próximo cruzamento.	**Straßenkreuzung** *f* Fahren Sie immer geradeaus und biegen Sie an der nächsten Straßenkreuzung links ab.
curva ['kurvɐ] *f* Aquela curva parece perigosa.	**Kurve** *f* Die Kurve dort scheint gefährlich zu sein.
desvio [dəʒ'viw] *m* À frente há um desvio.	**Umleitung** *f* Da vorne gibt es eine Umleitung.
diminuir a velocidade [dəmi'nwir ɐ vəlusi'ðaðə] *v.* Antes da ponte tens de diminuir a velocidade.	**langsamer fahren** Vor der Brücke musst du langsamer fahren.
engarrafamento [ẽgɐʀɐfɐ'mẽtu] *m* Que engarrafamento! Deve ter acontecido algo.	**(Verkehrs-)Stau** *m* Was für ein Stau! Da muss etwas passiert sein.
partir [pɐr'tir] *v.* O comboio parte às 15 horas.	**wegfahren, anfahren** Der Zug fährt um 15 Uhr.
passagem [pɐ'saʒɐ̃j] *f* Naquela rocha há uma passagem para o outro lado da praia.	**Durchfahrt** *f*, **Durchgang** *m* Dort am Felsen befindet sich ein Durchgang zur anderen Seite des Strandes.

passeio [pɐ'seju] *m* Quem estacionou o carro no passeio?	**Gehsteig** *m*, **Gehweg** *m* Wer hat das Auto auf dem Gehsteig geparkt?
portagem [pur'taʒẽj] *f* Para atravessar a ponte é necessário pagar uma portagem. *Bras.* **pedágio** [pe'daʒiu] *m*	**(Autobahn-)Gebühr** *f* Um die Brücke zu überqueren, muss man eine Gebühr bezahlen.
prioridade [prjuri'δaδə] *f* Nesta rua nós temos prioridade.	**Vorfahrt** *f* Auf dieser Straße haben wir Vorfahrt.
sinal (de trânsito) [si'nał (də 'trẽzitu)] *m* Há um sinal de estacionamento proibido?	**(Verkehrs-)Schild** *n*, **Verkehrszeichen** *n* Ist hier ein Parkverbotsschild?
transporte [trẽʃ'pɔrtə] *m* Que meio de transporte utiliza a maioria dos portugueses? O transporte do gasóleo será amanhã.	**Transport(mittel)** *m(n)*, **Beförderung** *f* Welches Transportmittel benutzt die Mehrheit der Portugiesen? Der Transport von Diesel erfolgt morgen.
ultrapassar [ułtrɐpɐ'sar] *v.* O condutor do autocarro ultrapassou o camião.	**überholen** Der Busfahrer überholte den Lastwagen.

1.7.2.2 KRAFTFAHRZEUGE

«1–2000»

autocarro [awtu'kaʀu] *m* Quer ir de autocarro ou de metro? – Prefiro ir de autocarro. *Bras.* **ônibus** ['onibus] *m*	**(Auto-)Bus** *m* Willst du mit dem Bus oder mit der Metro fahren? – Ich bevorzuge den Bus.
automóvel [awtu'mɔvεł] *m* A marca deste automóvel é bem conhecida.	**Auto(mobil)** *n* Die Marke dieses Autos ist sehr bekannt.
avaria [ɐvɐ'riɐ] *f* Devido a uma avaria técnica, o carro não está a funcionar.	**Panne** *f* Wegen einer technischen Panne fährt das Auto nicht.

avariado [ɐvɐ'rjaðu], **-a** *adj.* A embraiagem do meu carro está avariada. *Bras.* **enguiçado, -a** [ẽgi'sadu, -a]; **quebrado, -a** [ke'bradu]	**kaputt, defekt** Die Kupplung meines Autos ist kaputt.
bomba de gasolina ['bõbɐ də gɐzu'linɐ] *f* Onde é que fica a bomba de gasolina? *Bras.* **posto de gasolina** ['postu dʒi gazu'lina] *m*	**Tankstelle** *f* Wo befindet sich die Tankstelle?
camião [kɐ'mjɐ̃w] *m* O camião da fábrica avariou. Por isso não podemos fazer a entrega nesta semana. *Bras.* **caminhão** [kami'ɲãw] *m*	**Lastwagen** *m* Der Lastwagen der Fabrik ist defekt. Deshalb können wir diese Woche nicht liefern.
camioneta [kɐmju'netɐ] *f* Compramos uma camioneta nova. *Bras.* **caminhonete** [kamiɲo'nɛtʃi] *f*	**Lieferwagen** *m*, **kleiner Bus** *m* Wir haben einen neuen Lieferwagen gekauft.
carro ['kaʀu] *m* O nosso carro avariou.	**Auto** *n*, **Wagen** *m* Unser Auto ist kaputt.
conduzir [kõdu'zir] *v.* A sua esposa sabe conduzir? *Bras.* **dirigir** [dʒiri'ʒir] *v.*	**fahren** (steuern, lenken) Kann Ihre Frau Auto fahren?
garagem [gɐ'raʒɐ̃j] *f* O carro deve ser rebocado até à garagem.	**Garage** *f* Das Auto muss zur Garage abgeschleppt werden.
gasóleo [gɐ'zɔlju] *m* Este carro é a gasóleo. *Bras.* **óleo diesel** ['ɔlju dʒi'zew] *m*	**Diesel** *m* Dieses Auto ist ein Diesel.
gasolina [gɐzu'linɐ] *f* Gasolina super ou normal? – Super. Encha o depósito, por favor.	**Benzin** *n* Superbenzin oder Normal? – Super. Voll tanken, bitte.
moto ['mɔtu] *f* A minha moto está na oficina.	**Motorrad** *n* Mein Motorrad ist in der Werkstatt.
motocicleta [mɔtɔsi'klɛtɐ] *f* Ele comprou uma motocicleta.	**Motorrad** *n* Er kaufte ein Motorrad.

motor [mu'tor] *m* O mecânico testou o motor.	**Motor** *m* Der Mechaniker hat den Motor geprüft.
pneu [pnew] *m* O pneu está furado.	**Reifen** *m* Der Reifen ist platt.
roda ['ʀɔδɐ] *f* As rodas dianteiras têm folga demais.	**Rad** *n* Die vorderen Räder haben zu viel Spiel.
táxi ['taksi] *m* O passageiro desceu do táxi.	**Taxi** *n* Der Fahrgast verließ das Taxi.
travar [trɐ'var] *v.* O condutor travou repentinamente. *Bras.* **frear** [fre'ar] *v.*	**bremsen** Der Fahrer bremste plötzlich.

«2001–4000»

assento [ɐ'sẽtu] *m* Quantos assentos há?	**Sitz(platz)** *m* Wie viele Sitzplätze gibt es?
carta de condução ['kartɐ də kõdu'sɐ̃w] *f* O senhor tem uma carta de condução internacional? *Bras.* **carteira de motorista** [kar'tejra dʒi moto'rista] *f*	**Fahrerlaubnis** *f*, **Führerschein** *m* Haben Sie einen internationalen Führerschein?
cinto de segurança ['sĩtu də seɣu'rɐ̃sa] *m* O uso do cinto de segurança é obrigatório.	**Sicherheitsgurt** *m* Der Gebrauch des Sicherheitsgurtes ist Pflicht.
encher o depósito [ẽ'ʃer u də'pɔzitu] *v.* Encha o depósito com gasolina normal, por favor! *Bras.* **encher o tanque** [ẽ'ʃer u 'tɐ̃ki] *v.*	**voll tanken** Tanken Sie bitte mit Normalbenzin voll.
estacionamento [iʃtɐsjunɐ'mẽtu] *m* Há um parque de estacionamento no centro da cidade.	**Parkplatz** *m*, **Parken** *n* Im Stadtzentrum gibt es einen Parkplatz.
estacionar [iʃtɐsju'nar] *v.* Não estaciones aí! É proibido.	**abstellen, parken** Park dort nicht! Es ist verboten.

marcha ['marʃɐ] *f*
O meu carro tem cinco marchas.

Gang *m*
Mein Auto hat fünf Gänge.

---

motoreta [mutu'rɛtɐ] *f*
Esta motoreta é da Itália.

Bras. **motoneta** [moto'neta] *f*

(Motor-)Roller *m*
Dieser Motorroller ist aus Italien.

---

motorista [mutu'riʃtɐ] *m/f*
O motorista do táxi está ali.

Fahrer(in) *m(f)*
Dort ist der Taxifahrer.

---

motorizada [muturi'zaðɐ] *f*
Ele vem todos os dias de motorizada.

Moped *n*
Er kommt jeden Tag mit dem Moped.

---

oficina de reparação [ofə'sinɐ də ʀəpɐrɐ'sɐ̃w] *f*
O meu carro está na oficina de reparação.
Bras. **oficina (mecânica)** [ofi'sina (me'kɐnika)] *f*

(Auto-)Werkstatt *f*
Mein Auto ist in der Werkstatt.

óleo ['ɔlju] *m*
Tenho que trocar o óleo do carro.

Öl *n*
Ich muss am Auto einen Ölwechsel machen.

---

super ['supər] *f*
Meta 3500$00 de gasolina super, por favor.

Super(benzin) *n*
Füllen Sie bitte für 3500 Escudos Super(benzin) ein.

---

travão [trɐ'vɐ̃w] *m*
Meteu o pé nos travões do autocarro.
Esqueceu-se de puxar o travão.
Bras. **freio (de mão)** ['freju (dʒi 'mɐ̃w)] *m*

(Hand-)Bremse *f*
Er stellte den Fuß auf die Bremse des Busses.
Er vergaß, die Handbremse anzuziehen.

---

volante [vu'lɐ̃tə] *m*
Quem estava no volante?

Steuer ***n***, **Lenkrad** ***n***
Wer war am Steuer?

1.7.2.3 EISENBAHN

«1–2000»

bilhete [bi'ʎetə] *m*
Dê-me um bilhete simples para Lisboa, faz favor.
Bras. **passagem** [pa'saʒẽj] *f*

Fahrkarte *f*, **Fahrschein** *m*
Geben Sie mir bitte eine einfache Fahrkarte nach Lissabon.

caderneta de módulos [kɐdər'netɐ də 'mɔduluʃ] *f* Queria uma caderneta de módulos para autocarro.	**Fahrscheinheft** *n*, **Fahrkartenblock** *m* Ich hätte gern ein Fahrscheinheft für den Bus.
cais [kajʃ] *m* O comboio de Paris está a entrar no cais 5. *Bras.* **plataforma** [plata'fɔrma] *f*	**Bahnsteig** *m* Der Zug von Paris fährt (gerade) am Bahnsteig 5 ein.
caminho-de-ferro [kɐ'miɲu də 'fɛʀu] *m* É dos serviços de informações dos caminhos-de-ferro? – Não, não. *Bras.* **estrada de ferro** [es'trada dʒi 'fɛʀu] *f*	**Eisenbahn** *f* Ist es vom Informationsdienst der Eisenbahn? – Nein, nein.
comboio [kõ'boju] *m* O comboio partiu com atraso. *Bras.* **trem** [trẽj] *m*	**Zug** *m* Der Zug ist mit Verspätung abgefahren.
distribuidora automática de bilhetes [dəʃtribuj'dorɐ awtu'matikɐ də bi'ʎetəʃ] *f* Na entrada da estação há uma distribuidora automática de bilhetes.	**Fahrkartenautomat** *m* Am Eingang des Bahnhofs gibt es einen Fahrkartenautomaten.
estação [iʃtɐ'sɐ̃w] *f* Por favor, onde fica a estação?	**Station** *f*, **Bahnhof** *m* Bitte, wo ist der Bahnhof?
linha ['liɲɐ] *f* A nova linha ligará o centro com a periferia.	**Linie** *f* Die neue Linie wird das Zentrum mit den Vororten verbinden.
metro ['mɛtru] *m* O metro é um meio de transporte muito rápido. *Bras.* **metrô** [mɛ'tro] *m*	**U-Bahn** *f* Die U-Bahn ist ein sehr schnelles Transportmittel.
mudar (de) [mu'ðar] *v.* Onde tenho que mudar de comboio?	**umsteigen** Wo muss ich umsteigen?
vagão [vɐ'ɣɐ̃w] *m* Neste comboio há três vagões para mercadorias.	**Waggon** *m*, **Eisenbahnwagen** *m* Dieser Zug hat drei Güterwaggons.

«2001–4000»

bilhete de ida e volta [bi'ʎetə də 'iδɐ i 'vɔɫtɐ] *m*	**(Hin- und) Rückfahrkarte** *f*
Eu queria um bilhete de ida e volta.	Ich möchte eine Rückfahrkarte.
Bras. **passagem de ida e volta** [pa'saʒẽj dʒi 'ida i 'vɔwta] *f*	
bilheteira [biʎə'tejrɐ] *f*	**Fahrkartenschalter** *m*
Onde é a bilheteira?	Wo ist der Fahrkartenschalter?
Bras. **bilheteria** [biʎete'ria] *f*	
carruagem [kɐ'ʀwaʒẽj] *f*	**Waggon** *m*, **Wagen** *m*; **Abteil** *n*
O comboio tem dez carruagens.	Der Zug hat zehn Waggons.
Esta carruagem é para fumadores.	Dies ist das Raucherabteil.
Bras. **vagão** [va'gãw] *m*	
carruagem-cama [kɐ'ʀwaʒẽj-'kɐmɐ] *f*	**Schlafwagen** *m*, **Liegewagen (-platz)** *m*
Não há mais lugares na carruagem-cama.	Es gibt im Schlafwagen keine Plätze mehr.
Bras. **vagão-leito** [va'gãw-lejtu] *m*	
carruagem-restaurante [kɐ'ʀwaʒẽj-ʀəʃtaw'rẽtə] *f*	**Speisewagen** *m*
A carruagem-restaurante é à frente.	Der Speisewagen ist vorn.
Bras. **vagão-restaurante** [va'gãw restau'rãtʃi] *m*	
compartimento [kõpɐrti-'mẽtu] *m*	**Abteil** *n*
Não há compartimentos na 2ª classe do comboio.	In diesem Zug gibt es keine Abteile in der 2. Klasse.
C.P. [se pe] *f* (Companhia Portuguesa de Caminhos de Ferro)	**Portugiesische Eisenbahn** *f*
A C.P. aumentou os preços.	Die Portugiesische Eisenbahn hat die Preise erhöht.
depósito de bagagens [də'pɔzitu də bɐ'ɣaʒẽʃ] *m*	**Gepäckaufbewahrung** *f*
Deixarei esta mala no depósito de bagagens.	Ich werde diesen Koffer bei der Gepäckaufbewahrung lassen.

elé(c)trico [i'lɛtriku] *m* Este elé(c)trico passa pela Alfama? *Bras.* **bonde** ['bõdʒi] *m*	**Straßenbahn** *f* Fährt diese Straßenbahn durch Alfama?
estação terminal [iʃtɐ'sɐ̃w tərmi'nał] *f* Deve ir até a estação terminal.	**Endstation** *f* Sie müssen bis zur Endstation fahren.
expresso [əʃ'prɛsu] *m* A que horas parte o expresso para o Porto?	**(Fern-)Schnellzug** *m* Um wie viel Uhr fährt der Schnellzug nach Porto (ab)?
horário [u'rarju] *m* Pode dar-me o horário dos comboios para Paris?	**Fahrplan** *m* Können Sie mir den Fahrplan von den Zügen nach Paris geben?
ida ['iδɐ] *f* Queria um bilhete de ida para Madrid.	**Hinfahrt** *f* Ich hätte gern eine Hinfahrkarte nach Madrid.
rápido ['ʀapiδu] *m* Faz favor, a que horas parte o rápido Porto-Lisboa?	**Schnellzug** *m* Entschuldigung, um wie viel Uhr fährt der Schnellzug Porto-Lissabon ab?
revisor [ʀəvi'zor] *m* O revisor controla os bilhetes.	**Schaffner** *m*, **Kontrolleur** *m* Der Schaffner kontrolliert die Fahrkarten.
suplemento [suplə'mẽtu] *m* Aqui está escrito que este comboio é com suplemento.	**Zuschlag** *m* Hier steht, dass für diesen Zug ein Zuschlag erforderlich ist.

1.7.2.4 FLUGZEUG, SCHIFF

«1–2000»

a bordo [ɐ 'borδu] *adv.* Bem-vindos a bordo!	**an Bord** Willkommen an Bord!
aéreo [ɐ'ɛrju], **-a** *adj.* Jamais recomendaria esta companhia aérea.	**Flug..., Luft...** Ich würde diese Fluggesellschaft niemals empfehlen.
aeroporto [ɐɛrɔ'portu] *m* Desculpe, é esta a estrada para o aeroporto?	**Flughafen** *m*, **Flugplatz** *m* Entschuldigung, ist das der Weg zum Flugplatz?

avião [ɐ'vjɐ̃w] *m* Os aviões desta companhia são confortáveis.	**Flugzeug** *n* Die Flugzeuge dieser Gesellschaft sind komfortabel.
andar de avião [ɐ̃'dar də ɐ'vjɐ̃w] *v.* Não gosto de andar de avião. Tenho medo!	**fliegen** (als Passagier) Ich fliege nicht gerne. Ich habe Angst.
hospedeira [ɔʃpə'ðejrɐ] *f* A hospedeira trouxe um remédio contra enjoo ao passageiro. *Bras.* **aeromoça** [aɛro'mosa] *f*	**Stewardess** *f* Die Stewardess hat dem Passagier ein Medikament gegen die Luftkrankheit gegeben.
navio [nɐ'viw] *m* Fizemos uma viagem de navio.	**Schiff** *n* Wir haben eine Reise mit dem Schiff gemacht.
porto ['portu] *m* O porto de Hamburgo é um dos maiores do mundo.	**Hafen** *m* Der Hamburger Hafen ist einer der größten der Welt.

«2001–4000»

aterrar [ɐtə'ʀar] *v.* O avião de Frankfurt já aterrou? *Bras.* **aterrissar** [ateʀi'sar] *v.*	**landen** Ist die Maschine aus Frankfurt schon gelandet?
barco ['barku] *m* Podíamos andar de barco.	**Boot** *n* Wir könnten mit dem Boot fahren.
cais [kajʃ] *m* O navio vinha-se aproximando do cais.	**Kai** *m* Das Schiff näherte sich allmählich dem Kai.
capitão [kapi'tɐ̃w] *m* O capitão deu as boas-vindas aos passageiros.	**Schiffskapitän** *m* Der Schiffskapitän hat die Passagiere willkommen geheißen.
comandante [ku'mɐ̃'dɐ̃tə] *m* O comandante comprimentou os passageiros.	**(Flug-)Kapitän** *m* Der Flugkapitän begrüßte die Passagiere.
convés [kõ'vɛʃ] *m* Vamos subir ao convés?	**Deck** *n* Gehen wir auf das Deck?
escala [iʃ'kalɐ] *m* Este voo é directo ou com escala?	**Zwischenlandung** *f* Ist dieser Flug direkt oder mit Zwischenlandung?

helicóptero [ɛli'kɔptəru] *m* Tiveram de chamar um helicóptero urgente.	**Hubschrauber** *m* Sie mussten dringend einen Hubschrauber anfordern.
levantar voo [ləvẽ'tar vow] *v.* O avião levantará voo em dez minutos.	**starten, abheben** Das Flugzeug startet in zehn Minuten.
marinheiro [mɐri'ɲejru] *m* Os marinheiros deste navio são todos portugueses.	**Seemann** *m*, **Matrose** *m* Die Matrosen auf diesem Schiff sind alle Portugiesen.
porta de embarque ['pɔrtɐ də ẽ'barkə] *f* Qual é a sua porta de embarque? *Bras.* **portão de embarque** [por'tãw dʒi ẽ'barki] *m*	**Flugsteig** *m* Welcher ist Ihr Flugsteig?
voo [vow] *m* Faz favor, quanto tempo leva o voo de Frankfurt para Lisboa?	**Flug** *m* Entschuldigen Sie, wie lange dauert der Flug von Frankfurt nach Lissabon?

1.8 Länder und Völker

1.8.1 GEOGRAPHISCHE NAMEN

«1–2000»

Açores [ɐ'soriʃ] *m/pl.*	**Azoren** (die) *pl.*
África ['afrikɐ] *f*	**Afrika** *n*
Alemanha [ɐlə'mɐɲɐ] *f*	**Deutschland** *n*
América [ɐ'mɛrikɐ] *f*	**Amerika** *n*
América Latina [ɐ'mɛrikɐ lɐ'tinɐ] *f*	**Lateinamerika** *n*
Ásia ['azjɐ] *f*	**Asien** *n*
Atlântico [ɐ'tlẽtiku] *m*	**Atlantik** *m*
Áustria ['auʃtrjɐ] *f*	**Österreich** *n*
Berlim [bər'lĩ]	**Berlin** *n*
Brasil [bra'ziɫ] *m*	**Brasilien** *n*
Espanha [iʃ'pɐɲɐ] *f*	**Spanien** *n*
Estados Unidos [iʃ'taduzu'niduʃ] *m/pl.*	**Vereinigte Staaten (von Amerika)** (die) *pl.*
Europa [eu'rɔpɐ] *f*	**Europa** *n*
França ['frẽsɐ] *f*	**Frankreich** *n*
Grã-Bretanha [grẽbrə'tɐɲɐ] *f*	**Großbritannien** *n*
Inglaterra [inglɐ'tɛʀɐ] *f*	**England** *n*

Lisboa [liʒ'boɐ] *f*	**Lissabon** *n*
Madeira [mɐ'dejrɐ] *f*	**Madeira** *n*
Moçambique ['musɐ̃'bikə] *m*	**Mosambik** *n*
Munique [mu'nikə]	**München** *n*
Portugal [purtu'ɣał] *m*	**Portugal** *n*
Rússia ['ʀusjɐ] *f*	**Russland** *n*
Suíça ['swisɐ] *f*	**Schweiz** *f*

«2001–4000»

Adriático [ɐ'δrjatiku] *m*	**Adria** *f*
Alpes ['ałpeʃ] *m/pl.*	**Alpen** (die) *pl.*
Amazonas [ama'zonɐs] *m*	**Amazonas** *m*
Argentina [ɐrʒẽ'tinɐ] *f*	**Argentinien** *n*
Austrália [auʃ'traljɐ] *f*	**Australien** *n*
Baviera [bɐ'vjɛrɐ] *f*	**Bayern** *n*
Bélgica ['bɛłʒikɐ] *f*	**Belgien** *n*
Bolívia [bu'livjɐ] *f*	**Bolivien** *n*
Canadá [kɐnɐ'δa] *m*	**Kanada** *n*
Canal da Mancha [kɐ'nałdɐ'mɐ̃ʃa] *m*	**Ärmelkanal** *m*
China ['ʃinɐ] *f*	**China** *n*
Colómbia [ku'lõbjɐ] *f*	**Kolumbien** *n*
Danúbio [dɐ'nuβju] *m*	**Donau** *f*
Dinamarca [dinɐ'markɐ] *f*	**Dänemark** *n*
Equador [ikwɐ'δor] *m*	**Äquator** *m*
Floresta Negra [flurɛʃtɐ 'nɛɣrɐ] *f*	**Schwarzwald** *m*
Galícia [gɐ'lisjɐ] *f*	**Galicien** *n*
Grécia ['grɛsjɐ] *f*	**Griechenland** *n*
Holanda [u'lɐ̃dɐ] *f*	**Holland** *n*
Hungria [ũ'griɐ] *f*	**Ungarn** *n*
Itália [i'taljɐ] *f*	**Italien** *n*
Irlanda [ir'lɐ̃dɐ] *f*	**Irland** *n*
Japão [ʒɐ'pɐ̃w] *m*	**Japan** *n*
Lago de Constança ['laɣu də kõʃ'tɐ̃sɐ] *m*	**Bodensee** *m*
Marrocos [mɐ'ʀɔkuʃ] *m/pl.*	**Marokko** *n*
Mediterrâneo [məditə'ʀɐnju] *m*	**Mittelmeer** *n*
Noruega [no'rueɣa] *f*	**Norwegen** *n*
Países Baixos [pɐiziʒ'baiʃuʃ] *m/pl.*	**Niederlande** (die) *pl.*
Polónia [pu'lɔnjɐ] *f*	**Polen** *n*
Reno ['ʀenu] *m*	**Rhein** *m*
República Tcheca [ʀɛ'publikɐ tʃɛkɐ] *f*	**Tschechische Republik** *f*

Suécia ['swɛsjɐ] *f*	**Schweden** *n*
Tunísia [tu'niʒjɐ] *f*	**Tunesien** *n*
Turquia [tur'kiɐ] *f*	**Türkei** *f*

1.8.2 NATIONALITÄTEN, BEWOHNER, SPRACHEN

«1–2000»

alemão [ɐlə'mɐ̃w], **-ã** *adj. u. subst. m/f*	**deutsch, Deutscher** *m,* **Deutsche** *f*
alemão [ɐlə'mɐ̃w] *m*	**Deutsch** *n*, (das) **Deutsche**
Como se diz em alemão?	Wie sagt man im Deutschen (*oder* auf Deutsch)?
Ele aprende alemão.	Er lernt Deutsch.
O senhor fala alemão?	Sprechen Sie Deutsch?
americano [ɐməri'kɐnu], **-a** *adj. u. subst. m/f*	**amerikanisch, Amerikaner(in)** *m(f)*
austríaco [auʃ'triɐku], **-a** *adj. u. subst. m,f*	**österreichisch, Österreicher(in)** *m(f)*
brasileiro [brɐzi'lejru], **-a** *adj. u. subst. m/f*	**brasilianisch, Brasilianer(in)** *m(f)*
canadense [kɐn'ɐδẽsə] *adj. u. subst. m/f*	**kanadisch, Kanadier(in)** *m(f)*
espanhol [iʃpɐ'ɲɔɫ], **-a** *adj. u. subst. m/f*	**spanisch, Spanier(in)** *m(f)*
espanhol [iʃpɐ'ɲɔɫ] *m*	**Spanisch** *n*, (das) **Spanische**
europeu [euru'peu], **-eia** *adj. u. subst. m/f*	**europäisch, Europäer(in)** *m(f)*
francês [frẽ'seʃ], **-esa** *adj. u. subst. m/f*	**französisch, Franzose** *m,* **Französin** *f*
francês [frẽ'seʃ] *m*	**Französisch** *n*, (das) **Französische**
inglês [ĩ'gleʃ], **-esa** *adj. u. subst. m/f*	**englisch, Engländer(in)** *m(f)*
inglês [ĩ'gleʃ] *m*	**Englisch** *n*, (das) **Englische**
italiano [itɐ'ljɐnu], **-a** *adj u. subst. m/f*	**italienisch, Italiener(in)** *m(f)*
italiano [itɐ'ljɐnu] *m*	**Italienisch** *n*, (das) **Italienische**
português [purtu'ɣeʃ], **-esa** *adj. u. subst. m/f*	**portugiesisch, Portugiese** *m,* **Portugiesin** *f*
português [purtu'ɣeʃ] *m*	**Portugiesisch** *n*, (das) **Portugiesische**
suíço ['swisu], **-a** *adj. u. subst. m/f*	**schweizerisch, Schweizer(in)** *m(f)*

«2001–4000»

açoriano [ɐsu'rjɐnu], **-a** *adj.*	**azorianisch**
africano [afri'kɐnu], **-a** *adj.*	**afrikanisch**
angolano [ɐ̃gu'lɐnu], **-a** *adj.*	**angolanisch**
argentino [ɐrʒẽ'tinu], **-a** *adj.*	**argentinisch**
chinês [ʃi'neʃ], **-esa** *adj. u. subst. m/f*	**chinesisch, Chinese** *m*, **Chinesin** *f*
dinamarquês [dinɐmɐr'keʃ], **-esa** *adj.*	**dänisch**
galego [gɐ'leɣu], **-a** *adj.*	**galicisch**
grego ['greɣu], **-a** *adj.*	**griechisch**
holandês [ulɐ̃'deʃ], **-esa** *adj.*	**holländisch**
irlandês [irlɐ̃'deʃ], **-esa** *adj. u. subst. m/f*	**irisch, Ire** *m*, **Irin** *f*
japonês [ʒɐpu'neʃ], **-esa** *adj.*	**japanisch**
marroquino [maʀu'kinu], **-a** *adj. u. subst. m/f*	**marrokanisch, Marrokaner(in)** *m(f)*
moçambicano [musɐ̃bi'kɐnu], **-a** *adj.*	**mosambikanisch**
russo ['ʀusu], **-a** *adj. u. subst. m/f*	**russisch, Russe** *m*, **Russin** *f*
russo ['ʀusu] *m*	**Russisch** *n*, (das) **Russische**
sul-americano [sulɐməri'kɐnu], **-a** *adj.*	**südamerikanisch**
turco ['turku], **-a** *adj.*	**türkisch**

2. ALLGEMEINE BEGRIFFE

2.1 Zeit

2.1.1 JAHRESEINTEILUNG

«1–2000»

ano ['ɐnu] *m*	**Jahr** *n*
No próximo ano farei um curso de línguas.	Nächstes Jahr werde ich einen Sprachkurs machen.
dia [diɐ] *m*	**Tag** *m*
Que dia é hoje?	Welcher Tag ist heute?

estação do ano [iʃtɐ'sɐ̃w do 'ɐnu] *f* Como se chamam as estações do ano em alemão?	**Jahreszeit** *f* Wie heißen die Jahreszeiten auf Deutsch?
Inverno [ĩ'vɛrnu] *m* O Inverno começa em Dezembro.	**Winter** *m* Der Winter beginnt im Dezember.
mês [meʃ] *m* O ano tem doze meses.	**Monat** *m* Das Jahr hat zwölf Monate.
Outono [o'tonu] *m* No Outono muitas árvores perdem as folhas.	**Herbst** *m* Im Herbst verlieren viele Bäume die Blätter.
Primavera [primɐ'vɛrɐ] *f* Na Primavera há muitas flores.	**Frühling** *m* Im Frühling gibt es viele Blumen.
semana [sə'mɐnɐ] *f* Terminaremos o trabalho na próxima semana.	**Woche** *f* Wir werden die Arbeit nächste Woche beenden.
Verão [və'rɐ̃w] *m* Os meus pais gostam de viajar no Verão.	**Sommer** *m* Meine Eltern verreisen gern im Sommer.

«2001–4000»

anual [ɐ'nwaɫ] *adj.* Nós temos um encontro anual em Portugal.	**jährlich** Wir haben ein jährliches Treffen in Portugal.
diário ['djarju] *adj.* Este jornal é diário ou semanal?	**täglich** Erscheint diese Zeitung täglich oder wöchentlich?
fim-de-semana [fĩdəsə'mɐnɐ] *m* O que vais fazer no próximo fim-de-semana?	**Wochenende** *n* Was machst du am nächsten Wochenende?
mensal [mẽ'saɫ] *adj.* O vencimento mensal do Sr. Jorge Santos é insuficiente para manter a família.	**monatlich** Das monatliche Einkommen von Herrn Santos reicht nicht, um die Familie zu unterstützen.
semanal [səmɐ'naɫ] *adj.* A revista é semanal.	**wöchentlich** Die Zeitschrift erscheint wöchentlich.

semestre [sə'mɛʃtrə] *m* — **Semester** *n*
Faltam-me apenas dois semestres para terminar os estudos. — Es fehlen mir nur zwei Semester, um mein Studium zu beenden.

temporada [tẽpu'raδɐ] *f* — **Saison** *f*
Quando começa a temporada de férias? — Wann beginnt die Saison?

2.1.2 MONATSNAMEN, DATUM

«1–2000»

Janeiro [ʒɐ'nejru] *m* — **Januar** *m*
A Maria nasceu no dia 16 de Janeiro de 1962. — Maria ist am 16. Januar 1962 geboren.
Em Janeiro vamos viajar. — Im Januar werden wir verreisen.
No dia primeiro de Janeiro é o aniversário da minha mãe. — Am 1. Januar ist der Geburtstag meiner Mutter.

Fevereiro [fəvə'rejru] *m* — **Februar** *m*
Março ['marsu] *m* — **März** *m*
Abril [ɐ'briɫ] *m* — **April** *m*
Maio ['maju] *m* — **Mai** *m*
Junho ['ʒuɲu] *m* — **Juni** *m*
Julho ['ʒuʎu] *m* — **Juli** *m*
Agosto [ɐ'gɔʃtu] *m* — **August** *m*
Setembro [sətẽbru] *m* — **September** *m*
Outubro [o'tuβru] *m* — **Oktober** *m*
Novembro [nu'vẽbru] *m* — **November** *m*
Dezembro [də'zẽbru] *m* — **Dezember** *m*

«2001–4000»

que dia [ke diɐ] — **der Wievielte**
Que dia é hoje? — Der Wievielte ist heute?

data ['datɐ] *f* — **Datum** *n*
A minha data de nascimento é o 27 de Março de 1973. — Mein Geburtsdatum ist der 27. März 1973.

2.1.3 WOCHENTAGE

«1–2000»

segunda-feira [səɣũdɐ'fejrɐ] *f*	**Montag** *m*
Quando nos encontramos? – Na segunda-feira.	Wann treffen wir uns? – Am Montag.
Os bancos funcionam de segunda a sexta-feira.	Die Banken sind von Montag bis Freitag geöffnet.
Às segundas-feiras tenho curso de inglês.	Montags habe ich Englischkurs.
terça-feira [tersɐ'fejrɐ] *f*	**Dienstag** *m*
quarta-feira [kwartɐ'fejrɐ] *f*	**Mittwoch** *m*
quinta-feira [kĩtɐ'fejrɐ] *f*	**Donnerstag** *m*
sexta-feira [sejʃtɐ'fejrɐ] *f*	**Freitag** *m*
sábado ['saβɐδu] *m*	**Samstag** *m*, **Sonnabend** *m*
domingo [du'mĩgu] *m*	**Sonntag** *m*

2.1.4 TAGESZEIT

«1–2000»

de manhã [de mɐ'ɲɐ̃]	**morgens, am Morgen**
De manhã sempre leio o jornal.	Morgens lese ich immer die Zeitung.
à noite [a 'nojtə]	**abends, nachts**
O porteiro trabalha à noite.	Der Portier arbeitet abends (am Abend).
à tarde [a 'tarδə]	**Nachmittag** *m*, **nachmittags**
Ontem à tarde estive na biblioteca.	Gestern Nachmittag war ich in der Bibliothek.
Sempre saímos à tarde.	Wir gehen immer nachmittags aus.
dia [diɐ] *m*	**Tag** *m*
Finalmente um dia de sol!	Endlich mal ein Sonnentag!
manhã [mɐ'ɲɐ̃] *f*	**Morgen** *m*, **Vormittag** *m*
Naquela manhã estava a chover tanto que não pude sair.	An jenem Morgen regnete es so sehr, dass ich nicht weggehen konnte.
Ela vem amanhã de manhã.	Sie kommt morgen Vormittag.
à meia-noite [a mejɐ'nojtə]	**Mitternacht** *f*
Exa(c)tamente à meia-noite o sino tocou.	Genau um Mitternacht hat die Glocke geläutet.

ao meio-dia [ɐu meju'diɐ] Ao meio-dia encontrei-me com uma amiga.	**Mittag** *m*, **mittags** Am Mittag habe ich mich mit einer Freundin getroffen.
noite ['nojtə] *f* Estou tão cansada! Eu não dormi a noite toda.	**Nacht** *f* Ich bin so müde! Ich habe die ganze Nacht nicht geschlafen.
tarde ['tarδə] *f* Choveu a tarde toda.	**Nachmittag** *m* Es hat den ganzen Nachmittag geregnet.

2.1.5 UHRZEIT

(Siehe auch GRUNDZAHLEN 2.3.2)

«1–2000»

a [ɐ] *prep.* Às sete horas tomei o pequeno-almoço.	**um** Um sieben Uhr habe ich gefrühstückt.
e [i] O comboio parte às dez e quinze.	**nach** Der Zug fährt um viertel nach zehn (ab).
hora ['ɔrɐ] *f* Quantas horas dura o voo?	**Stunde** *f* Wie viele Stunden dauert der Flug?
hora ['ɔrɐ] *f* Que hora parte o comboio para Lisboa?	**Uhr** *f* Um wie viel Uhr fährt der Zug nach Lissabon (ab)?
meia hora [mejɐ 'ɔrɐ] *f* O comboio chegará em meia hora.	**halbe Stunde** *f* Der Zug wird in einer halben Stunde ankommen.
meio ['meju], **-a** *adj.* Agora são nove e meia.	**halb** Jetzt ist es halb zehn.
meio-dia [meju'diɐ] *m* É meio-dia. Vamos almoçar.	**zwölf Uhr (mittags), Mittag** *m* Es ist Mittag. Gehen wir essen.
menos ['menuʃ] São sete menos dez.	**vor** Es ist zehn vor sieben.
minuto [mi'nutu] *m* Faltam apenas cinco minutos!	**Minute** *f* Es fehlen nur fünf Minuten.
quarto ['kwartu] *m* São seis e um quarto.	**Viertel** *n* Es ist Viertel nach sechs.

quarto de hora ['kwartu də 'ɔrɐ] *m* Falta um quarto de hora para o início da partida.	**Viertelstunde** *f* Es fehlt eine Viertelstunde bis zum Beginn des Spiels.
segundo [sə'ɣũdu] *m* São seis horas, cinco minutos e sete segundos.	**Sekunde** *f* Es ist sechs Uhr, fünf Minuten und sieben Sekunden.

2.1.6 SONSTIGE ZEITBEGRIFFE

2.1.6.1 SUBSTANTIVE

«1–2000»

atraso [ɐ'trasu] *m* O comboio chegará com atraso.	**Verspätung** *f* Der Zug wird mit Verspätung ankommen.
época ['ɛpukɐ] *f* Na época em que não existia o automóvel, viajar era cansativo.	**Zeit** *f*, **Epoche** *f* In der Zeit, bevor es Autos gab, war Reisen ermüdend.
fim [fĩ] *m* O senhor acredita no fim do mundo?	**Ende** *n*, **Schluss** *m* Glauben Sie an das Ende der Welt?
momento [mu'mẽtu] *m* Um momento, por favor!	**Augenblick** *m*, **Moment** *m* Einen Augenblick, bitte!
prazo ['prazu] *m* O prazo caducou. O senhor tem de pagar com juros.	**Frist** *f* Die Frist ist abgelaufen. Sie müssen mit Zinsen zahlen.
princípio [prĩ'sipju] *m* Todo o princípio é difícil.	**Anfang** *m*, **Beginn** *m* Aller Anfang ist schwer.
século ['sɛkulu] *m* Em que século viveu Camões?	**Jahrhundert** *n* In welchem Jahrhundert hat Camões gelebt?
tempo ['tẽpu] *m* Infelizmente temos pouco tempo hoje.	**Zeit** *f* Leider haben wir heute wenig Zeit.
vez [veʃ] *f* Apaixonei-me a primeira vez quando tinha 18 anos.	**Mal** *n* Ich habe mich das erste Mal verliebt, als ich 18 Jahre alt war.

«2001–4000»

começo [ku'mesu] *m* No começo o trabalho foi difícil.	**Anfang** *m*, **Beginn** *m* Am Anfang war die Arbeit schwierig.
continuação [kõtinwa'sɐ̃w] *f* O filme já terminou? – Não, a continuação é depois da propaganda.	**Fortsetzung** *f*, **Folge** *f* Ist der Film schon zu Ende? – Nein, die Fortsetzung kommt nach der Werbung.
duração [durɐ'sɐ̃w] *f* A duração deste filme é de 90 minutos.	**Dauer** *f* Die Dauer dieses Filmes beträgt 90 Minuten.
fase ['fazə] *f* Ele está a passar uma fase muito difícil.	**Phase** *f* Er befindet sich gerade in einer sehr schwierigen Phase.
final [fi'nał] *m* Que pena! Estava tão cansado que perdi o final do filme.	**Ende** *n*, **Schluss** *m* Schade! Ich war so müde, dass ich das Ende des Filmes verpasst habe.
futuro [fu'turu] *m* O que será do nosso futuro?	**Zukunft** *f* Was wird aus unserer Zukunft?
instante [ĩʃ'tẽtə] *m* Aguarde um instante, por favor.	**Augenblick** *m*, **Moment** *m* Warten Sie bitte einen Augenblick.
passado [pɐ'saδu] *m* O que sabes sobre o passado dele?	**Vergangenheit** *f* Was weißt du über seine Vergangenheit?
período [pə'riwδu] *m* Não sei nada sobre este período histórico.	**Zeitraum** *m*, **Periode** *f* Ich weiß gar nichts über diesen historischen Zeitraum.
presente [prə'zẽtə] *m* Num museu de arte há obras de artistas do passado e do presente.	**Gegenwart** *f* In einem Kunstmuseum gibt es Werke von Künstlern aus Vergangenheit und Gegenwart.

2.1.6.2 VERBEN

«1–2000»

acabar [ɐkɐ'βar] Já acabei o trabalho.	**(be)enden, fertig stellen** Ich habe die Arbeit schon beendet.

atrasar-se [ɐtrɐ'zarsə] Desculpe, atrasei-me um pouco.	**sich verspäten** Entschuldigung, ich habe mich ein wenig verspätet.
começar [kumə'sar] Quando começa o curso de português?	**anfangen, beginnen** Wann fängt der Portugiesischkurs an?
continuar [kõti'nwar] Continuamos depois do almoço.	**fortsetzen, weitermachen** Wir machen nach dem Essen weiter.
durar [du'rar] O filme dura três horas.	**(an)dauern** Der Film dauert drei Stunden.
passar [pɐ'sar] Onde passaste o fim-de-semana? Já passaram duas horas.	**verbringen, vergehen** Wo hast du das Wochenende verbracht? Es sind schon zwei Stunden vergangen.
recomeçar [ʀəkumə'sar] Depois da pausa vamos recomeçar.	**wieder anfangen, beginnen** Nach der Pause fangen wir wieder an.
seguir(-se) [sə'gir(sə)] Ao jantar seguiu-se uma agradável reunião.	**folgen** (auf etwas) Nach dem Abendessen folgte ein gemütliches Beisammensein.
terminar [tərmi'nar] Já terminou de ler a revista?	**(be)enden, fertig sein** Sind Sie schon mit dem Lesen der Zeitschrift fertig?

«2001–4000»

apressar-se [ɐprə'sarsə] Anda, apressa-te, Manuel!	**sich beeilen** Los, beeil dich, Manuel!
adiar [ɐ'djar] O senhor adiou a reunião?	**verschieben** Haben Sie die Versammlung verschoben?
deixar de [dej'ʃar də] O meu marido deixou de trabalhar.	**aufhören** Mein Mann hat mit dem Arbeiten aufgehört.
estar a ponto de [iʃ'tar ɐ 'põtu də] Estou a ponto de sair.	**im Begriff sein** Ich bin im Begriff zu gehen.

estar com pressa [iʃ'tar kõ 'prɛsɐ] Desculpe, mas estou com muita pressa.	**in Eile sein** Entschuldigung, aber ich bin sehr in Eile.
iniciar [ini'sjar] As aulas iniciarão na próxima semana.	**anfangen, beginnen** Die Schule wird nächste Woche beginnen.
interromper [ĩtəʀõ'per] Desculpe interrompê-lo.	**unterbrechen** Entschuldigung, dass ich Sie unterbreche.
parar [pɐ'rar] Pára de reclamar, Maria.	**aufhören** Maria, hör auf, dich zu beschweren.
precisar de [prəsi'zar də] Eu preciso de falar consigo.	**brauchen, benötigen, müssen** Ich muss mit Ihnen sprechen.
prorrogar [pruʀu'ɣar] Eu preciso de prorrogar o meu passaporte.	**verlängern** Ich muss meinen Pass verlängern lassen.

2.1.6.3 ADJEKTIVE

«1–2000»

a(c)tual [a'twaɫ] Pode dar-me os dados a(c)tuais?	**gegenwärtig, aktuell** Können Sie mir die aktuellen Daten geben?
antigo [ɐ̃'tiɣu], **-a** Aquela senhora é uma antiga colega da escola. Nesta parte da cidade há muitas casas antigas.	**ehemalig, alt** Die Dame dort ist eine ehemalige Schulkameradin. In diesem Stadtteil gibt es viele alte Häuser.
curto ['kurtu], **-a** Foi uma conversa curta desta vez.	**kurz** Es war dieses Mal ein kurzes Gespräch.
longo ['lõgu], **-a** A conferência ontem à noite foi um bocadinho longa.	**lang** Der Vortrag gestern Abend war ein wenig zu lang.
lento ['lẽtu], **-a** A recuperação do paciente é lenta.	**langsam** Die Genesung des Patienten schreitet langsam voran.
moderno [mu'ðɛrnu], **-a** A pintura moderna agrada-me.	**modern, neuzeitlich** Die moderne Malerei gefällt mir.

novo ['novu], **-a** Então esta é a nova teoria.	**neu** Also, das ist die neue Theorie.
pronto ['prõtu], **-a** A senhora está pronta com os relatórios?	**bereit** (zu)**, fertig, sofort** Sind Sie schon fertig mit den Berichten?
rápido ['ʀapiδu], **-a** Este comboio é demasiado rápido.	**schnell, rasch** Dieser Zug ist sehr schnell.
raro ['ʀaru], **-a** Esta planta é muito rara.	**selten** Diese Pflanze ist sehr selten.
velho ['vɛʎu], **-a** Este é o seu carro velho?	**alt** Ist das Ihr altes Auto?

«2001–4000»

constante [kõʃ'tẽtə] Depois da sua constante insistência, ela aceitou o convite.	**ständig, dauernd** Nach seiner ständigen Aufdringlichkeit nahm sie die Einladung an.
eterno [i'tɛrnu], **-a** O senhor acredita na vida eterna?	**ewig** Glauben Sie an das ewige Leben?
final [fi'nał] Amanhã receberei o resultado final.	**abschließend, End..., Schluss...** Morgen werde ich das Endergebnis bekommen.
futuro [fu'turu], **-a** Quais são as suas intenções futuras?	**zukünftig** Welche Absichten haben Sie für die Zukunft?
passado [pɐ'saδu], **-a** Na semana passada viajei para o Porto.	**vergangen** Vergangene Woche bin ich nach Porto gereist.
recente [ʀə'sẽtə] Estes dados são recentes?	**neu** (seit kurzem) Sind diese Daten neu?
urgente [ur'ʒẽtə] Mande esta informação pelo correio ele(c)trónico. É urgente.	**dringend** Senden Sie die Information per E-Mail. Es ist dringend.

2.1.6.4 ADVERBIEN

«1–2000»

agora [ɐ'ɣɔrɐ] Agora tenho de trabalhar.	**jetzt, nun** Jetzt muss ich arbeiten.
agora mesmo [ɐ'ɣɔrɐ 'mɛʒmu] Ele saiu agora mesmo.	**(so)eben, gerade** Er ist gerade weggegangen.
ainda [ɐ'ĩdɐ] Ainda falta um mês para as férias!	**noch** Nur noch ein Monat bis zu den Ferien!
amanhã [ɐmɐ'ɲɐ̃] Amanhã não trabalharei.	**morgen** Morgen werde ich nicht arbeiten.
anteontem [ɐ̃tə'õtɐ̃j] Anteontem visitamos o museu.	**vorgestern** Vorgestern haben wir das Museum besucht.
antes ['ɐ̃təʃ] Ele saiu antes do que eu.	**vorher, eher, früher** Er ist früher als ich gegangen.
às vezes [aʃ vezeʃ] Às vezes gosto de ficar só.	**manchmal** Manchmal bleibe ich gern allein.
breve ['brɛvə] Até breve!	**bald** Bis bald!
cada vez ['kɐδɐ veʃ] Cada vez que ele viaja, sente-se mal.	**jedes Mal, jeweils** Jedes Mal, wenn er verreist, wird ihm übel.
cedo ['seδu] Levanto cedo todos os dias.	**früh** Ich stehe jeden Tag früh auf.
daqui a [dɐ'ki ɐ] Daqui a pouco começará o noticiário. Daqui a 15 minutos partiremos.	**bald, in** Bald werden die Nachrichten beginnen. In 15 Minuten fahren wir ab.
depois [də'poiʃ] E o que aconteceu depois?	**dann, nachher** Und was ist dann passiert?
depois de amanhã [də'poiʃ də ɐmɐ'ɲɐ̃] Depois de amanhã vou ao cinema.	**übermorgen** Übermorgen gehe ich ins Kino.

depressa [də'prɛsɐ] Um momento! Estás a falar depressa demais.	**schnell** Augenblick! Du sprichst viel zu schnell.
de repente [də ʀə'pẽtə] Estava sozinha quando, de repente, alguém bateu à porta.	**plötzlich, auf einmal** Ich war allein, als plötzlich jemand an der Tür klopfte.
desta vez [dəʃtɐ veʃ] Desta vez, ela mesma resolverá o problema.	**diesmal** Diesmal wird sie selbst das Problem lösen.
devagar [dəvɐ'gar] Fale devagar, por favor!	**langsam** Sprechen Sie bitte langsam.
em breve [ẽ 'brɛvə] Em breve saberemos o resultado.	**in Kürze** In Kürze werden wir das Ergebnis wissen.
então [ẽ'tɐ̃w] Então todos saíram rapidamente da sala para ver o que estava a acontecer lá fora.	**dann, danach, darauf** Dann sind alle schnell aus dem Zimmer gegangen, um zu sehen, was draußen passierte.
finalmente [finaɫ'mẽtə] Depois de esperar quase duas horas, finalmente ela chegou.	**endlich** Nachdem ich fast zwei Stunden gewartet hatte, kam sie endlich.
frequentemente [frəkwẽtə'mẽtə] O senhor viaja frequentemente?	**häufig, oft** Verreisen Sie oft?
hoje ['oʒə] Hoje é terça-feira.	**heute** Heute ist Dienstag.
hoje em dia ['oʒə ẽ diɐ] Hoje em dia há outros problemas.	**heutzutage** Heutzutage gibt es andere Probleme.
já [ʒa] Já terminaste o trabalho?	**schon, sofort, gleich** Hast du die Arbeit schon beendet?
já não [ʒa nɐ̃w] Já não sei mais o que dizer.	**nicht mehr** Ich weiß nicht mehr, was ich sagen soll.
logo ['lɔɣu] Logo saíram e nem sequer despediram-se.	**gleich, sofort** Sie sind sofort (weg)gegangen und haben sich nicht mal verabschiedet.

mais tarde [majʃ 'tarδə]	**später**
Hoje vou chegar mais tarde.	Ich werde heute später kommen.
mais uma vez [majʃ 'umɐ veʃ]	**wieder, nochmals, noch einmal**
Tente mais uma vez!	Versuchen Sie es noch einmal!
mais vezes [majʃ vezeʃ]	**öfters**
Naquela época eu viajava mais vezes.	Damals verreiste ich öfters.
muitas vezes ['mũjtɐʃ vezeʃ]	**oft**
Muitas vezes viajávamos.	Wir verreisten oft.
naquela altura [nɐ'kɛlɐ aɫ'turɐ]	**zu diesem Zeitpunkt**
Naquela altura eu só pensava em ir-me embora.	Zu diesem Zeitpunkt dachte ich nur noch daran, wegzugehen.
nunca ['nũkɐ]	**nie, niemals**
Nunca vou esquecê-la.	Ich werde sie niemals vergessen.
nunca mais ['nũkɐ majʃ]	**nie wieder**
Prometo nunca mais cometer o mesmo erro.	Ich verspreche, ich werde nie wieder denselben Fehler begehen.
ontem ['õtẽj]	**gestern**
Onde tu estiveste ontem?	Wo warst du gestern?
outra vez ['otrɐ veʃ]	**wieder, nochmals, noch einmal**
O senhor pode telefonar outra vez?	Können Sie noch einmal anrufen?
primeiro [pri'mejru]	**zuerst, erstens**
Primeiro nós fomos ao teatro, depois ao restaurante.	Zuerst sind wir ins Theater gegangen, dann ins Restaurant.
quando ['kwẽdu]	**wann**
Quando chegará esse dia?	Wann wird dieser Tag kommen?
raramente [ʀara'mẽtə]	**selten**
Raramente converso com pessoas estranhas.	Ich unterhalte mich selten mit fremden Leuten.
sempre ['sẽprə]	**immer**
Eles sempre têm razão!	Sie haben immer Recht.
tarde ['tarδə]	**spät**
É tarde.	Es ist spät.

várias vezes ['varjɐʃ vezɐʃ] — **mehrmals**
Viram-no várias vezes aqui. — Sie haben ihn mehrmals hier gesehen.

«2001–4000»

à hora [a 'ɔrɐ] — **pünktlich**
Ele sempre chega à hora. — Er kommt immer pünktlich.
Bras. **na hora** [na 'ɔra]
Ele sempre chega na hora.

a tempo [ɐ 'tẽpu] — **rechtzeitig**
Precisamos de chegar a tempo. — Wir müssen rechtzeitig ankommen.

ao mesmo tempo ['ɐw 'mɛʒmu 'tẽpu] — **zugleich, gleichzeitig, auf einmal**
É inacreditável! Ela estuda e trabalha ao mesmo tempo. — Unglaublich! Sie studiert und arbeitet gleichzeitig.

às vezes [aʃ vezɐʃ] — **manchmal, zuweilen**
Às vezes sinto-me só. — Manchmal fühle ich mich allein.

constantemente [kõʃtẽtə'mẽtə] — **die ganze Zeit, ständig**
Ela reclama constantemente dos vizinhos. — Sie beschwert sich ständig über die Nachbarn.

dantes ['dɐ̃təʃ] — **früher, zuvor**
Dantes a vida aqui era mais calma. — Früher war das Leben hier ruhiger.
Bras. **antes** ['ãtʃis]

de antemão [de ɐ̃tə'mɐ̃w] — **im Voraus**
De antemão, posso dizer-lhe que os dados não conferem. — Ich kann Ihnen im Voraus sagen, dass die Daten nicht übereinstimmen.

de vez em quando [də veʃ ẽ 'kwɐ̃du] — **manchmal, hin und wieder**
De vez em quando eles aparecem aqui. — Hin und wieder erscheinen sie hier.

há pouco [a 'poku] — **vor kurzem, neulich**
O meu tio chegou há pouco a Lisboa. — Mein Onkel ist vor kurzem in Lissabon angekommen.

imediatamente [iməðjɐtɐ'mẽtə] — **unmittelbar, sogleich, sofort**
Chame imediatamente a polícia! — Rufen Sie sofort die Polizei!

justamente [ʒuʃtɐ'mẽtə] Ele chegou justamente no momento do acidente.	**genau** (dann) Er kam genau in dem Augenblick, als der Unfall passierte.
neste meio tempo ['neʃtə 'meju 'tẽpu] Neste meio tempo, os anos passaram e nós ficamos mais velhos.	**inzwischen, unterdessen, derweil** Inzwischen sind die Jahre vergangen und wir sind älter geworden.
outro dia ['otru diɐ] Outro dia encontrei um colega antigo da escola.	**neulich** Neulich habe ich einen ehemaligen Schulfreund getroffen.
por acaso [pur ɐ'kazu] Encontramo-nos por acaso.	**gelegentlich, zufällig** Wir haben uns zufällig getroffen.
por enquanto [pur ẽ'kwẽtu] Por enquanto estou satisfeito com o seu trabalho.	**vorläufig** Vorläufig bin ich mit seiner Leistung zufrieden.
por fim [pur fĩ] Por fim decidiram ficar em casa.	**schließlich, endlich** Schließlich haben sie sich entschlossen, zu Hause zu bleiben.
por último [pur 'uɫtimu] E, por último, tenho de ir às compras.	**zum Schluss, schließlich** Und zum Schluss muss ich einkaufen (gehen).
pouco a pouco ['poku ɐ 'poku] Pouco a pouco vou a ler todos os livros de Goethe.	**nach und nach, allmählich** Nach und nach werde ich alle Bücher von Goethe lesen.
prematuramente [prəmɐtura'mẽtə] A criança nasceu prematuramente.	**zu früh** Das Kind wurde zu früh geboren.
primeiro [pri'mejru] Primeiro paguei as contas, depois fui às compras.	**zuerst** Zuerst habe ich die Rechnungen bezahlt, dann bin ich einkaufen gegangen.
recentemente [ʀəsẽtə'mẽtə] Recentemente ouvimos uma história parecida.	**kürzlich, neulich** Neulich haben wir eine ähnliche Geschichte gehört.
temporário [tẽpu'rarju], **-a** Trata-se de uma situação temporária. Tenha paciência.	**vorübergehend, zeitweise** Es handelt sich um eine vorübergehende Situation. Haben Sie Geduld.

2.1.6.5 PRÄPOSITIONEN

«1–2000»

a [ɐ]	**um, bei**
Às duas horas.	Um zwei Uhr.
Os pescadores voltaram ao amanhecer.	Die Fischer sind bei Tagesanbruch zurückgekommen.
antes de ['ẽtəʃ de]	**vor**
Antes do jantar preciso de fazer uma chamada.	Vor dem Abendessen muss ich (noch) anrufen.
até (a) [ɐ'tɛ]	**bis**
Fico até quinta-feira à tarde.	Ich bleibe bis Donnerstag nachmittag.
Vai até à praça e espera por mim.	Geh bis zum Platz und warte auf mich.
dentro de ['dẽtru də]	**in, innerhalb von**
Dentro de três semanas vamos encontrar-nos outra vez.	In drei Wochen werden wir uns noch einmal treffen.
depois de [də'pojʃ də]	**nach**
Depois do trabalho irei a casa de meus pais.	Nach der Arbeit werde ich zu meinen Eltern gehen.
desde ['dɛʒdə]	**seit**
Desde o ano passado não recebemos mais nenhuma notícia de Manuel.	Seit letztem Jahr haben wir keine Nachrichten mehr von Manuel erhalten.
durante [du'rẽtə]	**während**
Ele sentiu-se mal durante a viagem.	Er fühlte sich während der Reise nicht wohl.
em [ẽ]	**in**
Quando vais ao banco? – Em 15 minutos.	Wann gehst du auf die Bank? – In 15 Minuten.
entre ['ẽtrə]	**zwischen**
Ela virá entre oito e nove horas.	Sie wird zwischen acht und neun Uhr kommen.
há [a]	**seit, vor**
Moro em Lisboa há três anos.	Ich wohne seit drei Jahren in Lissabon.
Há três anos estive em Portugal.	Vor drei Jahren war ich in Portugal.
menos ['menuʃ]	**vor**
Às quatro menos cinco.	Um fünf vor vier.

... [pur 'vɔłtɐ də] ...r volta das 10 ho-	**gegen** (ungefähr) Sie sind gegen 10 Uhr abgefahren.

...000»

ao cabo de ['aw 'kaβu də] Ao cabo de 30 dias esta área será interditada.	**nach (Verlauf von)** Nach (Verlauf von) 30 Tagen wird dieses Gebiet gesperrt.
com o tempo [kõ u 'tẽpu] Com o tempo tudo se resolve.	**im Laufe der Zeit** Im Laufe der Zeit wird sich alles finden.
daqui em diante [dɐ'ki...ẽ 'djẽtə] Daqui em diante nunca mais falaremos sobre este assunto.	**von nun an** Von nun an reden wir nie wieder über dieses Thema.
de ... a [də ... ɐ] Trabalho das 14 às 18 horas.	**von ... bis** Ich arbeite von 14 bis 18 Uhr.
enquanto [ẽ'kwẽtu] Enquanto Maria trabalhava, Pedro lia o jornal.	**während, derweil** Während Maria arbeitete, las Pedro die Zeitung.

2.1.6.6 KONJUNKTIONEN

«1–2000»

antes que ['ẽtəʃ kə] *(mit Konjunktiv)* Vou às compras antes que chova.	**bevor** Ich gehe einkaufen, bevor es regnet.
enquanto [ẽkwẽtu] Enquanto escreves a carta, preparo um café.	**während, solange** Während du den Brief schreibst, mache ich einen Kaffee.
depois que [də'pojʃ kə] Depois que eles casaram, foram viver para França.	**nachdem** Nachdem sie geheiratet hatten, zogen sie nach Frankreich.
desde que ['dɛʒdə kə] Desde que cheguei a Lisboa há sol.	**seit(dem)** Seit ich in Lissabon angekommen bin, scheint die Sonne.

quando ['kwẽdu] Quando eu era pequeno, gostava muito de brincar. Quando o meu amigo vier, sairemos.	**als, wenn** Als ich klein war, spielte ich sehr gerne. Wenn mein Freund kommt, gehen wir aus.

«2001–4000»

assim que [ɐ'sĩ kə] *(mit Konjunktiv)* Assim que chegarmos em Portugal, mandamo-lhes notícias.	**sobald, sowie** Sobald wir in Portugal ankommen, schicken wir euch eine Nachricht.
até que [ɐ'tɛ kə] Ele sempre teve muita paciência até que não aguentou mais.	**bis** Er hatte immer viel Geduld, bis er es nicht mehr aushielt.
cada vez que ['kɐδɐ veʃ kə] Cada vez que viajo de avião, fico nervoso.	**immer wenn, jedes Mal wenn** Immer wenn ich mit dem Flugzeug verreise, werde ich nervös.
como se ['komu sə] Era como se o tempo tivesse parado.	**als ob** Es war, als ob die Zeit stehen geblieben sei.
logo que ['lɔɣu kə] Logo que escureceu, acendi a luz.	**sobald, sowie** Sobald es dunkel wurde, machte ich das Licht an.
mal [mał] Mal havia chegado à casa e teve visitas.	**kaum** Kaum war er nach Hause gekommen, bekam er Besuch.

2.2 Räumliche Begriffe

2.2.1 SUBSTANTIVE

«1–2000»

centro ['sẽtru] *m* Lisboa é um centro industrial.	**Mittelpunkt** *m*, **Mitte** *f* Lissabon ist ein industrieller Mittelpunkt.
dire(c)ção [dirɛ'sɐ̃w] *f* Siga sempre nesta dire(c)ção.	**Richtung** *f* Folgen Sie immer dieser Richtung.

final [fi'nał] *m* O museu fica no final desta rua.	**Ende** *n* Das Museum liegt am Ende dieser Straße.
lado ['laδu] *m* O café é do lado direito.	**Seite** *f* Das Café ist auf der rechten Seite.
leste ['lɛʃtə] *m* A Hungria situa-se no leste europeu.	**Osten** *m*, **Ost...** Ungarn liegt in Osteuropa.
lugar [lu'ɣar] *m* Este lugar está livre?	**Platz** *m*, **Stelle** *f* Ist dieser Platz frei?
norte ['nɔrtə] *m* Ele é do norte de Portugal.	**Norden** *m*, **Nord...** Er ist aus dem Norden Portugals.
oeste ['wɛʃtə] *m* A fábrica situa-se no oeste.	**Westen** *m*, **West...** Die Fabrik ist im Westen.
parte ['partə] *f* Esta parte da casa é nova.	**Teil** *m* Dieser Teil des Hauses ist neu.
sítio ['sitju] *m* Este sítio é bonito.	**Ort** *m*, **Stelle** *f* Dieser Ort ist schön.
sul [suł] *m* O Brasil é um país da América do Sul.	**Süden** *m*, **Süd...** Brasilien ist ein Land Südamerikas.

«2001–4000»

altura [ał'turɐ] *f* Qual é a altura desta torre? – Ela tem aproximadamente 150 metros de altura.	**Höhe** *f* Welche Höhe hat dieser Turm? – Er ist ungefähr 150 m hoch.
buraco [bu'raku] *m* Cuidado! Não caias no buraco.	**Loch** *n* Pass auf! Fall nicht in das Loch!
comprimento [kõpri'mẽtu] *m* O comprimento da corda não é suficiente.	**Länge** *f* Die Länge des Seils reicht nicht aus.
espaço [iʃ'pasu] *m* Precisamos de mais espaço.	**Raum** *m* Wir brauchen mehr Raum.
extensão [eʃtẽ'sɐ̃w] *f* Qual é a extensão territorial de Portugal?	**(Flächen-)Ausdehnung** *f*, **Größe** *f* Welche Größe hat Portugal?

extremo [əʃ'tremu] *m* Como se chama a região que fica no extremo sul de Portugal?	**Ende** *n* Wie heißt die Region, die sich im südlichsten Ende Portugals befindet?
largura [lɐr'ɣurɐ] *f* Se faz favor, qual é a largura e o comprimento deste armário?	**Breite** *f*, **Weite** *f* Entschuldigen Sie, welche Breite und Länge hat dieser Schrank?
meio ['meju] *m* Que país situa-se no meio da Europa?	**Mitte** *f* Welches Land liegt in der Mitte Europas?
ponto ['põtu] *m* Qual é o ponto mais elevado de Portugal?	**Punkt** *m* Welches ist der höchste Punkt Portugals?
profundidade [prufũdi'δaδə] *f* Quantos metros de profundidade tem este lago?	**Tiefe** *f* Welche Tiefe hat dieser See?
sentido [sẽ'tiδu] *m* É proibido conduzir neste sentido.	**Richtung** *f* Es ist verboten, in diese Richtung zu fahren.
superfície [supər'fisjə] *f* Qual é a superfície de Portugal?	**(Ober-)Fläche** *f* Wie groß ist die (Ober-)Fläche von Portugal?

2.2.2 ADJEKTIVE

«1–2000»

alto ['ałtu], **-a** A torre é mais alta que a igreja.	**groß, hoch** Der Turm ist höher als die Kirche.
baixo ['bajʃu], **-a** Este te(c)to é bem baixo. Cuidado para não bater a cabeça!	**niedrig** Diese Decke ist ganz niedrig. Vorsicht, dass ihr nicht mit dem Kopf anstoßt!
comprido [kõ'priδu], **-a** Tenho dois casacos compridos.	**lang** Ich habe zwei lange Jacken.
curto ['kurtu], **-a** Este caminho é mais curto.	**kurz** Dieser Weg ist kürzer.
denso [dẽsu], **-a** Aqui já não há mais uma floresta densa.	**dicht** Hier gibt es keinen dichten Wald mehr.

direito [di'rejtu], **-a** Ele partiu o braço direito.	**rechte(r)** Er brach sich den rechten Arm.
esquerdo [iʃ'kerδu], **-a** Um pouco mais tarde, ele partiu a perna esquerda também.	**linke(r)** Ein wenig später brach er sich auch das linke Bein.
estreito [iʃ'trejtu], **-a** A rua é muito estreita.	**eng, schmal** Die Straße ist sehr schmal.
grande ['grẽdə] Ele tem uma casa grande.	**groß** Er hat ein großes Haus.
grosso ['grosu], **-a** Esta linha é muito grossa.	**dick** Dieser Faden ist sehr dick.
largo ['larɣu], **-a** A saia é bonita, mas está muito larga.	**breit, weit** Der Rock ist schön, aber zu weit.
pequeno [pə'kenu], **-a** Aqui no hotel tem um pequeno bar.	**klein** Hier im Hotel gibt es eine kleine Bar.
profundo [pru'fũdu], **-a** As águas ali são muito profundas.	**tief** Das Wasser ist dort sehr tief.
re(c)to ['ʀɛtu], **-a** As estradas re(c)tas são monótonas.	**gerade** Gerade Straßen sind langweilig.

«2001–4000»

central [sẽ'trał] A Alemanha fica na Europa central.	**zentral, Mittel...** Deutschland liegt in Mitteleuropa.
delgado [dɛł'ɣaδu], **-a** Precisamos de um tecido delgado.	**dünn** Wir brauchen einen dünnen Stoff.
dire(c)to [di'rɛtu], **-a** O voo é dire(c)to.	**direkt** Der Flug ist direkt.
enorme [i'nɔrmə] O Castelo de Sintra é enorme.	**enorm, riesig** Das Schloss von Sintra ist riesig.
externo [əʃ'tɛrnu], **-a** As paredes externas da casa eram brancas.	**äußere** Die Außenwände des Hauses waren weiß.

fino ['finu], **-a** — **dünn, fein**
Este tecido é muito fino e leve. — Dieser Stoff ist sehr dünn und leicht.

inferior [ĩfə'rjor] — **untere**
Os dicionários estão na parte inferior da estante. — Die Wörterbücher befinden sich im unteren Regalteil.

interno [ĩ'tɛrnu], **-a** — **innere**
Isso é um ferimento interno. — Das ist eine innere Verletzung.

longo ['lõgu], **-a** — **fern, weit**
É um longo caminho para Portugal. — Es ist ein weiter Weg nach Portugal.

superior [supə'rjor] — **obere**
As gramáticas estão na parte superior da estante. — Die Grammatiken sind im oberen Regalteil.

2.2.3 ADVERBIEN

«1–2000»

à direita [a di'rejtɐ] — **rechts**
À direita do cinema há um café. — Rechts vom Kino ist ein Café.

à esquerda [a iʃ'kerδɐ] — **links**
Agora temos de ir à esquerda. — Jetzt müssen wir nach links gehen.

ali [ɐ'li] — **da, dort**
Ali está o Pedro. — Da ist Pedro.

ali adiante [ɐ'li ɐ'δjẽtə] — **da drüben, da hinten**
Onde é o supermercado? – Não é longe. É ali adiante. — Wo ist der Supermarkt? – Es ist nicht weit. Er ist da drüben.

aqui [ɐ'ki] — **hier**
Aqui é que me sinto bem. — Hier fühle ich mich wohl.

atrás [ɐ'traʃ] — **hinten**
Por favor, coloque a caixa mais atrás. — Stellen Sie bitte die Schachtel weiter nach hinten.

cá [ka] — **hier**
Cá estou. — Hier bin ich.

dentro ['dẽtru] — **drinnen, darin, hinein**
Faz frio, vamos para dentro. — Es ist kalt, lasst uns hineingehen.

em baixo [ẽ bajʃu]	**unten**
Não quero subir. Prefiro esperar aqui em baixo.	Ich will nicht hinaufgehen. Ich warte lieber hier unten.
em cima [ẽ 'sima]	**darüber, darauf, oben**
O alpinista já subiu? – Sim, ele já está lá em cima.	Ist der Bergsteiger schon hinaufgestiegen? – Ja, er ist schon (da) oben.
em frente [ẽ 'frẽtə]	**vorn(e), geradeaus, gegenüber**
Siga em frente. Em frente da farmácia há um café.	Gehen Sie geradeaus. Gegenüber der Apotheke ist ein Café.
em toda parte [ẽ 'todɐ 'partə]	**überall(hin)**
Estes inse(c)tos estão em toda parte.	Diese Insekten sind überall.
lá [la]	**da, dort, dahin, dorthin**
José foi lá.	José ist dorthin gegangen.
Maria e Pedro também estiveram lá.	Maria und Pedro waren auch da.
longe de ['lõʒə də]	**weit (weg)**
A minha casa fica longe do centro da cidade.	Mein Haus liegt weit weg von der Stadtmitte.
noutro lugar ['notru lu'ɣar]	**woanders**
A reunião não é aqui, é noutro lugar.	Die Versammlung ist nicht hier, sondern woanders.
Os participantes foram para outro lugar.	Die Teilnehmer sind woanders hingegangen.
perto ['pɛrtu]	**in der Nähe, nah(e)**
Aqui perto há um restaurante.	Hier in der Nähe gibt es ein Restaurant.
Ele mora perto da universidade.	Er wohnt nahe bei der Universität.

«2001–4000»

adiante [ɐ'δjẽtə]	**vorn, vorwärts**
A rua não é aqui, é um bocadinho mais adiante.	Die Straße ist nicht hier, sie ist ein bisschen weiter vorne.
ao lado ['aw 'laδu]	**nebenan, daneben**
O cão ia sempre ao lado do seu dono.	Der Hund lief immer neben seinem Herrn.
de longe [də 'lõʒə]	**aus der Ferne, von weitem**
Viram o presidente só de longe.	Sie sahen den Präsidenten nur aus der Ferne.

em nenhuma parte [ẽ nə'ɲũɐ 'partə]	**nirgends, nirgendwo**
Ele não foi visto em nenhuma parte.	Er ist nirgendwo gesehen worden.
(em) qualquer parte [(ẽ) kwaɫ'kɛr 'partə]	**irgendwo(hin)**
Nós já nos vimos em qualquer parte?	Haben wir uns nicht schon mal irgendwo gesehen?
Anda, vamos para qualquer parte!	Komm, gehen wir irgendwohin!
em volta de [ẽ 'vɔɫtɐ də]	**herum**
O menino correu em volta da casa.	Der Junge lief um das Haus herum.
fora ['fɔrɐ]	**draußen, hinaus, außerhalb**
Está a fazer um dia lindo! Vamos para fora.	Es ist ein herrlicher Tag. Gehen wir nach draußen.
A vida fora das grandes cidades é mais calma.	Das Leben außerhalb der großen Städte ist ruhiger.
lá em baixo [la ẽ 'bajʃu]	**da unten**
As garrafas de sumo estão lá em baixo, na cave.	Die Saftflaschen sind da unten im Keller.
lá em cima [la ẽ 'sima]	**da oben**
Lá em cima podia ver tudo.	Da oben konnte ich alles sehen.
para trás [pɐrɐ traʃ]	**rückwärts**
Dá três passos para trás.	Geh drei Schritte rückwärts!

2.2.4 PRÄPOSITIONEN

«1–2000»

a [ɐ]	**zu, an, in, nach**
José vai à universidade.	José geht zur Universität.
Vamos à praia / ao cinema.	Wir gehen an den Strand / ins Kino.
Ele vai à casa.	Er geht nach Hause.
Aquela mulher sempre está à janela.	Die Frau dort steht immer am Fenster.
à (em) volta de [a (ẽ) 'vɔɫtɐ də]	**um (... herum)**
A criança corre à volta da árvore.	Das Kind läuft um den Baum herum.

ao lado de ['ɐw 'laδu də] A papelaria fica ao lado do café.	**neben** Das Papiergeschäft ist neben dem Café.
até (a) [ɐ'tɛ] Vamos até à praia.	**zu, bis ... zu** Gehen wir zum Strand.
atrás de [ɐ'traʃ də] A Clara está atrás da Diana.	**hinter** Clara ist hinter Diana.
através de [ɐtrɐ'vɛʃ də] O turista vê a paisagem através dos binóculos.	**durch, hindurch** Der Tourist sieht sich die Landschaft durch das Fernglas an.
contra ['kõtrɐ] O condutor adormeceu e bateu contra uma árvore.	**gegen** Der Fahrer schlief ein und stieß gegen einen Baum.
de [də] Manuel vem de Portugal.	**von, aus** Manuel kommt aus Portugal.
debaixo de [də'βajʃu də] Os sapatos estão debaixo da cama.	**unter** Die Schuhe sind unter dem Bett.
em [ẽ] Maria está em Portugal. Pedro coloca as chaves no (em + o = no) bolso. Isabel coloca os prospectos na (em + a = na) pasta. Gosto de comprar frutas e verduras no mercado. Estávamos na Praça da República.	**in, auf, an** Maria ist in Portugal. Pedro steckt die Schlüssel in die Tasche. Isabel steckt die Prospekte in die Mappe. Ich kaufe Früchte und Gemüse gern auf dem Markt. Wir waren am/auf dem Platz der Republik.
em cima de [ẽ 'simɐ də] O livro está em cima da mesa.	**auf** Das Buch liegt auf dem Tisch.
em frente de [ẽ 'frẽtə də] Onde fica o cinema? – Em frente do restaurante.	**vor, gegenüber** Wo ist das Kino? – Gegenüber dem Restaurant.
entre ['ẽtrə] A loja de ferragens fica entre os Bombeiros e o cinema.	**zwischen** Das Eisenwarengeschäft befindet sich zwischen der Feuerwehr(-wache) und dem Kino.
no meio de [no 'meju də] No meio do quarto há uma mesa.	**mitten in, mitten auf** Mitten im Zimmer steht ein Tisch.

para [parɐ] Este livro é para mim? No mês passado fomos para a Alemanha.	**für, nach** Ist dieses Buch für mich? Im letzten Monat fuhren wir nach Deutschland.
perto de ['pɛrtu də] A farmácia fica perto do supermercado.	**nahe bei, in der Nähe** (von) Die Apotheke befindet sich in der Nähe des Supermarktes.
por [pur] Passamos pelo (por + o) parque.	**durch** Wir gehen durch den Park.

«2001–4000»

à direita de [a di'rejtɐ də] O armário está à direita da porta.	**rechts von** Der Schrank steht rechts von der Tür.
à esquerda de [a iʃ'kerdɐ də] A cadeira está à esquerda da porta.	**links von** Der Stuhl steht links von der Tür.
ao longo de ['aw 'lõgu də] Ao longo do rio há uma ciclovia.	**an ... entlang** Am Fluss entlang gibt es einen Fahrradweg.
em dire(c)ção a [ẽ dirɛ'sɐ̃w ɐ] Siga em dire(c)ção ao mar.	**in Richtung** (auf) Fahren Sie in Richtung Meer.
longe de ['lõʒə də] A praia fica longe da cidade.	**weit weg von** Der Strand liegt weit weg von der Stadt.
por baixo de [pur 'bajʃu də] O cão passou por baixo da cama.	**unter** (durch) Der Hund ist unter dem Bett durchgekrochen.
sobre ['soβrə] Sobre a mesa encontravam-se livros e cadernos.	**auf, über** Auf dem Tisch befanden sich Bücher und Hefte.

2.3 Menge und Maß

(Siehe auch UNBESTIMMTE PRONOMEN 3.2.6)

2.3.1 MENGENBEGRIFFE

2.3.1.1 SUBSTANTIVE, VERBEN

«1–2000»

chegar [ʃə'gar] *v.* Chega! Não precisamos de tantas frutas.	**genügen, (aus)reichen** Es reicht! Wir brauchen nicht so viele Früchte.
dobro ['doβru] *m* Ele pagou o dobro.	**Doppelte** *n* Er zahlte das Doppelte.
encher [ẽ'ʃer] *v.* Já enchi três garrafas com o licor.	**(ein)füllen, voll machen** Ich habe schon drei Flaschen mit Likör gefüllt.
maioria [mɐju'riɐ] *f* A maioria dos turistas são ingleses.	**Mehrheit** *f* Die Mehrheit der Touristen sind Engländer.
metade [mə'taδə] *f* Nós pagamos a metade.	**Hälfte** *f* Wir zahlen die Hälfte.
monte ['mõtə] *m* Por causa daquele carro, gastei um monte de dinheiro em vão.	**Haufen** *m*, **Menge** *f* Wegen diesem Auto habe ich einen Haufen Geld umsonst ausgegeben.
número ['numəru] *m* O número de turistas que vem ao Algarve aumenta de ano a ano.	**Zahl** *f*, **Anzahl** *f*, **Nummer** *f* Die (An-)Zahl der Touristen, die in die Algarve kommen, steigt von Jahr zu Jahr.
quantidade [kwẽti'δaδə] *f* O que achas? Esta quantidade de peixe é suficiente?	**Menge** *f* Was meinst du? Reicht diese Fischmenge?
quarto ['kwartu] *m* As crianças comeram um quarto do bolo.	**Viertel** *n* Die Kinder haben ein Viertel vom Kuchen gegessen.
terço ['tersu] *m* Um terço dos habitantes desta cidade vive da pesca.	**Drittel** *n* Ein Drittel der Einwohner dieser Stadt lebt vom Fischfang.

«2001–4000»

algarismo [ałgɐ'riʒmu] *m* Estes algarismos são gregos.	**Ziffer** *f* Das sind griechische Ziffern.
carga ['kargɐ] *f* Este carro não aguenta carga superior a 300 quilos.	**Last** *f* Dieses Auto bewältigt keine Last über 300 Kilo.
conter [kõ'ter] *v.* O livro contém 40 capítulos.	**enthalten** Das Buch enthält 40 Kapitel.
dúzia ['duzjɐ] *f* Comprei uma dúzia de ovos.	**Dutzend** *n* Ich habe ein Dutzend Eier gekauft.
esvaziar [iʃvɐ'zjar] *v.* Já esvaziaste as gavetas?	**(ent)leeren** Hast du die Schubladen schon entleert?
gota ['gotɐ] *f* Dez gotas deste remédio bastam.	**Tropfen** *m* Von diesem Madikament reichen zehn Tropfen.
massa ['masɐ] *f* Os meios de comunicação de massa alteraram os hábitos da população.	**Masse** *f* Die Massenmedien haben die Gewohnheiten der Bevölkerung verändert.
máximo ['masimu] *m* Isto é o máximo que posso pagar.	**Maximum** *n*, **Höchstmaß** *n* Das ist das Maximum, das ich zahlen kann.
média ['mɛδjɐ] *f* Qual é a média de vida em Portugal?	**Durchschnitt** *m* Wie ist der Altersdurchschnitt in Portugal?
mínimo ['minimu] *m* Isto é o mínimo. Menos que isto não posso aceitar.	**Minimum** *n* Das ist das Minimum. Weniger als das kann ich nicht akzeptieren.
par [par] *m* Eu queria um par de luvas, por favor.	**Paar** *n* Ich hätte gern ein Paar Handschuhe, bitte.
percentagem [pərsẽ'taʒẽj] *f* A percentagem de desempregados aumentou nos últimos anos.	**Prozentsatz** *m* Der Prozentsatz der Arbeitslosen ist in den letzten Jahren gestiegen.
porcento [pur 'sẽtu] *m* Um porcento da população é estudante.	**Prozent** *n* Ein Prozent der Bevölkerung sind Studenten.

2.3.1.2 ADJEKTIVE

«1–2000»

cheio ['ʃeju], **-a** O cesto está cheio de frutas.	**voll** Der Korb ist voll mit Früchten.
duplo ['duplu], **-a** Um quarto duplo, por favor!	**doppelt** Ein Doppelzimmer, bitte!
grande ['grẽdə] Um copo grande de sumo de laranja, por favor.	**groß** Ein großes Glas Orangensaft, bitte.
leve ['lɛvə] Precisa de ajuda? – Não, obrigada. A mala está leve.	**leicht** Brauchen Sie Hilfe? – Nein, danke. Der Koffer ist leicht.
meio ['meju], **-a** Eu queria meio quilo de queijo, por favor.	**halb** Ich möchte ein halbes Kilo Käse, bitte.
pequeno [pə'kenu], **-a** O senhor não tem um quarto maior? Este é muito pequeno.	**klein** Haben Sie kein größeres Zimmer? Das ist zu klein.
pesado [pə'zaδu], **-a** A mala está pesada.	**schwer** Der Koffer ist schwer.
vazio [vɐ'ziw], **-a** A garrafa está vazia.	**leer** Die Flasche ist leer.

«2001–4000»

bastante [bɐʃ'tẽtə] No Algarve há bastantes ofertas de casas de aluguer.	**genügend, genug** In der Algarve gibt es genügend Angebote an Mietwohnungen.
completo [kõ'plɛtu], **-a** O formulário não está completo.	**vollständig** Das Formular ist nicht vollständig.
considerável [kõsiδə'ravɛɫ] Havia um progresso considerável nesta região.	**beträchtlich** Es gab einen beträchtlichen Fortschritt in dieser Region.
de certa monta [də 'sɛrtɐ 'mõtɐ] O acidente causou prejuízos de certa monta.	**beträchtlich** Der Unfall verursachte beträchtlichen Schaden.

inteiro [ĩ'tejru], **-a** A fome era tanta que ele comeu o frango inteiro.	**ganz** Er war so hungrig, dass er das ganze Hähnchen gegessen hat.
numeroso [numə'rozu], **-a** Um grupo numeroso de imigrantes estabeleceu-se nesta cidade.	**zahlreich** In dieser Stadt haben sich zahlreiche Einwanderer niedergelassen.
suficiente [sufi'sjẽtə] Este dinheiro é suficiente?	**genügend, ausreichend** Reicht dieses Geld aus?
tanto ['tɐ̃tu], **-a** Aqui há tantos hotéis.	**so viel(e)** Hier gibt es so viele Hotels.

2.3.1.3 ADVERBIEN

«1–2000»

a mais [ɐ majʃ] Ele deu-me dinheiro a mais.	**zu viel; überzählig** Er hat mir zu viel Geld gegeben.
a menos [ɐ 'menuʃ] Ela deu-me uma informação a menos.	**zu wenig** Sie hat mir eine Information zu wenig gegeben.
algo ['aɫɣu] Ele tem algo de misterioso.	**etwas** Er hat etwas Geheimnisvolles.
apenas [ɐ'penɐʃ] Eu tenho apenas uma mala.	**nur** Ich habe nur einen Koffer.
cerca de ['serkɐ də] Havia cerca de 100 pessoas na festa.	**etwa** Auf dem Fest waren etwa 100 Leute.
demais [də'majʃ] Ele fala demais.	**zu viel** Er spricht zu viel.
demasiado [dəmɐ'zjaδu] Ultimamente estás a trabalhar demasiado.	**zu viel** In der letzten Zeit arbeitest du zu viel.
imenso [i'mẽsu] Ele comeu imenso. *Bras.* **muito** ['mũjtu]	**sehr viel** Er hat sehr viel gegessen.
mais [majʃ] Ela não gosta mais de mim.	**mehr** Er mag mich nicht mehr.

menos (de) ['menuʃ] Sobraram-nos menos de 100 marcos.	**weniger als** (bei Zahlen) Uns blieben weniger als 100 Mark übrig.
muito ['mũjtu] O meu avô trabalhou muito.	(sehr) **viel** Mein Großvater hat viel gearbeitet.
nada ['naδɐ] Ela não entende nada.	**nichts** Sie versteht nichts.
no mínimo [nu 'minimu] Para a viagem, precisamos no mínimo de duas camisolas de malha e três pares de sapatos.	**wenigstens** Für die Reise brauchen wir wenigstens zwei Pullover und drei Paar Schuhe.
pouco ['poku] Manuel trabalha muito, mas ganha pouco.	**wenig** Manuel arbeitet viel, aber verdient wenig.
quase ['kwazə] O meu avô está quase surdo.	**fast** Mein Großvater ist fast taub.
somente [sɔ'mẽtə] A mala pesava somente quinze quilos.	**nur** Der Koffer wog nur fünfzehn Kilo.
suficiente [sufi'sjẽtə] Uma semana de férias é suficiente.	**genug** Eine Woche Urlaub ist genug.
tão [tɐ̃w] Estou tão cansado.	**so** Ich bin so müde.
todo ['toδu] Ele estava todo feliz.	**ganz** Er war ganz glücklich.
um pouco [ũ 'poku] Tens um pouco de tempo para mim?	**ein wenig, ein bisschen** Hast du ein wenig Zeit für mich?

«2001–4000»

ao menos ['aw 'menuʃ] Ao menos podias ajudar-me a carregar a mala.	**wenigstens** Du könntest mir wenigstens helfen, den Koffer zu tragen.
ao todo [aw 'toδu] Ao todo somos seis pessoas.	**insgesamt** Insgesamt sind wir sechs Personen.
bastante [bɐʃ'tɐ̃tə] João trabalha bastante.	**ziemlich viel** João arbeitet ziemlich viel.

cada vez mais ['kɐδɐ veʃ majʃ] — **immer mehr**
Trabalhamos cada vez mais e viajamos menos. — Wir arbeiten immer mehr und verreisen immer weniger.

em parte [ẽ 'partə] — **zum Teil, teils**
A população alemã é em parte católica, em parte protestante. — Die deutsche Bevölkerung ist teils katholisch, teils protestantisch.

meio ['meju] — **halb**
Ele está meio cego. — Er ist halb blind.

muito mais ['mũjtu majʃ] — **viel mehr**
Gastamos muito mais do que tínhamos planeado. — Wir haben viel mehr ausgegeben, als wir geplant hatten.

nada ['naδɐ] — **(gar) nicht(s)**
Tens algo mais para empacotar? – Não, não tenho mais nada. — Hast du noch etwas zum Einpacken? – Nein, ich habe nichts mehr.

no máximo [nu 'masimu] — **höchstens**
Ficaremos aqui, no máximo, até a quinta-feira. — Wir werden höchstens bis Donnerstag hier bleiben.

pelo menos [pelu 'menuʃ] — **mindestens, wenigstens**
A biblioteca tem pelo menos 200.000 livros. — Die Bibliothek hat mindestens 200 000 Bücher.

tanto ['tẽtu] — **so viel**
Estudei tanto que estou exausto. — Ich habe so viel gelernt, dass ich erschöpft bin.

2.3.2 GRUNDZAHLEN

«1–2000»

0 **zero** ['zɛru]
1 **um** *m*, **uma** *f* [ũ, 'umɐ]
2 **dois** *m*, **duas** *f* [dojʃ, 'duɐʃ]
3 **três** [treʃ]
4 **quatro** ['kwatru]
5 **cinco** ['sĩku]
6 **seis** [sejʃ]
7 **sete** ['sɛtə]
8 **oito** ['ojtu]
9 **nove** ['nɔvə]
10 **dez** [dɛʃ]
11 **onze** ['õzə]
12 **doze** ['dozə]
13 **treze** ['trezə]
14 **catorze** [kɐ'torzə]
15 **quinze** ['kĩzə]
16 **dezasseis** [dəzɐ'seiʃ]
17 **dezassete** [dəzɐ'sɛtə]
18 **dezoito** [dəzoitu]
19 **dezanove** [dəzɐ'nɔvə]
20 **vinte** ['vĩtə]
21 **vinte e um** ['vĩtə i ũ], **-a**
22 **vinte e dois** ['vĩtə i doiʃ], **duas**

23 vinte e três ['vĩtə i treʃ]
30 trinta ['trĩtɐ]
40 quarenta [kwɐ'rẽtɐ]
50 cinquenta [sĩ'kwẽtɐ]
60 sessenta [sə'sẽtɐ]
70 setenta [sə'tẽtɐ]
80 oitenta [oj'tẽtɐ]
90 noventa ['novẽtɐ]
100 cem [sẽj]
101 cento e um ['sẽtu i ũ], **-a**
200 duzentos [du'zẽtuʃ], **-as**
300 trezentos [trə'zẽtuʃ], **-as**
400 quatrocentos [kwatru'sẽtuʃ], **-as**
500 quinhentos [ki'ɲẽtuʃ], **-as**
600 seiscentos [seiʃ'sẽtuʃ], **-as**
700 setecentos [sɛtəsẽtuʃ], **-as**
800 oitocentos [oitu'sẽtuʃ], **-as**
900 novecentos [nɔvəsẽtuʃ], **-as**
1.000 mil [miɫ]
2.000 dois mil *m* [doiʃ miɫ], **duas mil** *f*
10.000 dez mil [dɛʃ miɫ]
100.000 cem mil [sẽj miɫ]
1.000.000 um milhão [ũ mi'ʎɐ̃w]
1.000.000.000 um bilhão [ũ bi'ʎɐ̃w]

«2001–4000»

dividir [divə'ðir] *v.*	**dividieren, teilen**
8 dividido por 4 são 2.	8 geteilt durch 4 ist 2.
ser [ser] *v.*	**sein, machen**
3 e 4 são 7.	3 und 4 ist/sind 7.
10 menos 8 são 2.	10 minus/weniger 8 ist 2.
mais [majʃ]	**plus, und**
3 mais 3 são 6.	3 plus/und 3 sind 6.
menos ['menuʃ]	**minus, weniger**
4 menos 3 é 1.	4 minus/weniger 3 ist 1.
multiplicar [muɫtipli'kar] *v.*	**multiplizieren, malnehmen**
5 multiplicado por 2 são 10.	5 mal 2 ist 10.

2.3.3 MASSE UND GEWICHTE

«1–2000»

centímetro [sẽ'timətru] *m*	**Zentimeter** *m*
A cómoda tem 80 centímetros de largura.	Die Kommode ist 80 Zentimeter breit.

grama ['greme] *m* Eu queria 400 gramas de queijo, por favor.	**Gramm** *n* Ich möchte 400 Gramm Käse, bitte.
grau [graw] *m* Ontem fez 22 graus.	**Grad** *m* Gestern hatten wir 22 Grad.
litro ['litru] *m* Deveríamos beber três litros de água diariamente.	**Liter** *m/n* Wir sollten täglich drei Liter Wasser trinken.
meio quilo ['meju kilu] *m* Meio quilo de queijo fresco, por favor.	**Pfund** *n* Ein Pfund Frischkäse, bitte.
metro ['mətru] *m* Eu queria três metros deste tecido, por favor.	**Meter** *m* Ich möchte drei Meter von diesem Stoff, bitte.
quilo(grama) [kilu('ɣreme)] *m* A senhora tem 20 quilos de excesso de bagagem.	**Kilo(gramm)** *n* Sie haben 20 Kilo Übergewicht an Gepäck.
quilómetro [ki'lɔmətru] *m* Quantos quilómetros são até Coimbra?	**Kilometer** *m* Wie viele Kilometer sind es bis Coimbra?

«2001–4000»

hectare [ɛk'tarə] *m* Quantos hectares de terra o seu tio tem no Brasil?	**Hektar** *n/m* Wie viele Hektar Land hat Ihr Onkel in Brasilien?
medida [mə'δiδe] *f* A medida não confere.	**Maß** *n* Das Maß stimmt nicht.
medir [mə'δir] *v.* Já mediste a altura da parede?	**messen** Hast du schon die Wandhöhe gemessen?
pesar [pə'zar] *v.* Quanto tu pesas?	**wiegen** Wie viel wiegst du?
peso ['pezu] *m* A senhora precisa de controlar o seu peso.	**Gewicht** *n* Sie müssen Ihr Gewicht kontrollieren.
quadrado [kwe'δraδu], **-a** *adj.* O apartamento tem 120 metros quadrados.	**Quadrat...** Die Wohnung hat 120 Quadratmeter.

tonelada [tunə'laδɐ] *f* — **Tonne** *f*
Quantas toneladas de café o Brasil exporta anualmente para a Europa? — Wie viele Tonnen Kaffee exportiert Brasilien jährlich nach Europa?

2.4 Ordnung

2.4.1 ORDNUNG UND EINTEILUNG

«1–2000»

caber [kɐ'βer] *v.* — **(hinein)passen, Platz haben**
Estas coisas não couberam na mala. — Diese Sachen hatten keinen Platz im Koffer.

---

contrário [kõ'trarju] *m* — **Gegenteil** *n*
Então diga-me o contrário. — Na dann, beweise mir das Gegenteil.
Pelo contrário, eu nunca fui desta opinião. — Im Gegenteil, ich war nie dieser Meinung.

---

detalhe [də'taʎə] *m* — **Einzelheit** *f*
Temos de acertar mais alguns detalhes. — Wir müssen noch ein paar Einzelheiten besprechen.

---

especial [iʃpə'sjaɫ] *adj.* — **Sonder..., speziell**
Este é um caso especial. — Das ist ein Sonderfall.

---

espécie [iʃ'pɛsjə] *f* — **Art** *f*
Na região amazónica há muitas espécies de árvores. — Im Amazonasgebiet gibt es viele Baumarten.

---

geral [ʒə'raɫ] *adj.* — **allgemein**
Na gramática estão descritas as normas gerais e as exce(p)ções de uma língua. — In der Grammatik werden die allgemeinen Regeln und Ausnahmen einer Sprache beschrieben.

---

importante [ĩpur'tẽtə] *adj.* — **wichtig, bedeutend**
Preciso de tomar uma decisão importante. — Ich muss eine wichtige Entscheidung treffen.

---

obje(c)to [ob'ʒɛtu] *m* — **Gegenstand** *m*, **Objekt** *n*
Estes obje(c)tos antigos pertenciam aos meus bisavós. — Diese alten Gegenstände haben meinen Urgroßeltern gehört.

---

ordem ['ɔrdẽj] *f* — **Ordnung** *f*, **(Reihen-)Folge** *f*
Já coloquei os papéis em ordem. — Ich habe die Papiere schon in Ordnung gebracht.

ordinário [urdə'narju], **-a** *adj.* Meu vestido é feito de tecido ordinário.	**gewöhnlich** Mein Kleid ist aus einem gewöhnlichen Stoff (gemacht worden).
parte ['partə] *f* Já recebeu a sua parte?	**Teil** *m*, **Anteil** *m* Haben Sie schon Ihren Anteil bekommen?
particular [pɐrtiku'lar] *adj.* Este bar tem uma atmosfera particular.	**besondere** Diese Bar hat eine ganz besondere Atmosphäre.
peça ['pɛsɐ] *f* E aqui estão as peças da arte bizantina.	**Stück** *n*, **Teil** *n* Und hier befinden sich die Stücke aus der byzantinischen Kunst.
pedaço [pə'ðasu] *m* Queres um pedaço de bolo?	**Stück** *n* Möchtest du ein Stück Kuchen?
próximo ['prɔsimu], **-a** *adj.* Onde é a próxima paragem de autocarro?	**nächste** Wo ist die nächste Bushaltestelle?
ramo ['ʀɐmu] *m* Não entendo nada deste ramo.	**Bereich** *m*, **Gebiet** *n* Ich verstehe nichts von diesem Bereich.
regra ['ʀɛɣrɐ] *f* Quais são as regras do jogo?	**Regel** *f* Wie sind die Spielregeln?
resto ['ʀɛʃtu] *m* O resto eu faço.	**Rest** *m* Den Rest mache ich.
sistema [siʃ'temɐ] *m* O sistema de segurança é falho.	**System** *n* Das Sicherheitssystem ist fehlerhaft.
tipo ['tipu] *m* Nesta biblioteca encontra-se todo o tipo de livros.	**Art** *f* In dieser Bibliothek sind alle Arten von Büchern zu finden.
último ['uɫtimu], **-a** *adj.* Esta vai ser a minha última carta.	**letzte** Das wird mein letzter Brief sein.
único ['uniku], **-a** *adj.* Ela foi a única mulher a participar da reunião?	**einzig** War sie die einzige Frau, die an der Versammlung teilgenommen hat?

«2001–4000»

afe(c)tar [ɐfɛ'tar] *v.* A nova reforma de impostos afe(c)ta a todos nós.	**betreffen** Die neue Steuerreform betrifft uns alle.
base ['basə] *f* Qual é a base desta teoria?	**Grundlage** *f* Was ist die Grundlage dieser Theorie?
consistir (em) [kõsiʃ'tir (ẽ)] *v.* O curso de aperfeiçoamento consiste em várias conferências.	**bestehen, sich zusammensetzen** (aus) Der Fortbildungskurs besteht aus verschiedenen Vorträgen.
compreender [kõprjẽ'der] *v.* A teoria da comunicação compreende muitas ciências, como a linguística e a semiótica.	**umfassen** Die Kommunikationstheorie umfasst viele Wissenschaften wie die Sprachwissenschaft und Semiotik.
oposto [u'poʃtu], **-a** *adj.* Os meus colegas sempre têm ideias opostas.	**entgegengesetzt** Meine Kollegen haben immer entgegengesetzte Meinungen.
desordem [də'zɔrdẽj] *f* Quem causou esta desordem?	**Unordnung** *f* Wer hat diese Unordnung verursacht?
dividir (em) [divə'ðir (ẽ)] *v.* Dividiram a torta em doze pedaços.	**(ein)teilen** (in) Sie haben die Torte in zwölf Stücke geteilt.
essencial [isẽ'sjaɫ] *adj.* Uma boa alimentação é essencial para o desenvolvimento da criança.	**wesentlich, grundlegend** Eine gute Ernährung ist wesentlich für die Entwicklung des Kindes.
estrutura [iʃtru'turɐ] *f* A estrutura da sociedade varia de país para país.	**Struktur** *f*, **(Auf-)Bau** *m* Die Struktur der Gesellschaft ist in jedem Land anders.
exce(p)ção [əʃsɛ'sɐ̃w] *f* Se existem regras, existem também exce(p)ções.	**Ausnahme** *f* Wenn es Regeln gibt, dann gibt es auch Ausnahmen.
género ['ʒɛnəru] *m* Que género de música tu aprecias?	**Art** *f*, **Klasse** *f* Welche Art von Musik gefällt dir?

importância [ĩpur'tẽsjɐ] *f* Esta pesquisa é de grande importância para a humanidade.	**Wichtigkeit** *f*, **Bedeutung** *f* Diese Forschung ist von großer Bedeutung für die Menschheit.
indispensável [ĩdiʃpẽ'savɛɫ] *adj.* O uso de capacete é indispensável.	**unerlässlich** Die Benutzung des Helms ist unerlässlich.
limite [lə'mitə] *m* Há um limite para tudo.	**Grenze** *f* Es gibt für alles eine Grenze.
normal [nur'maɫ] *adj.* Em condições normais isto não aconteceria.	**normal** Unter normalen Bedingungen wäre das nicht passiert.
principal [prĩsi'paɫ] *adj.* Qual é o problema principal?	**Haupt...** Was ist das Hauptproblem?
regular [ʀəɣu'lar] *v.* O técnico está a regular a temperatura do aquecimento.	**einstellen** Der Techniker stellt die Temperatur der Heizung ein.
regularizar [ʀeɣulari'zar] *v.* Preciso de regularizar a minha permanência no país o quanto antes.	**regeln** Ich muss meinen Aufenthalt in diesem Land so schnell wie möglich regeln.
seguinte [sə'ɣĩtə] *adj.* Os endereços seguintes são importantes.	**folgend** Die folgenden Adressen sind wichtig.
série ['sɛrjə] *f* Ontem aconteceu uma série de acidentes.	**Reihe** *f*, **Serie** *f* Gestern gab es eine Reihe von Unfällen.
unidade [uni'ðaðə] *f* Quantas unidades tem este livro didático?	**Einheit** *f* Wie viele Einheiten hat dieses Lehrwerk?
zona ['zonɐ] *f* Esta é zona de fronteira.	**Zone** *f*, **Gebiet** *n* Das ist Grenzgebiet.

2.4.2 ORDNUNGSZAHLEN

«1–2000»

1º primeiro [pri'mejru] *m*	**erste(r)**
1ª primeira [pri'mejrɐ] *f*	**erste**
2º, 2ª segundo [sə'ɣũdu], **-a**	**zweite(r, -s)**
3º, 3ª terceiro [tər'sejru], **-a**	**dritte(r, -s)**
4º, 4ª quarto ['kwartu], **-a**	**vierte(r, -s)**

5º, 5ª quinto ['kĩtu], **-a**	**fünfte(r, -s)**
6º, 6ª sexto ['sejʃtu], **-a**	**sechste(r, -s)**
7º, 7ª sétimo ['sɛtimu], **-a**	**sieb(en)te(r, -s)**
8º, 8ª oitavo [oj'tavu], **-a**	**achte(r, -s)**
9º, 9ª nono ['nonu], **-a**	**neunte(r, -s)**
10º, 10ª décimo ['dɛsimu], **-a**	**zehnte(r, -s)**

«2001–4000»

11º, 11ª décimo (-a) primeiro ['dɛsimu pri'mejru], **-a**	**elfte(r, -s)**
12º, 12ª décimo (-a) segundo ['dɛsimu sə'ɣũdu], **-a**	**zwölfte(r, -s)**
20º, 20ª vigésimo [vi'ʒɛzimu], **-a**	**zwanzigste(r, -s)**
21º, 21ª vigésimo (-a) primeiro [vi'ʒɛzimu pri'mejru], **-a**	**einundzwanzigste(r, -s)**
22º, 22ª vigésimo (-a) segundo [vi'ʒɛzimu sə'ɣũdu], **-a**	**zweiundzwanzigste(r, -s)**
30º, 30ª trigésimo [tri'ʒɛzimu], **-a**	**dreißigste(r, -s)**
100º, 100ª centésimo [sẽ'tɛzimu], **-a**	**hundertste(r, -s)**
1000º, 1000ª milésimo [mi'lɛzimu], **-a**	**tausendste(r, -s)**

1º primeiro [pri'mejru]	**erstens**
2º segundo [sə'ɣũdu]	**zweitens**
3º terceiro [tər'sejru]	**drittens**

2.5 Art und Weise

2.5.1 ADVERBIEN DER ART UND WEISE

«1–2000»

afinal [ɐfi'nał] Mas afinal quem é o seu namorado?	**letztlich, letzten Endes** Wer ist (nun) letztlich Ihr Freund?
aliás [ɐ'ljaʃ] Este é o meu namorado. Aliás eu já te falei dele.	**im Übrigen, übrigens** Das ist mein Freund. Ich habe dir übrigens schon von ihm erzählt.
apenas [ɐ'penɐʃ] Ela tem apenas 17 anos.	**nur, lediglich** Sie ist nur 17 Jahre alt.

apesar disso [ɐpəˈzar diʃu] Estava muito enferma. Apesar disso foi trabalhar.	**trotzdem, immerhin** Sie war sehr krank. Trotzdem ging sie arbeiten.
aproximadamente [ɐprɔsimaδɐˈmẽtə] Este livro custou aproximadamente 5000$00.	**etwa, ungefähr** Dieses Buch hat ungefähr 5000 Escudos gekostet.
assim [ɐˈsĩ] E assim passam os anos.	**so** Und so vergehen die Jahre.
até (mesmo) [ɐˈtɛ] Até os vizinhos do andar superior escutaram a conversa.	**sogar, selbst** Selbst die Nachbarn in der oberen Etage haben das Gespräch gehört.
de fa(c)to [də ˈfa(k)tu] De fa(c)to, o diamante era verdadeiro.	**in der Tat, tatsächlich** Der Diamant war tatsächlich echt.
de maneira (modo) diferente [də mɐˈnejrɐ (mɔdu) difəˈrẽtə] Nesta região este prato é preparado de maneira diferente.	**anders, auf ... andere Art** (*oder* **Weise**) In dieser Region wird dieses Gericht auf eine andere Weise zubereitet.
de propósito [də pruˈpɔzitu] Aposto que ele fez isto de propósito.	**absichtlich** Ich wette, dass er das absichtlich gemacht hat.
especialmente [iʃpəsjaɫˈmẽtə] Eu prefiro peixe, especialmente bacalhau.	**vor allem** Ich esse gerne Fisch, vor allem Kabeljau.
inclusive [ĩɲkluˈzivə] Ela trabalhou todos os dias, inclusive aos sábados e domingos.	**sogar, einschließlich** Sie hat jeden Tag gearbeitet, sogar samstags und sonntags.
junto [ˈʒũtu], **-a** A Maria e a Catarina saíram juntas.	**zusammen** Maria und Catarina sind zusammen ausgegangen.
no fundo [no ˈfũdu] No fundo ele até é um bom rapaz.	**im Grunde (genommen)** Im Grunde ist er ein guter Kerl.
só [sɔ] Só um momento.	**nur** Nur einen Augenblick(, bitte).

sozinho [sɔ'ziɲu] Eu gosto de trabalhar sozinho.	**allein** Ich arbeite gerne allein.

«2001–4000»

absolutamente [ɐbsulutɐ'mẽtə] Não compreendo absolutamente nada!	**auf jeden Fall, absolut, durchaus** Ich verstehe absolut nichts!
além disso [a'lẽj diʃu] Tomás é talentoso e, além disso, está sempre bem-humorado.	**außerdem, obendrein** Tomás ist begabt und außerdem ist er immer gut gelaunt.
contudo [kõ'tuδu] O computador é muito útil, contudo o uso frequente causa problemas à vista.	**dennoch, jedoch** Der Computer ist sehr nützlich, jedoch der häufige Gebrauch verursacht Sehprobleme.
de que maneira [də kə mɐ'nejrɐ] De que maneira é que prepara este prato?	**auf ... Art (*oder* Weise)** Auf welche Weise bereiten Sie dieses Gericht vor?
de outra forma [də 'otrɐ 'fɔrmɐ] Podemos explicar isto de outra forma.	**anders** Wir können das anders erklären.
desta (deste) maneira (modo) [dəʃtɐ mɐ'nejrɐ] Desta maneira podemos ficar ricos.	**auf diese Art (*oder* Weise)** Auf diese Weise können wir reich werden.
em geral [ẽ ʒə'raɫ] Em geral passo as minhas férias nas montanhas.	**im Allgemeinen** Im Allgemeinen verbringe ich meinen Urlaub in den Bergen.
em vão [ẽ vɐ̃w] Já gastamos muito dinheiro em vão.	**vergeblich, umsonst** Wir haben schon viel Geld umsonst ausgegeben.
habitualmente [ɐbitwaɫ'mẽtə] A esta hora estou habitualmente em casa.	**gewöhnlich** Um diese Zeit bin ich gewöhnlich zu Hause.
mais ou menos [majs o 'menuʃ] Aquele homem lá tem mais ou menos a minha idade.	**ungefähr, etwa** Der Mann dort ist ungefähr so alt wie ich.

particularmente [pɐrtikular'mẽtə] — **persönlich**
Eu, particularmente, sou de outra opinião. — Ich persönlich bin da anderer Meinung.

plenamente [plenɐ'mẽtə] — **vollkommen**
Estou plenamente satisfeito. — Ich bin vollkommen zufrieden.

2.5.2 ADVERBIEN DES GRADES

«1–2000»

apenas [ɐ'penɐʃ] — **kaum**
Eu tinha apenas 18 anos quando me apaixonei pela primeira vez. — Ich war kaum 18 Jahre alt, als ich mich zum ersten Mal verliebte.

bem [bẽj] — **gut, recht**
Estou muito bem. — Mir geht es sehr gut.

completamente [kõplɛtɐ'mẽtə] — **ganz, völlig**
Depois das compras fiquei completamente sem dinheiro. — Nach dem Einkaufen war ich völlig ohne Geld.

demasiado [dəmɐ'zjaδu] — **zu (sehr)**
Eu estava demasiado cansado para sair. — Ich war zu müde, um auszugehen.

de modo algum [də 'mɔδu ał'ɣũ] — **überhaupt nicht, keineswegs**
Ali não se pode estacionar de modo algum. — Da kann man überhaupt nicht parken.

mal [mał] — **kaum, schlecht**
O homem mal podia andar. — Der Mann konnte kaum gehen.

muito ['mũjtu] — **sehr** (beim Verb)
Este carro me agrada muito. — Dieses Auto gefällt mir sehr.

não [nɐ̃w] — **nicht**
Não é fácil! — Es ist nicht leicht.

nem [nẽi] — **nicht**
Nem tudo que reluz é ouro. — Nicht alles, was glänzt, ist Gold.

quase ['kwazə] — **fast, beinahe**
Recebo cartas quase diariamente. — Ich bekomme fast jeden Tag Briefe.

tanto ['tɐ̃tu] Gostei tanto dela que a beijei.	**so (sehr, viel)** Sie hat mir so gefallen, dass ich sie geküsst habe.
tão [tɐ̃w] Estava tão quente que tirei a camisola de malha.	**so (sehr)** Es war so warm, dass ich den Pullover auszog.
totalmente [tutal'mẽtə] Estava totalmente apaixonado por ela.	**ganz (und gar), vollkommen** Ich war ganz und gar in sie verliebt.

«2001–4000»

bastante [bɐʃ'tɐ̃tə] Estou bastante cansado.	**ziemlich** Ich bin ziemlich müde.
completo [kõ'plɛtu], **-a** A lista dos participantes ainda não está completa.	**vollständig** Die Teilnehmerliste ist noch nicht vollständig.
inteiro [ĩ'tejru], **-a** Trabalhei a noite inteira.	**ganz, vollständig** Ich habe die ganze Nacht gearbeitet.
nada ['naδɐ] Ele não sabe nada!	**gar nichts** Er weiß gar nichts!
particularmente [pɐrtikular'mẽtə] Ele fala muitos idiomas, particularmente o chinês.	**besonders** Er spricht viele Sprachen, besonders Chinesisch.
sobretudo [soβrə'tuδu] É importante vestir-se bem, sobretudo em ocasiões formais.	**besonders, vor allem** Es ist wichtig, dass man sich gut kleidet, vor allem bei formalen Anlässen.
um bocado de [ũ bu'kaδu də] O menino ganhou um bocado de dinheiro.	**ein (klein) wenig** Der Junge hat ein wenig Geld bekommen.

2.5.3 VERGLEICH

«1–2000»

como ['komu] Ela dança como uma bailarina.	**wie** Sie tanzt wie eine Balletttänzerin.

diferença [difə'rẽsɐ] *f* Existem muitas diferenças entre os homens e as mulheres.	**Unterschied** *m* Es gibt viele Unterschiede zwischen Männern und Frauen.
diferente [difə'rẽtə] *adj.* Meu carro é diferente do teu.	**verschieden, anders** Mein Auto ist anders als deins.
igual [i'ɣwał] *adj.* Todos os homens são iguais perante a lei.	**gleich** Alle Menschen sind vor dem Gesetz gleich.
mais (+ adj.) **(do) que** [majʃ (do) kə] O meu livro é mais interessante que o teu.	mit Komparativ zu übersetzen Mein Buch ist interessanter als deins.
o mais (+ adj.) **de** [u majʃ də] Tomás é o estudante mais inteligente da universidade.	mit Superlativ zu übersetzen Tomás ist der intelligenteste Student der Universität.
menos (+ adj.) **(do) que** ['menuʃ (do) kə] Ela é menos competente que eu.	mit Komparativ zu übersetzen Sie ist weniger kompetent als ich.
outro tanto ['otru 'tẽtu] Maria comprou seis livros e eu comprei outros tantos.	**ebenso viel** Maria hat sechs Bücher gekauft, und ich ebenso viele.
mais [majʃ] *adv.* Eu gosto mais de vinho do que de cerveja.	**lieber, eher** Ich mag lieber Wein als Bier.
que [kə] *conj.* Sou mais alto que tu.	**wie, als** Ich bin größer als du.
também [tẽ'bẽj] *adv.* Eu também nasci em Lisboa.	**auch** Ich bin auch in Lissabon geboren.
tanto ['tẽtu] Eu alegrei-me tanto quanto tu com a visita.	**ebenso sehr** Ich habe mich ebenso sehr über den Besuch gefreut wie du.
tanto ... como/quanto ['tẽtu ... 'komu/'kwẽtu] Eu sei tanto quanto tu.	**(eben)so** (... wie) Ich weiß ebenso viel wie du.
tão pouco [tẽw 'poku] *adv.* O meu professor sabe tão pouco quanto eu.	**(eben)so wenig** Mein Lehrer weiß (eben)so wenig wie ich.

«2001–4000»

ao contrário de ['aw kõ'trarju də]	**im Gegensatz zu**
Ao contrário de mim, meu irmão cozinha muito bem.	Im Gegensatz zu mir kocht mein Bruder sehr gut.
comparação [kõpɐrɐ'sɐ̃w] *f*	**Vergleich** *m*
A comparação foi injusta.	Der Vergleich war ungerecht.
comparar [kõpɐ'rar] *v.*	**vergleichen**
Não me compares com a tua ex-esposa.	Vergleiche mich nicht mit deiner Exfrau.
distinguir [dəʃtĩ'gir] *v.*	**unterscheiden**
Temos de distinguir os bons dos maus.	Wir müssen die Guten von den Schlechten unterscheiden.
em comparação com [ẽ kõpɐrɐ'sɐ̃w kõ]	**im Vergleich zu**
Em comparação com o ano passado o Verão deste ano foi chuvoso.	Im Vergleich zum letzten Jahr war der Sommer regnerisch.
igualdade [iɣwal'ðaðə] *f*	**Gleichheit** *f*
Igualdade, liberdade e fraternidade para todos.	Gleichheit, Freiheit und Brüderlichkeit für alle!
igualmente [i'ɣwał'mẽtə] *adv.*	**ebenfalls, gleichfalls**
Um bom fim-de-semana! – Obrigada, igualmente.	Schönes Wochenende! – Danke, ebenfalls.
menos (de) ['menuʃ (də)] *adv.*	**weniger (als)**
Eu tenho menos de meia hora para terminar esta tarefa.	Ich habe weniger als eine halbe Stunde, um diese Aufgabe zu beenden.
tão-pouco [tɐ̃w'poku] *adv.*	**auch nicht**
Manuel não sabe consertar o carro, e eu tão-pouco.	Manuel kann das Auto nicht reparieren und ich auch nicht.
parecido [pɐrə'siðu], **-a** *adj.*	**ähnlich**
Os dois irmãos são muito parecidos.	Die zwei Brüder sind sich sehr ähnlich.
semelhante [səmə'ʎɐ̃tə] *adj.*	**ähnlich**
As obras destes artistas são semelhantes.	Die Werke dieser Künstler sind sehr ähnlich.

2.6 Farben

«1–2000»

amarelo [ɐmɐ'rɛlu], **-a** *adj.* O novo carro do José é amarelo.	**gelb** Das neue Auto von José ist gelb.
azul [ɐ'zuɫ] *adj.* O céu é azul.	**blau** Der Himmel ist blau.
branco ['brɐ̃ku], **-a** *adj.* A neve é branca.	**weiß** Der Schnee ist weiß.
castanho [kɐʃ'tɐɲu], **-a** *adj.* Esta carteira castanha é muito bonita e barata. *Bras.* **marrom** [ma'ʀõ] *adj.*	**braun** Diese braune Tasche ist sehr schön und billig.
claro ['klaru], **-a** *adj.* A blusa azul clara fica-lhe muito bem.	**hell, klar** Die hellblaue Bluse steht Ihnen sehr gut.
cor [kor] *f* De que cor é a blusa?	**Farbe** *f* Welche Farbe hat die Bluse?
encarnado [ẽkɐr'naδu], **-a** *adj.* Ofereceram-me uma saia encarnada.	(leuchtend) **rot** Sie boten mir einen roten Rock an.
loiro ['loiru], **-a** *adj.* Ela tem cabelos loiros.	**blond** Sie hat blonde Haare.
moreno [mu'renu], **-a** *adj.* Ele era moreno e alto.	**dunkel, brünett** Er war dunkel und groß.
preto ['pretu], **-a** *adj.* Os sapatos são pretos.	**schwarz** Die Schuhe sind schwarz.
verde ['vɛrδə] *adj.* As folhas ainda estão verdes.	**grün** Die Blätter sind noch grün.
vermelho [vər'meʎu], **-a** *adj.* Os morangos são vermelhos.	**rot** Die Erdbeeren sind rot.

«2001–4000»

avermelhar [ɐvərmə'ʎar] *v.* Minha pele avermelhou devido ao sol forte.	**rot werden, erröten** Meine Haut ist wegen der starken Sonne rot geworden.

cinzento [sĩ'zẽtu], **-a** *adj.* O céu está cinzento hoje. *Bras.* **cinza** ['sĩza] *adj.*	**grau** Der Himmel ist heute grau.
claridade [klɐri'δaδə] *f* Acordei com a claridade.	**Helligkeit** *f* Ich bin durch die Helligkeit aufgewacht.
colorido [kulu'riδu], **-a** *adj.* Adoro usar roupas coloridas.	**bunt** Ich trage gern bunte Kleider.
cor-de-laranja [kordəlɐ'rɐ̃ʒɐ] *adj.* A blusa é cor-de-laranja.	**orange(farben)** Die Bluse ist orange.
cor-de-rosa [kordə'rɔzɐ] *adj.* A camisa é cor-de-rosa.	**rosa** Das Hemd ist rosa.
escuro [iʃ'kuru], **-a** *adj.* Acende a luz que está muito escuro.	**dunkel** Mach das Licht an, es ist sehr dunkel.
pálido ['paliδu], **-a** *adj.* Ela está muito pálida.	**blass** Sie ist sehr blass.
verde-escuro ['vɛrδə-iʃ'kuru], **-a** *adj.* Os caçadores usam roupa verde-escura.	**dunkelgrün** Die Jäger tragen dunkelgrüne Kleidung.

2.7 Formen

«1–2000»

canto ['kɐ̃tu] *m* Há um vaso no canto.	**Ecke** *f* Die Vase steht in der Ecke.
círculo ['sirkulu] *m* O círculo é a forma mais perfeita.	**Kreis** *m* Der Kreis ist die perfekteste Form.
cruz [kruʃ] *f* A cruz é de ouro.	**Kreuz** *n* Das Kreuz ist aus Gold.
forma ['fɔrmɐ] *f* Que forma geométrica é esta?	**Form** *f*, **Gestalt** *f* Was für eine geometrische Form ist das?
ponta ['põtɐ] *f* Preciso de uma faca com ponta.	**Spitze** *f* Ich brauche ein Messer mit Spitze.

quadrado [kwɐ'δraδu], **-a** *adj.*
Mesas quadradas são mais práticas.

viereckig, quadratisch
Viereckige Tische sind praktischer.

redondo [ʀə'δõdu], **-a** *adj.*
A freguesa queria comprar um tapete redondo.

rund
Die Kundin wollte einen runden Teppich kaufen.

«2001–4000»

bola ['bɔlɐ] *f*
Quantas bolas tu já atiraste?

Kugel *f*
Wie viele Kugeln hast du schon geworfen?

cubo ['kuβu] *m*
Ele tem seis anos e já sabe desenhar um cubo perfeito.

Würfel *m*
Er ist sechs Jahre alt und kann schon einen perfekten Würfel zeichnen.

formar [fur'mar] *v.*
O mar formou cavernas naturais nas rochas.

bilden, formen, gestalten
Das Meer formte natürliche Grotten in den Felsen.

plano ['plɐnu], **-a** *adj.*
Esta é uma região plana.

flach
Das ist eine flache Landschaft.

pontiagudo [põntjɐ'ɣuδu], **-a** *adj.*
As bruxas têm um nariz longo e pontiagudo.

spitz
Hexen haben eine lange und spitze Nase.

quadrado [kwɐ'δraδu] *m*
O aluno desenhou um quadrado no caderno.

Viereck *n*, **Quadrat** *n*
Der Schüler hat ein Viereck ins Heft gezeichnet.

triângulo [tri'ɐ̃gulu] *m*
Ele comprou uma mesa moderna em forma de triângulo.

Dreieck *n*
Er hat einen modernen Tisch in Dreieckform gekauft.

2.8 Ursache und Wirkung, Ziel und Zweck

«1–2000»

causa ['kawzɐ] *f*
Ainda não se sabe a causa da doença.

Ursache *f*, **Grund** *m*
Man kennt die Ursache der Krankheit noch nicht.

como ['komu] *conj.* Como ele foi embora mais cedo, pude terminar o trabalho.	**da** Da er früher wegging, konnte ich die Arbeit beenden.
condição [kõdi'sɐ̃w] *f* Em que condições o ferido chegou ao hospital?	**Bedingung** *f*, **Umstand** *m* Unter welchen Bedingungen ist der Verletzte ins Krankenhaus gekommen?
consequência [kõsə'kwẽsjɐ] *f* Que consequências terá esta reforma?	**Folge** *f*, **Konsequenz** *f* Welche Folgen wird diese Reform haben?
efeito [i'fejtu] *m* Este remédio não tem efeitos colaterais.	**Wirkung** *f* Dieses Medikament hat keine Nebenwirkungen.
para [pɐrɐ] *prep.* O rapaz trouxe flores para a rapariga.	**für** Der junge Mann brachte Blumen für das Mädchen.
para [pɐrɐ] *conj. (mit Infinitiv)* Joana mudou de emprego para ganhar mais dinheiro.	**um ... zu** Joana hat die Arbeitsstelle gewechselt, um mehr Geld zu verdienen.
para [pɐrɐ] *prep.* Apaga a luz para economizarmos energia.	**damit** Mach das Licht aus, damit wir Strom sparen.
pois [poiʃ] *conj.* Vem, pois nós cá estamos à tua espera.	**denn, da** Komm, denn wir warten hier schon auf dich.
por causa de [pur 'kawzɐ də] *conj.* Maria parou de trabalhar por causa das crianças.	**wegen** Maria hat wegen den Kindern aufgehört zu arbeiten.
por isso [pur 'isu] *conj.* Houve uma tempestade, por isso todos os voos atrasaram.	**deshalb, daher** Es gab ein Gewitter, deshalb haben alle Flüge Verspätung.
porque ...? [pur'ke] Porque estás tão apressado?	**warum?** Warum hast du es so eilig?
porque ['purkə] *conj.* Joaquim está desesperado, porque Maria abandonou-o.	**da (ja), weil** Joaquim ist verzweifelt, weil Maria ihn verlassen hat.
portanto [pur'tɐ̃tu] *conj.* Não há, portanto, motivo para pânico.	**also, folglich** Also, es gibt keinen Grund zur Panik.

razão [ʀɐ'zɐ̃w] *f* Por que razão vocês brigaram?	**Grund** *m*, **Ursache** *f* Aus welchem Grund habt ihr euch gestritten?
resultado [ʀəzuɫ'taδu] *m* O resultado da pesquisa é muito importante.	**Ergebnis** *n* Das Ergebnis der Forschung ist sehr wichtig.

«2001–4000»

a fim de que [ɐ 'fĩ də kə] *conj.* Ele terminou o trabalho rapidamente a fim de que seu chefe ficasse satisfeito.	**damit** Er hat die Arbeit schnell beendet, damit sein Chef zufrieden ist.
causar [kaw'zar] *v.* Quem causou este dano?	**verursachen, hervorrufen** Wer hat diesen Schaden verursacht?
depender (de) [dəpẽ'der] *v.* Infelizmente muitas mulheres ainda são dependentes financeiramente dos homens.	**abhängen** (von) Leider sind viele Frauen noch immer finanziell von den Männern abhängig.
eficaz [əfi'kaʃ] *adj.* Este creme anti-rugas é muito eficaz.	**wirksam** Diese Antifaltencreme ist sehr wirksam.
graças a ['grasɐʃɐ] Graças a minha mãe hoje sou o que sou.	**dank, aufgrund** Dank meiner Mutter bin ich heute, was ich bin.
motivo [mu'tivu] *m* Por que motivo não vieste à festa?	**Grund** *m*, **Ursache** *f* Aus welchem Grund bist du nicht auf die Party gekommen?
obje(c)tivo [ubʒɛ'tivu] *m* O nosso obje(c)tivo é enriquecer.	**Ziel** *n*, **Zweck** *m* Unser Ziel ist es, reich zu werden.
origem [o'riʒẽj] *f* Sabes a origem da batata?	**Herkunft** *f*, **Ursprung** *m* Kennst du die Herkunft der Kartoffel?
para que ['pɐrɐ kə] Para que fazes isso?	**wozu?, wofür?** Wozu machst du das?
provocar [pruvu'kar] *v.* O camião provocou o acidente.	**verursachen** Der Lastwagen hat den Unfall verursacht.

rea(c)ção [ʀja'sɐ̃w] *f* Ele não mostrou rea(c)ção alguma.	**Reaktion** *f* Er zeigte überhaupt keine Reaktion.
recurso [ʀə'kursu] *m* Que recursos ele usou para a defesa?	**(Hilfs-)Mittel** *n* Welche Hilfsmittel benutzte er für die Verteidigung?
servir [sər'vir] *v.* Para que serve esta ferramenta?	**dienen (zu), nützen, taugen** Wozu dient dieses Werkzeug?

2.9 Zustand und Veränderung

«1–2000»

acontecer [ɐkõtə'ser] *v.* Quando aconteceu isso?	**passieren, geschehen** Wann ist dies geschehen?
alteração [ałtərɐ'sɐ̃w] *f* A alteração dos preços provocou revolta.	**(Ver-)Änderung** *f*, **Wechsel** *m* Die Preisänderung hat einen Aufstand verursacht.
aumentar [awmẽ'tar] *v.* Os preços dos produtos vão aumentar gradativamente.	**zunehmen, erhöhen** Die Preise der Produkte werden allmählich erhöht.
diminuir [dəmi'nwir] *v.* A oferta de emprego diminuiu nos últimos anos.	**abnehmen, zurückgehen** Die Stellenangebote sind in den letzten Jahren zurückgegangen.
estado [iʃ'taδu] *m* Quando nós nos mudamos, o apartamento estava em bom estado.	**Zustand** *m* Als wir in die Wohnung einzogen, war sie in sehr gutem Zustand.
estar [iʃ'tar] *v.* A(c)tualmente estamos em crise.	**sein, sich befinden** Wir sind zur Zeit in einer Krise.
faltar [fał'tar] *v.* Falta o dinheiro para terminar as obras.	**fehlen** Es fehlt das Geld, um die Bauarbeiten zu beenden.
ficar [fi'kar] *v.* Hoje ficarei em casa.	**bleiben** Heute werde ich zu Haus bleiben.

há [a] Há muitas flores neste jardim.	**es gibt, es ist (*oder* sind)** Es gibt viele Blumen in diesem Garten.
movimento [muvi'mẽtu] *m* É preciso estar sempre em movimento para manter-se em forma.	**Bewegung** *f* Man muss immer in Bewegung sein, um fit zu bleiben.
mudança [mu'ðɐ̃sɐ] *f* A mudança nos impostos foi muito criticada.	**(Ver-)Änderung** *f* Die Steueränderung ist sehr kritisiert worden.
mudar(-se) [mu'ðar(sə)] *v.* A paisagem mudou muito. Nós mudamos para Lisboa.	**sich (ver)ändern, umziehen** Die Landschaft hat sich sehr verändert. Wir sind nach Lissabon umgezogen.
partir-se [pɐr'tir-se] *v.* O vaso partiu-se.	**zerbrechen, kaputtgehen** Die Vase ist zerbrochen.
progresso [pru'ɣrɛsu] *m* A fábrica trouxe progresso para a cidade.	**Fortschritt** *m* Die Fabrik brachte den Fortschritt für die Stadt.
ser [ser] *v.* Todos os homens são mortais.	**sein** Alle Menschen sind sterblich.
situação [sitwɐ'sɐ̃w] *f* A nossa família se encontra numa situação difícil.	**Lage** *f*, **Situation** *f* Unsere Familie befindet sich in einer schwierigen Lage.
subir [su'βir] *v.* A inflação subiu nos últimos anos.	**steigen** Die Inflation ist in den letzten Jahren gestiegen.
tornar-se [tur'narsə] *v.* Manuel tornou-se um homem famoso.	**werden** Manuel ist ein berühmter Mann geworden.

«2001–4000»

afundar [ɐfũ'dar] *v.* O navio afundou lentamente.	**(ab)fallen, (ab)sinken** Das Schiff ist langsam gesunken.
alcançar [ałkɐ̃'sar] *v.* Logo alcançaremos nossos obje(c)tivos.	**erreichen** Wir werden unsere Ziele bald erreichen.
andar [ɐ̃'dar] *v.* Os negócios não andam bem.	**gehen, laufen** Die Geschäfte gehen nicht gut.

aparecer [ɐpɐrə'ser] *v.* De repente um homem desconhecido apareceu no jardim.	**erscheinen** Plötzlich ist ein fremder Mann im Garten erschienen.
aumento [aw'mẽtu] *m* O aumento dos impostos preocupa os comerciantes.	**Zunahme** *f*, **Erhöhung** *f* Die Steuererhöhung beunruhigt die Geschäftsleute.
avariar [ɐvɐ'rjar] *v.* O motor avariou. *Bras.* **enguiçar** [ẽgi'sar], **quebrar** [ke'brar] *v.*	**kaputtgehen** Der Motor ist kaputtgegangen.
cair [kɐ'ir] *v.* O preço das passagens de avião caiu.	**fallen** Die Flugpreise sind gefallen.
circunstâncias [sirkũʃ'tẽsjɐʃ] *f/pl.* Nessas circunstâncias é preciso ter cuidado.	**Umstände** *m/pl.*, **Verhältnisse** *n/pl.* Unter diesen Umständen muss man aufpassen.
correr [ku'ʀer] *v.* O rio corre entre as montanhas.	**fließen** Der Fluss fließt durch die Berge.
desenvolver-se [dəzẽvoɫ'versə] *v.* A economia desenvolveu-se rapidamente depois da reforma política.	**sich entwickeln** Die Wirtschaft hat sich nach der politischen Reform rasch entwickelt.
desenvolvimento [dəzẽvoɫvi'mẽtu] *m* O desenvolvimento económico trouxe o bem-estar social.	**Entwicklung** *f* Die wirtschaftliche Entwicklung brachte den sozialen Wohlstand.
diminuição [dəminwi'sɐ̃w] *f* A diminuição dos custos é necessária.	**Abnahme** *f*, **Verringerung** *f* Die Verringerung der Kosten ist notwendig.
desaparecer [dəzɐpɐrə'ser] *v.* O ladrão despareceu com as jóias.	**verschwinden** Der Dieb ist mit dem Schmuck verschwunden.
estar pendurado [iʃ'tar pẽdu'raδu] *v.* O quadro está pendurado na parede.	**hängen** Das Bild hängt an der Wand.

existir [izəʃ'tir] *v.*	**bestehen, existieren**
Tudo o que existe na natureza é belo.	Alles, was in der Natur existiert, ist schön.
melhorar [miʎu'rar] *v.*	**sich bessern, besser werden**
A situação melhorou.	Die Situation ist besser geworden.
partir [pɐr'tir] *v.*	**weggehen, -fahren**
Os meus amigos partiram ontem.	Meine Freunde sind gestern weggefahren.
queimar [kej'mar] *v.*	**(ver)brennen**
Alguém queimou os papéis.	Jemand hat die Papiere verbrannt.
realidade [ʀjɐli'ðaðə] *f*	**Wirklichkeit** *f*
A realidade muitas vezes é diferente da teoria.	Die Wirklichkeit ist oft anders als die Theorie.
ter lugar [ter lu'ɣar] *v.*	**stattfinden**
A exposição terá lugar no rés-do-chão.	Die Ausstellung findet im Erdgeschoss statt.
Bras. **realizar-se** [reali'zarsi] *v.*	
vir [vir] *v.*	**kommen**
A visita esperada infelizmente não veio.	Der erwartete Besuch ist leider nicht gekommen.

3. STRUKTURWÖRTER

3.1 Artikel

«1–2000»

o, a [u, ɐ] *bestimmter Artikel sing.*	**der (den), die, das** *(Nom. und Akk.)*
O homem comprou o carro.	Der Mann hat den Wagen gekauft.
A mulher viu a criança.	Die Frau hat das Kind gesehen.
os, as [uʃ, ɐʃ] *bestimmter Artikel pl.*	**die** *(Nom. und Akk.)*
Os turistas são curiosos.	Die Touristen sind neugierig.
Vamos passar as férias no Algarve.	Wir werden die Ferien in der Algarve verbringen.

do, da [du, dɐ] (= de + o, = de + a) O chapéu do homem era preto. O colar da menina é de ouro.	**des, der** *(Genitiv sing.)* Der Hut des Mannes war schwarz. Die Halskette des Mädchens ist aus Gold.
dos, das [duʃ, dɐʃ] (= de + os, = de + as) O salário dos trabalhadores é baixo.	**der** *(Genitiv pl.)* Das Gehalt der Arbeiter ist niedrig.
ao ['aw] (= a + o), **à** (= a + a) Eu dei dinheiro ao homem. Ele enviou flores à mulher.	**dem, den, der** *(Dativ sing.)* Ich habe dem Mann Geld gegeben. Er hat der Frau Blumen geschickt.
aos ['awʃ] (= a + os), **às** (= a + as) Ele enviou uma carta aos amigos/às amigas.	**den** *(Dativ pl.)* Er hat den Freunden / den Freundinnen einen Brief geschickt.
um, uma [ũ, 'umɐ] *unbestimmter Artikel sing.* José comprou um livro e uma caneta.	**ein(en), eine, ein** *(Nom. und Akk.)* José hat ein Buch und einen Stift gekauft.
uns, umas [ũʃ, 'umɐʃ] *unbestimmter Artikel pl.* Tenho uns livros. Tens umas luvas muito bonitas.	**einige** *(Nom. und Akk.) häufig auch nicht übersetzt* Ich habe einige Bücher. Du hast sehr schöne Handschuhe.
dum, duma [dũ, 'dumɐ] (= de + um, = de + uma) A responsabilidade dum pai é muito grande.	**eines, einer** *(Genitiv sing.)* Die Verantwortung eines Vaters ist sehr groß.
duns, dumas [dũʃ, 'dumɐʃ] (= de + uns, = de + umas) A opinião duns alunos decepcionou-o.	**einiger** *(Genitiv pl.)* Die Meinung einiger Schüler ließ ihn verzweifeln.

3.2 Pronomen

3.2.1 PERSONALPRONOMEN

«1–2000»

Alleinstehend bzw. betont bzw. mit Präpositionen verbunden:

eu [ew] *(entfällt meist, außer bei Hervorhebungen)*	**ich**
Eu adoro viajar.	Ich reise gern.
mim [mĩ]	**mich, mir**
Este vestido é para mim?	Ist dieses Kleid für mich?
Responde a mim e não a ele.	Antworte mir und nicht ihm.
comigo [ku'miɣu]	**mit mir**
Queres passear comigo?	Willst du mit mir spazieren gehen?
tu [tu] *(entfällt meist, außer bei Hervorhebungen)*	**du**
Onde é que (tu) moras?	Wo wohnst du?
Bras. **você** [vo'se]	
Onde é que (você) mora?	
ti [ti]	**dich, dir**
Gosto muito de ti.	Ich mag dich sehr.
Não quero nada de ti!	Ich will nichts von dir.
contigo [kõ'tiɣu]	**mit dir**
Posso ir contigo?	Kann ich mit dir gehen?
consigo [kõ'siɣu]	**mit Ihnen**
Irei consigo.	Ich werde mit Ihnen gehen.
ele ['elə] *(entfällt meist, außer bei Hervorhebungen)*	**er, ihn**
Ele é nosso vizinho.	Er ist unser Nachbar.
Isto é para ele.	Das ist für ihn.
ela ['ɛlɐ] *(entfällt meist, außer bei Hervorhebungen)*	**sie, sie**
Ela é minha melhor amiga.	Sie ist meine beste Freundin.
Esta carta é para ela.	Dieser Brief ist für sie.
si [si]	**sich, Sie**
Ele só pensa em si mesmo.	Er denkt nur an sich selbst.
Por favor, este livro é para si.	Bitte, dieses Buch ist für Sie.
nós [nɔʃ] *(entfällt meist, außer bei Hervorhebungen)*	**wir**
Nós moramos juntos.	Wir wohnen zusammen.
nos [noʃ]	**uns**
Onde nos encontramos?	Wo treffen wir uns?

connosco [kõ'noʃku] O cão viajou connosco.	**mit uns** Der Hund ist mit uns verreist.
vós [vɔʃ] *(entfällt meist, außer bei Hervorhebungen)* Vós sois o sal da terra. **vocês** [voseʃ] Vocês saíram ontem? **vos** [voʃ] Eu sempre vos disse a verdade. **convosco** [kõ'voʃku] Irei convosco à missa.	**ihr** Ihr seid das Salz der Erde. **ihr** Seid ihr gestern ausgegangen? **euch, Ihnen** Ich habe euch immer die Wahrheit gesagt. **mit Ihnen** Ich komme mit Ihnen zur Messe.
eles ['eləʃ] *(entfällt meist, außer bei Hervorhebungen)* Eles moram aqui perto. **elas** ['ɛlɐʃ] *(entfällt meist, außer bei Hervorhebungen)* Elas são donas-de-casa.	**sie** *(m/pl.)* Sie wohnen hier in der Nähe. **sie** *(f/pl.)* Sie sind Hausfrauen.
si [si] Só pensam em si mesmos.	**sich** Sie denken nur an sich selbst.

Mit dem Verb verbunden als Dativ, Akk. und Reflexivpronomen:

me [mə] Visite-me! **me** [mə] Por favor, podes ajudar-me?	**mich** Besuchen Sie mich! **mir** Bitte, kannst du mir helfen?
te [tə] Amo-te! **te** [tə] Eles ajudam-te.	**dich** Ich liebe dich. **dir** Sie helfen dir.
lhe [ʎə] Dei-lhe os documentos ontem.	**Ihnen** *(Dativ sing.)* Ich habe Ihnen gestern die Papiere gegeben.
lhe [ʎə] Não lhe compres chocolates. **o** [u] Vi-o na rua. **a** [ɐ] Comprei a bolsa e logo perdi-a.	**ihm, ihr** *(Dativ sing.)* Kauf ihm keine Schokolade! **ihn** *(Akk. sing.)* Ich habe ihn auf der Straße gesehen. **sie** *(Akk. sing.)* Ich habe die Tasche gekauft und gleich danach habe ich sie verloren.

se [sə] A rapariga despediu-se e saiu.	**sich** Das Mädchen verabschiedete sich und ging weg.
nos [nuʃ] Ele deu-nos uma boa notícia.	**uns** Er brachte uns eine gute Nachricht.
vos [vuʃ] Ela quer contar-vos tudo.	**Ihnen, euch** Sie will euch alles erzählen.
os [uʃ] O professor pegou os livros e colocou-os no estante.	**sie** Der Lehrer nahm die Bücher und stellte sie in das Regal.
as [ɐʃ] Pegou as fotos e guardou-as na gaveta.	**sie** Er/Sie nahm die Fotos und legte sie in die Schublade.
lhes [ʎəʃ] A festa agradou-lhes?	**Ihnen, ihnen** Hat Ihnen das Fest gefallen?
se [sə] Eles já se despediram?	**sich** Haben sie sich schon verabschiedet?

3.2.2 POSSESSIVPRONOMEN

«1–2000»

Adjektivisch bzw. substantivisch gebraucht:

meu(s) [mew] *m (pl.)* O meu avô está doente. Os meus filhos moram longe.	**mein(e)** Mein Großvater ist krank. Meine Kinder wohnen weit weg.
minha(s) ['miɲa] *f (pl.)* A minha mãe escreveu um livro. As minhas filhas são casadas.	**mein(e)** Meine Mutter hat ein Buch geschrieben. Meine Töchter sind verheiratet.
teu(s) [tew] *m (pl.)* O teu chapéu está furado. Os teus pés estão gelados. *Bras.* **seu(s)** [sew] *m (pl.)*	**dein(e)** Dein Hut hat ein Loch. Deine Füße sind eiskalt.
tua(s) [tuɐ] *f (pl.)* A tua esposa telefonou-me. As tuas primas estão aqui. *Bras.* **sua(s)** ['sua] *f (pl.)*	**dein(e)** Deine Frau hat mich angerufen. Deine Kusinen sind hier.

seu(s) [sew] *m (pl.)*	**sein(e), ihr(e)**
Pedro tem um carro. O seu carro é novo.	Pedro hat einen Wagen. Sein Wagen ist neu.
Maria também tem um carro. O seu carro é velho.	Maria hat auch einen Wagen. Ihr Wagen ist alt.
sua(s) [suɐ] *f (pl.)*	**sein(e), ihr(e)**
Maria tem uma casa. A sua casa é nova.	Maria hat ein Haus. Ihr Haus ist neu.
Pedro também tem uma casa. A sua casa é velha.	Pedro hat auch ein Haus. Sein Haus ist alt.
nosso(s) [nɔsu] *m (pl.)*	**unser(e)**
O nosso chefe é exigente.	Unser Chef ist streng.
Os nossos vizinhos incomodam.	Unsere Nachbarn stören.
nossa(s) [nɔsɐ] *f (pl.)*	**unser(e)**
A nossa vida é tranquila.	Unser Leben ist ruhig.
As nossas preces foram ouvidas.	Unsere Gebete sind erhört worden.
vosso(s) [vɔsu] *m (pl.)*	**euer, eure, Ihr(e)**
O vosso jardim é encantador, Senhora Dona Maria.	Ihr Garten ist fabelhaft, Dona Maria (= Frau + Familienname).
Bras. **seu(s)** [sew] *m (pl.)*	
vossa(s) [vɔsɐ] *f (pl.)*	**euer, eure, Ihr(e)**
As vossas palavras não consolam, ferem.	Ihre Worte trösten nicht, sie verletzen.
Bras. **sua(s)** ['sua] *f (pl.)*	
seus [sewʃ] *m/pl.*	**ihre**
Paulo e Andreas têm carros. Os seus carros são velhos.	Paulo und Andreas haben Autos. Ihre Autos sind alt.
suas [suɐʃ] *f/pl.*	**ihre**
Maria e Paula têm duas bicicletas. As suas bicicletas são verdes.	Maria und Paula haben zwei Fahrräder. Ihre Fahrräder sind grün.

3.2.3 DEMONSTRATIVPRONOMEN

«1–2000»

este ['eʃtə] *m*	**dieser (hier)**
Este carro aqui é novo.	Dieser Wagen hier ist neu.
esta ['eʃtɐ] *f*	**diese (hier)**
Esta blusa é feia.	Diese Bluse ist hässlich.
isto ['iʃtu] *m*	**das (hier)**
Quem fez isto?	Wer hat das gemacht?

esse ['esə] *m*	**dieser, -e, -es (da)**
Esse caderno aí é teu?	Ist dieses Heft (da) deins?
essa ['esɐ] *f*	**dieser, -e, -es (da)**
Essa revista é nova.	Diese Zeitschrift da ist neu.
isso ['isu] *m*	**das (da)**
O que é isso aí?	Was ist das (da)?
aquele [ɐ'kelə] *m*	**jener, -e, -es (dort)**
Aquele homem é um escritor famoso.	Jener Mann dort ist ein berühmter Schriftsteller.
aquela [ɐ'kelɐ] *f*	**jener, -e, -es (dort)**
Aquela mulher é a nossa vizinha.	Jene Frau dort ist unsere Nachbarin.
aquilo [ɐ'kilu]	**das (dort)** (weiter weg)
O que é aquilo no céu?	Was ist das dort am Himmel?

3.2.4 FRAGEPRONOMEN

«1–2000»

como ['komu]	**wie?**
Como se chama?	Wie heißen Sie?
donde ['dõdə]	**woher?**
Donde vens?	Woher kommst du?
Bras. **de onde** [dʒi 'õdʒi]	
onde ['õdə]	**wo?**
Onde é que moras?	Wo wohnst du?
para onde [pɐrɐ 'õdə]	**wohin?**
Para onde vais?	Wohin gehst du?
porque [purkə]	**warum?**
Porque estás em Portugal?	Warum bist du in Portugal?
qual [kwał]	**welcher, -e, -es** (von)**?**
Qual carro te agrada?	Welcher Wagen gefällt dir?
quais [kwaiʃ]	**welche** (von)**?**
Quais são os melhores vinhos?	Welche sind die besten Weine?
quando ['kwẽdu]	**wann?**
Quando voltas?	Wann kommst du zurück?
quanto ['kwẽtu]	**wie viel?**
Quanto custa este vinho?	Wie viel kostet dieser Wein?
quantos ['kwẽtuʃ]	**wie viele?**
Quantas pessoas vieram ontem?	Wie viele Personen sind gestern gekommen?

(o) que [kə]	**was?**
(O) Que tomam como aperitivo?	Was trinken Sie als Aperitif?
Ainda quero comprar um livro. – Que tipo queres comprar?	Ich möchte noch ein Buch kaufen. – Was für eins willst du kaufen?
quem [kẽj]	**wer?, wen?, wem?, wessen?**
Quem vai às compras hoje?	Wer macht heute die Einkäufe?
Quem estás a procurar?	Wen suchst du?
A quem pertence este livro?	Wem gehört dieses Buch?
De quem é este livro?	Wessen Buch ist das?

3.2.5 RELATIVPRONOMEN

«1–2000»

que [kə] *(für Sachen und Personen)*	**der, den, die, das**
Esta é a mulher que eu vi ontem.	Das ist die Frau, die ich gestern gesehen habe.
Este é o carro novo que tu compraste?	Ist das der neue Wagen, den du gekauft hast?
quem [kẽj] *(für Personen) (wird auch in Verbindung mit Präpositionen gebraucht)*	**derjenige, der, mit/von dem/der**
Quem viver verá!	Derjenige, der lebt, der wird sehen!
Esta é a rapariga com quem ele saiu ontem.	Das ist das Mädchen, mit dem er gestern ausgegangen ist.
Esta é a escritora de quem lhe falei.	Das ist die Schriftstellerin, von der ich dir erzählt habe.
o (a) qual [u kwał], **os (as) quais** [uʃ kwajʃ] *(für Sachen und Personen) (wird auch in Verbindung mit Präpositionen gebraucht) (Schriftsprache)*	**der, die, das, welche(r, -s)**
Os vizinhos, os quais ainda não conheço, deram-me um livro.	Die Nachbarn, die ich noch nicht kenne, haben mir ein Buch geschenkt.
Os vizinhos, dos quais falei, são gentis.	Die Nachbarn, von denen ich gesprochen habe, sind nett.

cujo(s) ['kuʒu(ʃ)], **-a(s)** *m,f (pl.)* O livro, cujo autor morreu na semana passada, ganhou um prémio.	**dessen, deren** Das Buch, dessen Autor letzte Woche gestorben ist, hat einen Preis gewonnen.

3.2.6 UNBESTIMMTE PRONOMEN

«1–2000»

algo ['aɫɣu] Eu comprei algo para ti.	**etwas** Ich habe etwas für dich gekauft.
alguém [aɫ'ɣẽj] Alguém está ferido?	**jemand** Ist jemand verletzt?
algum [aɫ'ɣũ], **-a** *m,f* Tens algum livro de filosofia? A senhora deseja mais alguma coisa?	**irgendein(e), -etwas** Hast du irgendein Buch über Philosophie? Wünschen Sie noch irgendetwas?
alguns [aɫ'ɣũʃ], **algumas** *m,f/pl.* Durante a viagem, alguns passageiros sentiram-se mal.	**einige** Während der Reise fühlten sich einige Passagiere schlecht.
cada ['kɐδɐ] Cada criança receberá um livro.	**jede(r, -s)** *adjektivisch* Jedes Kind wird ein Buch bekommen.
cada um ['kɐδɐ ũ] Cada um sabe o que faz.	**jede(r, -s)** *substantivisch* Jeder weiß, was er tut.
nenhum [nə'ɲũ], **-a** *m,f* Eu não tenho nenhum carro.	**(gar) kein** Ich habe (gar) kein Auto.
ninguém [nĩgẽj] Ninguém me telefonou hoje.	**niemand** Heute hat mich niemand angerufen.
outro(s) ['otru], **-a(s)** *m,f(pl.)* Não tens outro livro?	**(ein) andere(r, -s)** Hast du kein anderes Buch?
qualquer [kwaɫ'kɛr], **quaisquer** *pl.* Este não é um tecido qualquer. Achas que qualquer um fará este trabalho?	**irgendein(-er, -e)** Das ist nicht irgendein Stoff. Glaubst du, dass irgendeiner diese Arbeit machen wird?
tudo ['tuδu] Tudo isto é para mim?	**alles** Ist das alles für mich?

todo ['toδu], **-a** *m,f*	ganz, jeder(mann)
Toda a população foi evacuada.	Die ganze Bevölkerung wurde evakuiert.
Todo o homem tem direito a uma vida digna.	Jeder hat das Recht auf ein würdiges Leben.
todos ['toδuʃ], **-as** *m,f/pl.*	**alle** *(als Substantiv)*
Todos estão a esperar pelo comboio.	Alle warten (gerade) auf den Zug.

«2001–4000»

ambos ['ɐ̃buʃ], **-as** *m,f*	**beide**
Ambos saíram sem despedir -se.	Beide sind gegangen, ohne sich zu verabschieden.
certo ['sɛrtu], **-a** *m,f*	**gewisse(r, -s)**
Estranho! Conheço uma certa rapariga que tem o mesmo nome.	Komisch! Ich kenne ein gewisses Mädchen, das denselben Namen hat.
muito(s) ['mũjtu], **-a(s)** *m,f(pl.)*	**viel(e)**
Muitos queriam ver o presidente.	Viele wollten den Präsidenten sehen.
nada ['naδɐ]	**nichts**
Eu não digo nada a este respeito.	Ich sage nichts dazu.
os demais [uʃ də'majʃ] *m/pl.*	**die übrigen ...**
Apenas cinco alunos vieram, os demais faltaram.	Es kamen nur fünf Schüler, die übrigen fehlten.
pouco(s) ['poku], **-a(s)** *m,f(pl.)*	**wenig(e)**
Poucos sabem a verdade.	Wenige kennen die Wahrheit.
uns ... outros [ũʃ ... 'otruʃ]	**einige ..., andere**
Nesta estante há vários livros: uns são portugueses, outros são estrangeiros.	In diesem Regal gibt es verschiedene Bücher: einige sind portugiesisch, andere sind ausländisch.
vários ['varjuʃ], **-as** *m,f/pl.*	**mehrere, verschiedene**
Várias pessoas tiveram o mesmo problema.	Mehrere Leute hatten dasselbe Problem.

3.3 Partikeln

3.3.1 PRÄPOSITIONEN

(Siehe auch ZEITBEGRIFFE 2.1.6.5, RÄUMLICHE BEGRIFFE 2.2.4, URSACHE UND WIRKUNG 2.8)

«1–2000»

a [ɐ]	*mit Dativ/Akk. zu übersetzen*
Maria deu dinheiro ao (= a + o) homem.	Maria hat dem Mann Geld gegeben.
O dire(c)tor deu a carta à (= a + a) secretária.	Der Direktor hat der Sekretärin den Brief gegeben.
Vou ao (= a + o) teatro. E tu?	Ich gehe ins Theater. Und du?
apesar de [ɐpəˈzar də]	**trotz**
Apesar dos meus conselhos, ele vendeu o carro.	Trotz meiner Ratschläge hat er den Wagen verkauft.
com [kõ]	**mit**
Leite com mel é delicioso!	Milch mit Honig ist lecker!
contra [ˈkõtrɐ]	**gegen, wider**
Ela casou-se contra a minha vontade.	Sie hat gegen meinen Willen geheiratet.
de [də]	**aus, von** *(oft auch als Genitiv zu übersetzen)*
Manuel é de Lisboa.	Manuel ist aus Lissabon.
Este é o carro novo do (= de + o) João?	Ist das das neue Auto von João?
A mesa é de madeira.	Der Tisch ist aus Holz.
em [ẽ]	**in, an**
Eu nasci em Coimbra.	Ich bin in Coimbra geboren.
Penso em ti todos os dias.	Ich denke jeden Tag an dich.
em vez de [ẽ veʃ də]	**statt, anstelle** (von)
Manuel convidou Maria em vez de sua irmã.	Manuel hat Maria anstelle seiner Schwester eingeladen.
Comer frutas em vez de doces é mais saudável.	Es ist gesünder, Früchte statt Süßspeisen zu essen.
exce(p)to [əʃˈsɛtu]	**außer**
Proibido estacionar, exce(p)to moradores.	Parken verboten, außer Anwohner.
no, na [nu, nɐ] (= em + o, = em + a)	**in dem/im, in der**
Nós estivemos no restaurante.	Wir waren im Restaurant.
A mesa está na cozinha.	Der Tisch steht in der Küche.

nos, nas [nuʃ, nɐʃ] (= em + os, = em + as)	**in den**
O perigo está nas ruas!	Die Gefahr ist auf den Straßen!
num, numa [nũ, 'numɐ] (= em + um, = em + uma)	**in einem, in einer**
Eles moram numa cidade pequena.	Sie wohnen in einer kleinen Stadt.
nuns, numas [nũʃ, 'numɐʃ] (= em + uns, = em + umas)	**in einigen**
Eles vivem nuns quartos pequenos.	Sie wohnen in einigen kleinen Zimmern.
para [pɐrɐ]	**für, nach**
As flores são para a minha mãe.	Die Blumen sind für meine Mutter.
Vamos viajar para a Espanha.	Wir werden nach Spanien fahren.
pelo(s), pela(s) [pəlu(ʃ), pəlɐ(ʃ)] (= por + o(s), = por + a(s)) *sing.(pl.)*	**durch, von** *(Passiv)*
Ontem passamos pelo parque.	Gestern sind wir durch den Park gegangen.
O trabalho é feito pelo guarda-livros.	Die Arbeit wird vom Buchhalter gemacht.
por [pur]	**durch, für, wegen, pro, aus von** *(als Passiv)*
Os ladrões fugiram por esta rua.	Die Diebe sind durch diese Straße geflohen.
Muito obrigada pelo favor que me fizeste.	Vielen Dank für den Gefallen, den du mir erwiesen hast.
Abílio casou-se por causa da herança.	Abílio hat wegen der Erbschaft geheiratet.
Um dia por semana eu tomo apenas sumo de laranja.	Einmal pro Woche trinke ich nur Orangensaft.
José casou-se por amor.	José hat aus Liebe geheiratet.
O miúdo foi educado pela madrasta.	Das Kind ist von der Stiefmutter erzogen worden.
quanto a ['kwẽtu ɐ]	**was ... betrifft**
Não se preocupe quanto ao pagamento.	Machen Sie sich keine Sorgen, was die (Aus-)Zahlung betrifft.
segundo [sə'ɣũdu]	**laut, nach, gemäß**
Segundo a Constitução isto é proibido.	Laut (der) Verfassung ist das verboten.

sem [sẽj] É difícil viver sem dinheiro.	**ohne** Es ist schwierig, ohne Geld zu leben.
sobre ['soβrə] Estou a ler um livro sobre astronomia.	**über** Ich lese gerade ein Buch über Astronomie.

«2001–4000»

com referência a [kõ ʀəfə'rẽsjɐ ɐ] Com referência a seu pedido, não podemos ajudá-lo.	**betreffend** Ihre Anfrage betreffend können wir Ihnen leider nicht helfen.
com respeito a [kõ ʀəʃ'pejtu ɐ] Nada foi dito com respeito à nossa empresa.	**betreffs** Es ist nichts betreffs unseres Unternehmens gesagt worden.
conforme [kõ'fɔrmə] Conforme o estatuto isto não é permitido.	**nach, gemäß** Gemäß der Satzung ist das nicht erlaubt.
de acordo com [də ɐ'korδu kõ] Todos devem comportar-se de acordo com a lei.	**nach, gemäß** Alle sollten sich gemäß dem Gesetz verhalten.
dizer respeito a [di'zer ʀəʃ'pejtu ɐ] Este assunto não me diz respeito. Este artigo diz respeito à problemática dos estrangeiros.	**betreffen** Diese Angelegenheit betrifft mich nicht. Dieser Artikel betrifft die Ausländerproblematik.
em relação a [ẽ ʀəlɐ'sɐ̃w ɐ] Nada mudou em relação a minha opinião.	**was ... betrifft** Was meine Meinung betrifft, hat sich nichts geändert.
fora ['fɔrɐ] Fora a chuva, as férias estavam ó(p)timas.	**abgesehen von, außer** Abgesehen vom Regen war der Urlaub sehr schön.
sob [sob] Ele ainda está sob o efeito de tranquilizantes.	**unter** Er steht noch unter Beruhigungsmitteln.

3.3.2 KONJUNKTIONEN

(Siehe auch ZEITBEGRIFFE 2.1.6.6, URSACHE UND WIRKUNG 2.8)

«1–2000»

caso ['cazu] *(mit Konjunktiv)*	**falls, wenn**
Caso mudes de ideia, telefona-me.	Falls du deine Meinung änderst, ruf mich an.
e [i]	**und**
Hoje vamos ao cinema e amanhã ficaremos em casa.	Heute gehen wir ins Kino, und morgen werden wir zu Hause bleiben.
mas [maʃ]	**aber, sondern**
Alguém bateu à porta, mas eu não abri.	Jemand hat an die Tür geklopft, aber ich habe nicht aufgemacht.
Não preciso de conselhos, mas de dinheiro.	Ich brauche keine Ratschläge, sondern Geld.
ou [u]	**oder**
Gostas de cerveja ou de vinho?	Magst du Bier oder Wein?
que [kə]	**dass**
Acho que estou constipada.	Ich glaube, dass ich erkältet bin.
quando ['kwẽdu]	**wenn, als**
Irei às compras quando a chuva parar.	Ich gehe einkaufen, wenn der Regen aufhört.
Quando eu era menina, gostava de brincar na rua.	Als ich klein war, spielte ich gern auf der Straße.
se [sə]	**ob**
Ele ainda não sabe se virá.	Er weiß noch nicht, ob er kommen wird.
porque [purkə]	**weil**
Ela está triste, porque o seu namorado não veio.	Sie ist traurig, weil ihr Freund nicht gekommen ist.

«2001–4000»

ao passo que [aw 'pasu kə]	**während, wo(hin)gegen**
Maria é sonhadora, ao passo que a sua irmã é realista.	Maria ist verträumt, während ihre Schwester realistisch ist.

contudo [kõ'tuðu] O João não tem dinheiro, contudo quer comprar um carro.	**(je)doch, indessen, dennoch** João hat kein Geld, er will dennoch ein Auto kaufen.
como ['komu] Como a senhora sabe, eu casei-me de novo.	**wie** Wie Sie wissen, habe ich wieder geheiratet.
como se ['komu sə] Ele age como se já fosse o ministro.	**als ob** Er handelt so, als ob er schon (der) Minister wäre.
embora [ẽ'bɔrɐ] *(mit Konjunktiv)* Embora o tempo estivesse horrível, as nossas férias foram muito agradáveis.	**obwohl, obgleich** Obwohl das Wetter furchtbar war, war unser Urlaub sehr angenehm.
nem ... nem [nɐ̃j ... nɐ̃j] Eu não gosto nem de leite nem de café.	**weder ... noch** Ich mag weder Milch noch Kaffee.
por um lado ..., por outro lado [pur ũ 'laðu ... pur 'otru 'laðu] Por um lado, quer casar-se comigo, por outro lado, está a correr atrás de outras raparigas.	**einerseits ..., andererseits** Einerseits will er mich heiraten, andererseits schaut er anderen Mädchen nach.
sem que [sɐ̃j kə] *(mit Konjunktiv)* Estou a tomar este remédio já há uma semana sem que perceba melhoras.	**ohne dass** Ich nehme dieses Medikament schon seit einer Woche, ohne dass eine Besserung zu bemerken ist.
por isso [pur 'isu] O meu carro está avariado, por isso não posso vir.	**deshalb** Mein Auto ist kaputt, deshalb kann ich nicht kommen.
portanto [pur'tɐ̃tu] Não tens as condições exigidas. Portanto não podes ser admitido.	**also** Du entsprichst nicht den geforderten Bedingungen. Also kannst du nicht eingestellt werden.
senão [sə'nɐ̃w] Fica quieto, senão não consigo trabalhar.	**sonst** Sei still, sonst kann ich nicht arbeiten.

3.4 Hilfs- und Modalverben

«1–2000»

acabar de [ɐkɐ'βar də]	**gerade, (so)eben** (etwas getan haben)
Acabei de telefonar para o Brasil.	Ich habe gerade nach Brasilien angerufen.
andar a *(+ Inf.)* [ɐ̃'dar ɐ]	*unübersetzt* (Fortsetzung einer Handlung)
Ele anda a aprender inglês.	Er lernt Englisch (Er ist gerade dabei, Englisch zu lernen).
chegar a *(+ Inf.)* [ʃə'gar ɐ]	*unübersetzt* (etwas tun, kommen zu)
Ele chegou a mencionar o nome?	Hat er den Namen erwähnt (Kam er dazu, den Namen zu erwähnen)?
começar a *(+ Inf.)* [kumə'sar ɐ]	**anfangen**
Começou a nevar!	Es hat angefangen zu schneien.
continuar a *(+ Inf.)* [kõti'nwar ɐ]	**weiter-...**
Ele continuou a falar sem pausa.	Er sprach weiter, ohne eine Pause zu machen.
deixar de *(+ Inf.)* [dej'ʃar de]	**aufhören**
O meu pai deixou de fumar.	Mein Vater hat aufgehört zu rauchen.
dever *(+ Inf.)* [də'ver]	**sollen**
As crianças devem ir cedo para a cama.	Die Kinder sollen früh zu Bett gehen.
estar *(a + Inf.)* [iʃ'tar]	**sein**
O que aconteceu? Tu estás muito contente hoje.	Was ist passiert? Du bist heute so froh.
O homem está a cantar.	Der Mann singt gerade.
Bras. **estar** [es'tar] *(+ Gerundium des Hauptverbs)*	
O homem está cantando.	
ficar a *(+ Inf.)* [fi'kar ɐ]	*unübersetzt* (noch weiterhin etwas tun)
Depois da reunião fiquei a pensar sobre os problemas.	Nach der Versammlung habe ich über die Probleme nachgedacht.

haver [ɐ'ver] Há sítios lindos em Portugal.	**(es) gibt** Es gibt schöne Flecken in Portugal.
ir *(+ Inf.)* [ir] A Maria vai viajar amanhã.	(nahe Zukunft) Maria wird morgen verreisen.
poder [pu'ðer] Não podemos ir ao cinema hoje.	**können** Wir können heute nicht ins Kino gehen.
poder *(+ Inf.)* [pu'ðer] Tu podes estacionar aqui. Tenho uma permissão.	**dürfen** Du darfst hier parken. Ich habe eine Erlaubnis.
precisar de [prəsi'sar də] Ela precisa de trabalhar apenas três horas por dia. *Bras.* **precisar (de)** [presi'sar (də)]	**brauchen** Sie braucht täglich nur drei Stunden zu arbeiten.
querer *(+ Inf.)* [kə'rer] O meu tio quer comprar um carro novo.	**wollen** Mein Onkel will ein neues Auto kaufen.
saber *(+ Inf.)* [sɐ'βer] Ele sabe nadar?	**können** Kann er schwimmen?
ser [ser] Sou português. E tu?	**sein** Ich bin Portugiese. Und du?
ser [ser] *(bei Passiv)* A carta já foi escrita?	**sein** Ist der Brief schon geschrieben worden?
ter [ter] Eu tenho trabalhado bastante. Eu não sabia que tu já tinhas lido este livro.	**haben** Ich habe in der letzten Zeit viel gearbeitet. Ich wusste nicht, dass du dieses Buch schon gelesen hattest.
ter de/que [ter də/kə] O meu filho tem de estudar mais.	**müssen; haben zu** Mein Sohn muss mehr lernen.
tornar-se [tur'nar-sə] Ele tornou-se um compositor famoso.	**werden** Er ist ein berühmter Komponist geworden.
voltar a *(+ Inf.)* [vɔł'tar ɐ] Depois de algumas horas, ele voltou a trabalhar.	**etwas noch einmal tun** Nach einigen Stunden fing er wieder an zu arbeiten.

Register

Die brasilianischen Varianten erscheinen kursiv.
Nicht in das Register aufgenommen wurden die Grundzahlen.